Beteiligungsvereinbarungen nach § 21 SEBG

Schriften zum Arbeitsrecht und Wirtschaftsrecht

Herausgegeben von Abbo Junker

Band 90

PL ACADEMIC RESEARCH

Kathrin Charlotte Enke

Beteiligungsvereinbarungen nach § 21 SEBG

PL ACADEMIC RESEARCH

Bibliografische Information der Deutschen Nationalbibliothek
Die Deutsche Nationalbibliothek verzeichnet diese Publikation
in der DeutschenNationalbibliografie; detaillierte bibliografische
Daten sind im Internet über http://dnb.d-nb.de abrufbar.

Zugl.: München, Univ., Diss., 2014

D 19
ISSN 1433-4666
ISBN 978-3-631-66016-4 (Print)
E-ISBN 978-3-653-05244-2 (E-Book)
DOI 10.3726/ 978-3-653-05244-2

PL Academic Research ist ein Imprint der Peter Lang GmbH.

Peter Lang – Frankfurt am Main · Bern · Bruxelles · New York ·
Oxford · Warszawa · Wien

Diese Publikation wurde begutachtet.

www.peterlang.com

Inhaltsübersicht

Inhaltsverzeichnis

§ 1 Einleitung

A. Arbeitnehmerbeteiligung in der SE

Seit dem 8. Oktober 2004 sind die SE-VO und die SE-RL in Kraft und eröffnen seither die Möglichkeit, im Rahmen der Gründung einer Europäischen Aktiengesellschaft ein eigenständiges Arbeitnehmerbeteiligungsmodell in der SE zwischen Arbeitnehmer- und Arbeitgeberseite auszuhandeln. Die Arbeitnehmerbeteiligung umfasst nach der SE-RL die grenzüberschreitende Unterrichtung und Anhörung der Arbeitnehmer sowie die Mitbestimmung durch Wahl oder Bestellung eines Teils der Mitglieder im Aufsichts- oder Verwaltungsorgan. Im Bereich der betrieblichen Mitbestimmung gab es mit dem Europäischen Betriebsrat bereits ein Verhandlungsmodell. Im Bereich der Mitbestimmung war die Verhandlungsfreiheit in Deutschland gänzlich neu.

Von Seiten des Arbeitgebers wird die Beteiligungsvereinbarung durch die Leitung der umzuwandelnden Gesellschaft oder die Leitungen der Gründungsgesellschaften, die sich auf ein einheitliches Vorgehen verständigen müssen, ausgehandelt. Die Unternehmensleitung leitet das Verhandlungsverfahren ein. Von Seiten der Arbeitnehmer verhandelt das BVG, ein eigens zu wählendes Repräsentationsorgan aller Arbeitnehmer der SE und ihrer Tochtergesellschaften.[1] Die Verhandlungen dauern gem. Art. 5 SE-RL sechs Monate an. Möglich ist die Verlängerung auf ein Jahr.

Art. 12 SE-VO verlangt für die Eintragung der SE den Nachweis des Arbeitnehmerbeteiligungsverfahrens. Verhandelt wird unter dem Druck der gesetzlichen Auffanglösung. Können sich Leitung und BVG nicht verständigen, gilt die Auffanglösung des SEBG. Sie sieht zur Unterrichtung und Anhörung einen SE-Betriebsrat vor, der sich gem. § 23 Abs. 1, § 5 SEBG aus Ländervertretern proportional zur Belegschaftsgröße zusammensetzt. Möglich ist im Prinzip auch ein Nichtverhandlungsbeschluss des BVG gem. § 16 SEBG, der aber mit einer Mehrheit von zwei Dritteln getroffen werden muss. Die grundsätzlich gegebene Vereinbarungsfreiheit besteht im Fall der Gründung der SE durch Umwandlung nicht uneingeschränkt. Bei der Umwandlung greift der Bestandsschutz. Hinsichtlich betrieblicher und unternehmerischer Mitbestimmung muss mindestens das gleiche Ausmaß der Arbeitnehmerbeteiligung erhalten werden.

Motivation des europäischen Gesetzgebers bei der Etablierung der Verhandlungslösung in die SE-RL war es, trotz der unterschiedlichen nationalstaatlichen

---

1 *Rieble*, in: Vereinbarte Mitbestimmung in der SE, § 3 Rn. 31.

Mitbestimmungssysteme eine einheitliche europäische Lösung zu finden.[2] Zugleich ist Ziel der Unterrichtung und Anhörung sowie Mitbestimmung natürlich der Arbeitnehmerschutz.[3] Im Hinblick auf die ausgeprägte gesetzliche Mitbestimmung spielte aus deutscher Sicht die Vermeidung einer Flucht aus der Mitbestimmung eine wichtige Rolle.

Obgleich die Vereinbarungslösung nunmehr schon seit bald zehn Jahren besteht, sind bislang kaum empirische Untersuchungen ersichtlich, die sich detaillierter mit den konkreten Inhalten von SE-Beteiligungsvereinbarungen befassen. Eine empirische Untersuchung ist dabei die von *Keller/Werner*, die eine größere Anzahl von untersuchten SEs einbezieht, dabei allerdings auch eine generelle Bestandsaufnahme unter Einschluss der Auswertung der Branchen und der Gründung vornimmt und Regelungen zum SE-Betriebsrat sowie zur Mitbestimmung zusammenfassend und ausschnittsweise darstellt.[4] Sehr detailliert im Hinblick auf die Inhalte von Beteiligungsvereinbarungen ist die Arbeit von *Forst*, die allerdings lediglich fünf Beteiligungsvereinbarungen aus der Praxis auswertet.[5] Das Fehlen detaillierterer empirischer Erkenntnisse ist Ausgangspunkt der vorliegenden Arbeit, die die Inhalte von Beteiligungsvereinbarungen aus der Praxis erschließt.

B. Datenerhebung

Die vorliegende Untersuchung wertet die Inhalte von 62 Beteiligungsvereinbarungen aus, die von SEs mit Sitz in Deutschland abgeschlossen wurden. Eine vollständige Auflistung der untersuchten Vereinbarungen findet sich im Anhang.

Die Mehrzahl der berücksichtigten Vereinbarungen, 58 an der Zahl, wurde im elektronischen Handelsregister recherchiert. Zwei Vereinbarungen wurden von dem Betreuer dieser Arbeit, Herrn Prof. Dr. *Volker Rieble* zur Verfügung gestellt[6] und weitere zwei Vereinbarungen wurden im Internet abgerufen.[7]

Nach Art 12 Abs. 2 SE-VO ist Voraussetzung für die Eintragung der SE in das Handelsregister, dass eine Vereinbarung über die Beteiligung der Arbeitnehmer abgeschlossen wird, ein Beschluss gemäß Art. 3 Abs. 6 SE-RL über Nichtaufnahme oder Abbruch der Verhandlungen getroffen wird oder die

2 *Thüsing*, ZIP 2006, 1469, 1470.
3 *Thüsing*, Europäisches Arbeitsrecht, S. 324.
4 *Keller/Werner*, WSI-Mitteilungen 8/2009, 416 ff.
5 Forst, Beteiligungsvereinbarungen, S. 439 f.
6 BV Docter Optics SE; BV Kaeser SE.
7 BV Allianz SE, BV Fresenius SE (die Internetadressen sind im Anhang abgedruckt).

Verhandlungsfrist hinsichtlich der Beteiligungsvereinbarung abgelaufen ist. Zwar besteht in Deutschland keine Vorschrift, nach der die Beteiligungsvereinbarung selbst im Handelsregister veröffentlicht werden muss,[8] der für die Eintragung erforderliche Nachweis lässt sich aber durch Vorlage dieser führen.[9]

Die Arbeit hat zum Ziel, an Hand eines Querschnitts von geschlossenen Beteiligungsvereinbarungen deren Inhalte darzustellen und zu untersuchen. Sie erhebt aber keinen Anspruch auf Vollständigkeit und insbesondere nicht auf Aktualität der Vereinbarungen. Anpassungen der Beteiligungsvereinbarungen finden sich im Handelsregister nicht und sind, mit einer Ausnahme,[10] nicht berücksichtigt worden. Bei der Datenerhebung zeichnete sich deutlich ab, dass längst nicht bei allen operativ tätigen SEs eine Beteiligungsvereinbarung im elektronischen Handelsregister abrufbar ist und dies gehäuft im Zusammenhang mit der wirtschaftlichen Neugründung der Fall ist. Bei Vorrats-SEs war das Bild vollständiger, hier fanden sich zwar nicht durchgängig, aber doch sehr oft Bestätigungen betreffend die Arbeitnehmerlosigkeit auch im Hinblick auf die Gründungsgesellschaften. Diese Eindrücke spiegeln den Meinungsstand zum Erfordernis des Nachweises des Arbeitnehmerbeteiligungsverfahrens bei der Eintragung einer Vorrats-SE und der wirtschaftlichen Neugründung. Hinsichtlich der Eintragung einer Vorrats-SE muss nach der Rechtsprechung für den Fall der Erklärung der Beteiligten an der Gründung, keine Arbeitnehmer zu haben und auch keine beschäftigen zu wollen, kein Nachweis hinsichtlich der Arbeitnehmerbeteiligung erbracht werden.[11]

In der Folge ist jedoch streitig, ob im Zuge einer späteren wirtschaftlichen Neugründung ein Arbeitnehmerbeteiligungsverfahren notwendig wird und Art. 12 Abs. 2 SE-VO dann entsprechend anzuwenden ist. Dies wird unter Hinweis auf § 18 Abs. 3 SEBG, der Neuverhandlungen abschließend regele und keinen Raum für eine entsprechende Anwendung des Art. 12 Abs. 2 SE-VO lasse, zum Teil abgelehnt.[12] Demgegenüber wird die entsprechende Anwendung als Konsequenz der Zulassung der Vorrats-SE angenommen.[13] Dafür spricht, dass

---

8 *Oetker*, in: FS Konzen 2006, S. 635, S. 641.

9 *Kleindiek*, in: Lutter/Hommelhoff, Art. 12 SE-VO Rn. 25.

10 BV GfK SE unter Berücksichtigung von LG Nürnberg-Fürth, Beschluss vom 8.2.2010, Az. 1 H KO 8471/09, NZG 2010, 547.

11 OLG Düsseldorf, Beschluss vom 30.03.2009, Az. I-3 Wx 248/08, BeckRS 2009, 10698.

12 *Kiem*, in: KK-AktG, Art. 12 SE-VO Rn. 52; *Schürnbrand*, in: Habersack/Drinhausen, Art. 12 SE-VO Rn. 26.

13 *Forst*, Beteiligungsvereinbarung, S. 181.

auch im Übrigen die Eintragungsvoraussetzungen hinsichtlich der wirtschaftlichen Neugründung analog zu einer Neugründung zu behandeln sind.[14]

C. Gang der Untersuchung

Die Untersuchung besteht aus vier Hauptteilen. In § 2 wird eine zusammenfassende Darstellung der Grundlinien der auf die Beteiligungsvereinbarung anzuwendenden Schranken vorangestellt. Dazu wird zunächst die Rechtsnatur der Beteiligungsvereinbarung geklärt. Ergänzend werden die Grundsätze der Auslegung der Beteiligungsvereinbarung und die Folgen inhaltlicher Mängel dargestellt.

Gegenstand von § 3, der den Schwerpunkt der Arbeit bildet, sind die Inhalte der Beteiligungsvereinbarung zur Unterrichtung und Anhörung. Zunächst werden unter A. SE-Betriebsrat und Ersatzverfahren abgegrenzt und es wird dargestellt, mit welcher Häufigkeit sich die beiden Möglichkeiten in den untersuchten Vereinbarungen finden. Sodann werden unter B. die einzelnen Regelungen zum SE-Betriebsrat beschrieben. Die Darstellung beginnt mit Größe und Struktur des SE-Betriebsrats. Die Häufigkeit der gefundenen Regelungen wird umrissen und die Regelungen werden dargestellt. Im Anschluss folgt eine rechtliche Bewertung. Im Rahmen der rechtlichen Bewertung werden Grundlinien zulässiger Inhalte der Beteiligungsvereinbarung vor dem Hintergrund der gefundenen Inhalte aufgezeigt. Nach diesem Muster werden dann auch die Themen Mitglieder des SE-Betriebsrats, Sitzungen und Beschlussfassung, Sitzungen und Beschlussfassung, Geschäftsführung, vereinbarte Befugnisse des SE-Betriebsrats und Rechtsstellung der Mitglieder beleuchtet. Die Darstellung zum SE-Betriebsrat schließt mit der besonderen Gestaltung des ruhend gestellten SE-Betriebsrats.

Zuletzt werden unter C. die gefundenen Regelungen zum Ersatzverfahren behandelt. Begonnen wird mit der Unterrichtung und Anhörung durch bestehende Gremien, die in der Praxis durchaus vorkommen. Die Untersuchung hinsichtlich der dezentralen Unterrichtungs- und Anhörungsverfahren schließt sich an.

In § 4 folgt dann die Darstellung der gefundenen Regelungen zur Mitbestimmung, dem anderen möglichen Themenkomplex der Beteiligungsvereinbarung. Hier werden als erstes Umfang der Mitbestimmung und Verfassung der SE besprochen. Eingeleitet wird mit der Darstellung und Untersuchung des Verzichts auf Mitbestimmung. Im Folgenden werden die Wahl zwischen Aufsichts- und Verwaltungsrat und dann die Größe des mitbestimmten Organs sowie die innere

14 *Schröder*, in Manz/Mayer/Schröder, Art. 12 SE-VO.

Ordnung des mitbestimmten Organs jeweils ausgewertet und untersucht. Da in der Literatur zu diesen Themen bereits eine Vielzahl von Stellungnahmen bestehen, wurde hinsichtlich der rechtlichen Bewertung eine zusammenfassende Darstellung gewählt. Sodann werden in den Beteiligungsvereinbarungen gefundene Regelungen zur Dynamisierung der Mitbestimmung behandelt. Der zweite Themenkomplex befasst sich mit der Darstellung und Bewertung der Regelungen zu den Arbeitnehmervertretern im mitbestimmten Organ. Der Bestandsschutz nach § 21 Abs. 6 SEBG findet nur am Rande Berücksichtigung, da sich die Untersuchung insgesamt auf die ausgewerteten Vereinbarungen konzentriert. Deshalb wird der Aspekt des Bestandsschutzes gem. § 21 Abs. 6 SEBG, dessen Eingreifen sich aus den Inhalten der Vereinbarungen selbst nicht ablesen lässt, nur am Rande berücksichtigt.

§ 5 als der letzte Hauptteil befasst sich schließlich mit den allgemeinen Regelungsgegenständen. Hierzu zählen der Geltungsbereich und seine Erweiterung, Inkrafttreten, Laufzeit und Beendigung, Regelungen zu Neuverhandlungen und Streitigkeiten. Gerade im Bereich der allgemeinen Regelungen finden sich Regelungen, die bislang in der Literatur noch nicht eingehend besprochen wurden. Insbesondere im Hinblick auf die Kündigungsmöglichkeiten und die außergerichtliche Konfliktlösungen wird deshalb eine Grundlinie zulässiger Gestaltungen entwickelt.

Zum Schluss wird eine abschließende Bewertung der Inhalte der untersuchten Beteiligungsvereinbarungen vorgenommen.

§ 2 Inhaltskontrolle und Auslegung

A. Rechtsnatur der Beteiligungsvereinbarung

Für eine Untersuchung der Inhalte von Beteiligungsvereinbarungen muss vorab die Frage nach ihrer Rechtsnatur beantwortet werden. Die Bestimmung der Rechtsnatur wirkt sich insbesondere auf die Auslegung der Beteiligungsvereinbarung, die Wirksamkeit der enthaltenen Regelungen und damit den Verhandlungsspielraum der Parteien,[15] das Verhältnis zur Satzung[16] und die Intensität der Arbeitnehmerbeteiligung aus.[17]

Die Rechtsnatur einer Beteiligungsvereinbarung nach dem SEBG bestimmt sich nach deutschem Recht. Denn das SEBG gilt gem. § 3 SEBG für eine SE mit Sitz, ausschlaggebend ist der Satzungssitz,[18] im Inland und gem. Art. 6 SE-RL findet auf die Vereinbarung als Teil des Verhandlungsverfahrens das Recht des Sitzlandes Anwendung.[19] Um einen Tarifvertrag handelt es sich bei der Beteiligungsvereinbarung nach allgemeiner Auffassung nicht, da das BVG keine Tarifvertragspartei gem. § 2 TVG ist.[20] Ebenfalls scheidet die Einordnung als Betriebsvereinbarung aus, da das BVG keinen Betriebsrat darstellt.[21] Zum Teil wird die Beteiligungsvereinbarung als schuldrechtlicher Vertrag zu Gunsten Dritter angesehen und daher angenommen, dass die Beteiligungsvereinbarung

---

15 Feuerborn, in: KK-AktG, § 21 Rn. 11.

16 *Forst*, Beteiligungsvereinbarung, S. 84.

17 Vgl. *Hoops*, Mitbestimmungsvereinbarung, S. 36.

18 *Jacobs*, in: MünchKommAktG, § 3 SEBG Rn. 3; *Oetker*, in: Lutter/Hommelhoff, § 3 SEBG Rn. 3.

19 *Feuerborn*, in: KK-AktG, § 21 SEBG Rn. 12; *Freis*, in: Nagel/Freis/Kleinsorge, § 21 SEBG Rn. 4; *Hennings*, in: Manz/Meyer/Schröder, 1. Auflage 2005, Art. 4 SE-RL Rn. 33; *Oetker*, in: Lutter/Hommelhoff, § 21 SEBG Rn. 14; *Forst*, Beteiligungsvereinbarung, S. 84; *Herfs-Röttgen*, NZA 2002, 358, 363. A.A. *Schwarz*, SE-VO, Einl. Rn. 286 gemeinschaftseinheitliche Bestimmung der Rechtsnatur.

20 *Feuerborn*, in: KK-AktG, § 21 SEBG Rn. 13; *Hennings*, in: Manz/Meyer/Schröder, 1. Auflage 2005, Art. 4 SE-RL Rn. 33; *Oetker*, in: Lutter/Hommelhoff, § 21 Rn. 15; *Forst*, Beteiligungsvereinbarung, S. 85; *Hoops*, Mitbestimmungsvereinbarung, S. 37 f.; *Kraushaar*, BB 2003, 1614, 1619.

21 *Feuerborn*, in: KK-AktG, § 21 SEBG Rn. 14; *Hennings*, in: Manz/Meyer/Schröder, 1. Auflage 2005, Art. 4 SE-RL Rn. 33; *Oetker*, in: Lutter/Hommelhoff, § 21 SEBG Rn. 15; *Forst*, Beteiligungsvereinbarung, S. 85; *Hoops*, Mitbestimmungsvereinbarung, S. 38 f.; *Kraushaar*, BB 2003, 1614, 1619.

keine schuldrechtliche Wirkung habe.[22] Diese Auffassung stützt sich maßgeblich darauf, dass die Beteiligungsvereinbarung die Satzung nicht unmittelbar ändert, sondern Art. 12 Abs. 4 SE-VO vielmehr die Verpflichtung zur Anpassung der Satzung vorsieht. Angeführt wird auch, dass Art. 9 SE-VO die Beteiligungsvereinbarung nicht als eigenständige Rechtsquelle erwähnt.[23] Nicht gelöst bleibt allerdings, dass die Satzungsänderung nur durch Mitwirkung des zuständigen Organs möglich ist, während die Beteiligungsvereinbarung durch die Leitung abgeschlossen wird, die eben hinsichtlich der Satzungsänderung nicht legitimiert ist.[24] Auch werden durch das Unterrichtungs- und Anhörungsverfahren zugleich Pflichten begründet, so dass es sich nicht ausschließlich um einen Vertrag zu Gunsten Dritter handelt.[25] Zutreffend ist daher die Qualifizierung der Beteiligungsvereinbarung als Kollektivvertrag mit normativer Wirkung.[26] Die Einordnung als Kollektivvertrag ergibt sich zunächst daraus, dass die Beteiligungsvereinbarung durch das BVG und im Falle von Neuverhandlungen durch den SE-Betriebsrat abgeschlossen wird und beide Arbeitnehmervertretungen darstellen.[27] Für die normative Wirkung spricht, dass die Beteiligungsvereinbarung nur auf diese Weise wirksam Rechte und Pflichten gegenüber nicht am Vertragsschluss Beteiligten begründen kann.[28] Zudem soll die Beteiligungsvereinbarung gesetzliche Mitbestimmungsregelungen ersetzen.[29] Vorrangig ist nach der Vorstellung des Gesetzgebers die ausgehandelte Vereinbarung. Die Auffanglösung gilt für den Fall des Ausbleibens einer Einigung kraft Gesetzes, so dass die ausgehandelte Vereinbarung

---

22 *Jacobs*, in: MünchKommAktG, § 21 SEBG Rn. 7; Kollektivrechtlicher Organisationsvertrag mit schuldrechtlicher Wirkung zugunsten Dritter: *Hoops*, Mitbestimmungsvereinbarung, S. 41 ff.; *Habersack*, AG 2006, 345, 348.

23 *Habersack*, AG 2006, 345, 348.

24 *Rieble*, in: Vereinbarte Mitbestimmung in der SE, § 3 Rn. 23.

25 *Feuerborn*, in: KK-AktG, § 21 Rn. 15.

26 *Feuerborn*, in: KK-AktG, § 21 SEBG Rn. 16; *Hennings*, in: Manz/Meyer/Schröder, 1. Auflage 2005, Art. 4 SE-RL Rn. 34; *Köklü*, in: Handbuch SE, 6. Abschnitt Rn. 158; *Oetker*, in: Lutter/Hommelhoff, § 21 SEBG Rn. 16; *Kraushaar*, BB 2003, 1614, 1619; *Rieble*, in: Vereinbarte Mitbestimmung in der SE, § 3 Rn. 25.

27 *Feuerborn*, in: KK-AktG, § 21 SEBG Rn. 16; *Kienast*, in: Jannott/Frodermann, 13. Kapitel Rn. 353; *Rieble*, in: Vereinbarte Mitbestimmung in der SE, § 3 Rn. 16.

28 *Feuerborn*, in: KK-AktG, § 21 SEBG Rn. 16, Oetker, in: Lutter/Hommelhoff, § 21 SEBG Rn. 17.

29 *Koch*, Die Beteiligung von Arbeitnehmervertretern an Aufsichtsrats- und Verwaltungsratsausschüssen einer Europäischen Aktiengesellschaft, S. 170.

hinsichtlich ihrer Verbindlichkeit nicht hinter dieser zurückstehen kann.[30] Die Verpflichtung zur Anpassung der Satzung gem. Art. 12 Abs. 4 SE-VO ist auch nach diesem Verständnis nicht gegenstandslos.[31] Die materiellen Bestimmungen der Satzung der Aktiengesellschaft und gem. Art. 9 Abs. 1 lit. c iii), 10 SE-VO der SE haben ebenfalls normative Wirkung.[32] Art. 12 Abs. 4 SE-VO ordnet als Kollisionsnorm den Vorrang der Beteiligungsvereinbarung an. Gerade vor dem Hintergrund des Art. 12 Abs. 4 SE-VO wird deutlich, dass der Gesetzgeber Satzung und Beteiligungsvereinbarung prinzipiell für gleichrangig hält. Schließlich kann nicht jeder Inhalt der Beteiligungsvereinbarung eins zu eins und ohne weitere Klärung in die Satzung inkorporiert werden. So ordnen § 21 SEBG, Art. 4 Abs. 2 SE-RL das Verfahren zur Unterrichtung und Anhörung der Beteiligungsvereinbarung zu, welches nicht Gegenstand der Satzung sein kann.[33] Auswirkungen auf die Satzung wegen einer möglichen Anpassungspflicht müssen häufig hinsichtlich ihrer Auswirkungen erst geklärt werden, was ebenfalls gegen eine unmittelbare Satzungsänderung spricht.[34] Die Beteiligungsvereinbarung ist demnach als Kollektivvertrag mit normativer Wirkung einzuordnen.

B. Schranken

Ist die Rechtsnatur geklärt, bedarf es für die Untersuchung der Inhalte der Beteiligungsvereinbarungen im Weiteren einer Bestimmung der Schranken, der sie unterliegt.

Im Grundsatz besteht Gestaltungsfreiheit der Verhandlungsparteien für die Ausgestaltung der Arbeitnehmerbeteiligung. Bei dem den Parteien durch die SE-RL und das SEBG eingeräumten Verhandlungsspielraum handelt es sich dabei nicht um Privatautonomie, denn das BVG ist kein Privatrechtssubjekt.[35] Nach § 21 SEBG, Art. 4 Abs. 2 SE-RL ist den Parteien vielmehr im Hinblick auf die kollektive Arbeitnehmerbeteiligung eine Verhandlungsautonomie eingeräumt.[36]

---

30 *Feuerborn*, in: KK-AktG, § 21 SEBG Rn. 16; *Forst*, Beteiligungsvereinbarung, S. 89; *Scheibe*, Mitbestimmung, S. 98.

31 *Forst*, Beteiligungsvereinbarung, S. 90.

32 *Schwarz*, SE-VO, Art. 6 Rn. 28; *Forst*, Beteiligungsvereinbarung, S. 90.

33 *Forst*, Beteiligungsvereinbarung, S. 90 f.; *Schäfer*, in: Vereinbarte Mitbestimmung in der SE, § 1 Rn. 38.

34 *Rieble*, in: Vereinbarte Mitbestimmung in der SE, § 3 Rn. 23.

35 *Rieble*, in: Vereinbarte Mitbestimmung in der SE, § 3 Rn. 89.

36 Vgl. ausführlich *Forst*, Beteiligungsvereinbarung, S. 51 ff.

Daraus ergibt sich, dass die Vereinbarungsmacht zunächst den inneren, durch das SEBG und die SE-RL gezogenen Schranken unterliegt.[37] Die Beteiligungsvereinbarung muss sich in ihrem Rahmen halten. Die Vereinbarungsautonomie ist demnach insbesondere beschränkt auf die Arbeitnehmerbeteiligung,[38] so dass andere Regelungsgegenstände, wie etwa das Arbeitsvertragsstatut, nicht Gegenstand der Beteiligungsvereinbarung sein können.[39] Gem. § 47 SEBG, Art. 13 Abs. 3 SE-RL berühren die SE-RL und das SEBG nicht die Rechte, die den Arbeitnehmern nach den nationalen Vorschriften zustehen. Demnach können im Weiteren nur Arbeitnehmerbeteiligungsrechte auf der Ebene der SE geregelt werden. Abweichungen von den nationalen, gesetzlichen Arbeitnehmerbeteiligungsrechten sowie Zuständigkeiten und Befugnisse der nationalen Arbeitnehmervertretungen können nicht eingeschränkt werden.[40]

Zwingend ist in der Beteiligungsvereinbarung ein Unterrichtungs- und Anhörungsverfahren zu vereinbaren. Ein Verzicht darauf ist nicht möglich. Der 6. Erwägungsgrund der SE-RL sieht die Zielsetzung vor, dass in allen Fällen der SE-Gründung grenzüberschreitende Unterrichtungs- und Anhörungsverfahren gewährleistet sein sollen.[41] Zwar räumen die § 16 Abs. 1 SEBG, Art. 3 Abs. 6 SE-RL die Option eines Nichtverhandlungsbeschlusses ein,[42] jedoch nur mit einer Dreiviertelmehrheit. Dann findet aber gem. § 47 Abs. 1 Nr. 2 SEBG das EBRG Anwendung.[43] Im Weiteren gibt § 21 Abs. 1 SEBG bereits seinem Wortlaut nach die zwingenden Inhalte der Beteiligungsvereinbarung im Hinblick auf das Unterrichtungs- und Anhörungsverfahren vor; für das Ersatzverfahren gilt die Regelung gem. § 21 Abs. 2 SEBG entsprechend. Aus § 21 Abs. 1, Abs. 2 SEBG, Art. 2 f), Art. 3 Abs. 3, 4 SE-RL folgt, dass die wesentlichen Inhalte der Arbeitnehmerbeteiligung in der Beteiligungsvereinbarung selbst geregelt sein müssen. Eine Auslagerung auf spätere Entscheidungen ist nicht möglich.[44]

---

37 *Hoops*, Mitbestimmungsvereinbarung, S. 113.

38 *Feuerborn*, in: KK-AktG, § 21 SEBG Rn. 45; *Jacobs*, in: MünchKommAktG, § 21 SEBG Rn. 9; *Hoops*, Mitbestimmungsvereinbarung, S. 115.

39 Zum Arbeitsvertragsstatut *Thüsing/Forst*, in: FS Reuter, S. 851, 856.

40 *Feuerborn*, in: KK-AktG, § 21 SEBG Rn. 20; *Thüsing*, ZIP 2006, 1469, 1471.

41 *Feuerborn*, in: KK-AktG, § 21 SEBG Rn. 39.

42 Deshalb für die Möglichkeit des vollständigen Verzichts *Hennings*, in: Manz/Meyer/Schröder, 1. Auflage 2005, Art. 4 SE-RL Rn. 4 (aber Rn. 5); *Herfs-Röttgen*, NZA 2002, 358, 361.

43 *Forst*, Beteiligungsvereinbarung, S. 216.

44 Vgl. *Rieble*, in: Vereinbarte Mitbestimmung in der SE, § 3 Rn. 83.

Speziell zum SE-Betriebsrat kann berücksichtigt werden, dass seine Konzeption auf dem Europäischen Betriebsrat basiert. Auf Grundsätze zum Europäischen Betriebsrat kann daher zurückgegriffen werden, wenn sich im SEBG und der SE-RL keine Anhaltspunkte hinsichtlich möglicher Regelungen finden. Nur wenn sich auch danach kein Anhaltspunkt für eine Lückenfüllung ergibt, kann das deutsche Betriebsverfassungsrecht hinsichtlich der Konkretisierung gemeinsamer Konzeptionen mit herangezogen werden.[45]

Schließlich ist bei der Gründung der SE durch Umwandlung zu berücksichtigen, dass die Verhandlungsautonomie durch den Bestandsschutz nach § 21 Abs. 6 SEBG, Art. 4 Abs. 4 SE-RL beschränkt ist. Bei Gründung der SE durch Umwandlung müssen alle Komponenten der Arbeitnehmerbeteiligung im gleichen Ausmaß bestehen bleiben.[46]

Anders als beim Unterrichtungs- und Anhörungsverfahren ist ein Verzicht auf Mitbestimmung gem. § 21 Abs. 3 S. 1 SEBG im Grundsatz möglich.[47] Gem. § 47 SEBG, Art. 13 Abs. 2 SE-RL sind die nationalen Gesetze zur Unternehmensmitbestimmung nicht auf die SE anwendbar, so dass sie die Verhandlungsautonomie nicht beschränken.[48] Insbesondere im Hinblick auf die Mitbestimmung ist aber der Bestandsschutz gem. § 21 Abs. 6 SEBG, Art. 4 Abs. 4 SE-RL zu berücksichtigen, der vorsieht, dass bei Gründung durch Umwandlung der Anteil der Arbeitnehmervertreter gewahrt bleiben muss.[49]

Schließlich bildet das Missbrauchsverbot des § 43 SEBG eine Schranke hinsichtlich der Inhalte der Beteiligungsvereinbarung.[50]

Über die Regelungen des SEBG und der SE-RL hinaus unterliegt die Beteiligungsvereinbarung Außenschranken, die sich insbesondere aus der SE-VO, dem SEAG, dem Aktiengesetz sowie der Verfassung ergeben.[51]

Von besonderer Bedeutung ist dabei das Verhältnis der Beteiligungsvereinbarung zur Satzung der SE. Während den Parteien bei der Verhandlung der Beteiligungsvereinbarung die Verhandlungsautonomie eingeräumt ist, kommt den Gesellschaftern der SE im Hinblick auf die Satzung die Satzungsautonomie zu.[52] Zum Teil wird angenommen, dass die Verhandlungsautonomie grundsätzlich

45 Vgl. *Rieble*, in: Vereinbarte Mitbestimmung in der SE, § 3 Rn. 15.

46 *Feuerborn*, in: KK-AktG, § 21 SEBG Rn. 6; *Forst*, Beteiligungsvereinbarung, S. 201.

47 BR-Drucks. 438/04, S. 129.

48 *Hoops*, Mitbestimmungsvereinbarung, S. 126.

49 Feuerborn, in: KK-AktG, § 21 SEBG Rn. 76.

50 *Jacobs*, in: MünchKommAktG, § 21 SEBG Rn. 14.

51 *Jacobs*, in: MünchKommAktG, § 21 SEBG Rn. 14.

52 *Forst*, Beteiligungsvereinbarung, S. 92.

vorrangig vor der Satzungsautonomie ist. Nach der sich aus Art. 12 Abs. 2 und 4 SE-VO ergebenden Intention des Gesetzgebers trete das Gesellschaftsrecht hinter die Ziele der SE-RL zurück.[53] Demgegenüber wird vertreten, dass die Parteiautonomie nur im Rahmen der Satzungsautonomie bestehen könne.[54] Nach dieser Auffassung bleibt aber unklar, wie es sich mit Inhalten der Beteiligungsvereinbarung, die SE-RL und SEBG vorgeben, die aber nicht Inhalt der Satzung sein können, namentlich das Unterrichtungs- und Anhörungsverfahren, verhalten soll.[55] Ein genereller Vorrang der Beteiligungsvereinbarung hingegen würde der Arbeitnehmerseite Befugnisse einräumen, die selbst die Anteilseigner nicht haben.[56] Zutreffend ist vielmehr, dass zunächst nur in dem Bereich, in dem Satzungsautonomie und Verhandlungsautonomie kollidieren,[57] Inhalt der Beteiligungsvereinbarung nur sein kann, was auch Inhalt der Satzung sein könnte. Dies betrifft den Bereich der Unternehmensmitbestimmung, nicht jedoch das Unterrichtungs- und Anhörungsverfahren. Im Weiteren besteht dann Verhandlungsautonomie, wenn sie ausdrücklich gesetzlich eingeräumt ist.[58] Die Beteiligungsvereinbarung ist gem. Art. 12 Abs. 4 SE-VO dann vorrangig, wenn der Gesetzgeber den Parteien ausdrücklich den Regelungsspielraum eröffnet hat.[59] Wegen der Schwierigkeiten, das Verhältnis von Satzung und Beteiligungsvereinbarung abzugrenzen, wird eine vollständige Trennung von Mitbestimmungsvereinbarung und einer Vereinbarung über die Anhörung und Unterrichtung *de lege ferenda* vorgeschlagen. Dies steht auch im Zusammenhang mit dem Vorschlag, hinsichtlich der Mitbestimmung eine bessere Einbindung der Aktionäre zu erreichen, da bislang lediglich die Leitungen die Beteiligungsvereinbarungen aushandeln.[60]

Im Hinblick auf verfassungsrechtliche Grundsätze ist insbesondere der allgemeine Gleichheitssatz von Bedeutung. Im Hinblick auf die Mitbestimmung wird auch die Eigentumsgarantie thematisiert.[61] Dabei sehen allerdings bereits die Art. 42, 50 Abs. 2 SE-VO den Anteilseignervorsitz vor.

---

53 *Teichmann*, Konzern 2007, 89, 94 f.

54 *Habersack*, ZHR 171 (2007), 613, 629 ff.; *Habersack*, AG 2006, 345, 348; *Jacobs*, in: FS K. Schmidt, S. 795, 802; *Windbichler*, in: FS Canaris II/2, S. 1423, 1430.

55 *Forst*, Beteiligungsvereinbarung, S. 93.

56 *Forst*, Beteiligungsvereinbarung, S. 94.

57 Vgl. *Forst*, Beteiligungsvereinbarung, S. 94 f.

58 *Forst*, Beteiligungsvereinbarung, S. 95.

59 *Forst*, Beteiligungsvereinbarung, S. 95.

60 Arbeitskreis Aktien- und Kapitalmarktrecht, ZIP 2009, 698, 699.

61 *Hoops*, Mitbestimmungsvereinbarung, S. 121.

Die Beteiligungsvereinbarung unterliegt schließlich nur einer Rechtskontrolle. Über die hier ihren Grundlinien nach aufgezeigten Schranken hinaus findet keine Inhaltskontrolle, wie etwa eine Angemessenheitsprüfung, statt.[62]

C. Auslegung und Folgen inhaltlicher Mängel

Ist die Beteiligungsvereinbarung auslegungsbedürftig, ist die Auslegung wie bei Gesetzen objektiv vorzunehmen und nicht auf den mutmaßlichen Parteiwillen abzustellen. Dabei ist die Zielsetzung der SE-RL, die Förderung der Arbeitnehmerbeteiligung, zu berücksichtigen.[63] Bei Regelungslücken kann die gesetzliche Auffanglösung herangezogen werden.[64]

Als Kollektivvertrag ist die Beteiligungsvereinbarung bei materiellen Fehlern grundsätzlich nur teilweise unwirksam, wenn die verbleibenden Bestimmungen eine sinnvolle und in sich geschlossene Regelung bilden.[65] Die Unwirksamkeit der ganzen Vereinbarung stellt die Ausnahme dar. Hinsichtlich der unwirksamen Teile und bei Lücken greift die Auffanglösung.[66] Insbesondere ist die Beteiligungsvereinbarung in der Regel hinsichtlich betrieblicher und unternehmerischer Mitbestimmung teilbar. Diese Trennung liegt auch § 21 Abs. 1 und 3 SEBG zu Grunde.

---

62 *Jacobs*, in: MünchKommAktG, § 21 SEBG Rn. 14a; *Rieble*, in: Vereinbarte Mitbestimmung in der SE, § 3 Rn. 96.

63 *Koch*, Die Beteiligung von Arbeitnehmervertretern an Aufsichtsrats- und Verwaltungsratsausschüssen einer Europäischen Aktiengesellschaft, S. 172.

64 *Jacobs*, in: MünchKommAktG, § 21 SEBG Rn. 8; *Oetker*, in: Lutter/Hommelhoff, § 21 SEBG Rn. 8; *Rieble*, in: Vereinbarte Mitbestimmung in der SE, § 3 Rn. 26.

65 *Feuerborn*, in: KK-AktG, § 21 SEBG Rn. 80; *Jacobs*, in: MünchKommAktG, § 31 SEBG Rn. 8b; *Rieble*, in: Vereinbarte Mitbestimmung in der SE, § 3 Rn. 82.

66 *Feuerborn*, in: KK-AktG, § 21 SEBG Rn. 80.

§ 3 Verfahren zur Unterrichtung und Anhörung

A. SE-Betriebsrat vs. Ersatzverfahren

Die SE-RL und in ihrer Umsetzung § 21 Abs. 2 SEBG verlangen als Mindestinhalt der Beteiligungsvereinbarung lediglich ein Verfahren zur Arbeitnehmerbeteiligung in grenzüberschreitenden Angelegenheiten.[67] Die Verhandlungsparteien können wählen, ob ein SE-Betriebsrat errichtet oder ein anderweitiges Verfahren zur Unterrichtung und Anhörung der Arbeitnehmer implementiert werden soll.

Die Systematisierung der Inhalte der untersuchten Beteiligungsvereinbarungen wirft zunächst die Frage nach der Abgrenzung zwischen SE-Betriebsrat und sonstigem Verfahren zur Unterrichtung und Anhörung der Arbeitnehmer auf. Auf der deutschen Ebene ist der SE-Betriebsrat in § 2 Abs. 7 SEBG definiert. SE-Betriebsrat bezeichnet danach das Vertretungsorgan der Arbeitnehmer der SE, das durch eine Vereinbarung nach § 21 SEBG oder kraft Gesetzes nach den §§ 22 bis 33 SEBG eingesetzt wird, um die Rechte auf Unterrichtung und Anhörung der Arbeitnehmer der SE, ihrer Tochtergesellschaften und Betriebe und, wenn vereinbart, Mitbestimmungsrechte und sonstige Beteiligungsrechte in Bezug auf die SE wahrzunehmen. Auf europäischer Ebene verwendet die SE-RL ebenfalls den Terminus Vertretungsorgan. Gemäß Art. 2 lit. f der SE-RL ist dies definiert als das Organ zur Vertretung der Arbeitnehmer, das durch die Vereinbarung nach Art. 4 oder entsprechend der Auffanglösung eingesetzt wird, um die Unterrichtung und Anhörung der Arbeitnehmer der SE und ihrer Tochtergesellschaften und Betriebe in der Gemeinschaft vorzunehmen und gegebenenfalls Mitbestimmungsrechte in Bezug auf die SE wahrzunehmen. Wenn in der Literatur zur Abgrenzung Stellung genommen wird, wird von *Hennings* auf die Bildung eines Gremiums abgestellt.[68] Im Hinblick auf den Europäischen Betriebsrat enthält § 17 EBRG die vergleichbare Option für ein Ersatzverfahren. Diesbezüglich werden in der Literatur Abgrenzungskriterien genannt. *Blanke* charakterisiert das Verfahren zur Unterrichtung und Anhörung nach § 19 EBRG als dezentrales Verfahren, bei dem es nicht zur Schaffung eines speziellen Gremiums komme. Denkbar seien daneben Kombinationen aus dem Modell des Europäischen Betriebsrats nach § 18 EBRG und dem Verfahren nach

67 *Rieble*, in: Vereinbarte Mitbestimmung in der SE, § 3 Rn. 81.
68 *Hennings*, in: Manz/Meyer/Schröder, 1. Auflage 2005, Art. 4 SE-RL Rn. 23.

§ 19 EBRG.[69] *Giesen* stellt darauf ab, dass beim Ersatzverfahren kein neues Gremium geschaffen wird, sondern auf bereits bestehende nationale Vertretungen zurückgegriffen werde.[70]

Demnach ist ein originär durch Beteiligungsvereinbarung oder im Wege der Auffanglösung kraft Gesetzes eingesetztes Gremium,[71] welches zentral die Unterrichtung und Anhörung der Arbeitnehmer der SE und ihrer Tochtergesellschaften vornimmt, als SE-Betriebsrat einzuordnen. Ein solches Organ, welches in der Beteiligungsvereinbarung lediglich eine andere Bezeichnung als SE-Betriebsrat erhält, ist daher ebenfalls als SE-Betriebsrat im Sinne von § 21 Abs. 1 SEBG zu begreifen. Dies gilt auch, soweit solche Regelungen ausdrücklich auf § 21 Abs. 2 SEBG verweisen. Lediglich Regelungen, bei denen kein originäres Gremium durch die Beteiligungsvereinbarung geschaffen wird, wie bei der dezentralen Unterrichtung und Anhörung, sowie Regelungen, die den Einsatz eines bereits bestehenden Gremiums vorsehen, werden als Ersatzverfahren eingeordnet.

Für die Bildung eines SE-Betriebsrats wird mitunter ins Feld geführt, dass der Rückgriff auf bestehende Gremien wenig praktikabel sei[72] und keine höhere Effizienz verspreche.[73] Das BVG jedenfalls verhandelt mit dem Druck der gesetzlichen Auffanglösung,[74] die einen SE-Betriebsrat vorsieht. Im Hinblick auf § 21 Abs. 6 SEBG wird zudem darauf hingewiesen, dass bei der SE-Gründung durch Umwandlung bei vorherigem Bestehen eines Europäischen Betriebsrats nach dem EBRG wegen des Bestandsschutzes ein dezentrales Verfahren zur Anhörung der Arbeitnehmer unzulässig sei.[75] Vor diesem Hintergrund regeln 49 der 62 und damit knapp 80% der ausgewerteten Beteiligungsvereinbarungen die Bildung eines SE-Betriebsrats, während nach 13 und damit in gut 20% der Vereinbarungen ein Ersatzverfahren etabliert ist. Von der Möglichkeit eines Ersatzverfahrens wird in der Praxis also durchaus Gebrauch gemacht.

---

69 *Blanke*, EBRG, § 19 Rn. 1.

70 *Giesen*, in: HWK, EBRG Rn 87.

71 *Hennings*, in: Manz/Meyer/Schröder, 1. Auflage 2005, Art. 4 SE-RL Rn. 23.

72 *Jacobs*, in: MünchKommAktG, § 21 SEBG Rn. 11.

73 *Hohenstatt/Müller-Bonanni*, in: Habersack/Drinhausen, § 21 SEBG Rn. 11.

74 *Schmid*, Mitbestimmung, S. 161.

75 *Jacobs*, in: MünchKommAktG, § 21 SEBG Rn. 21; *Rieble*, in: Vereinbarte Mitbestimmung in der SE, § 3 Rn. 8.

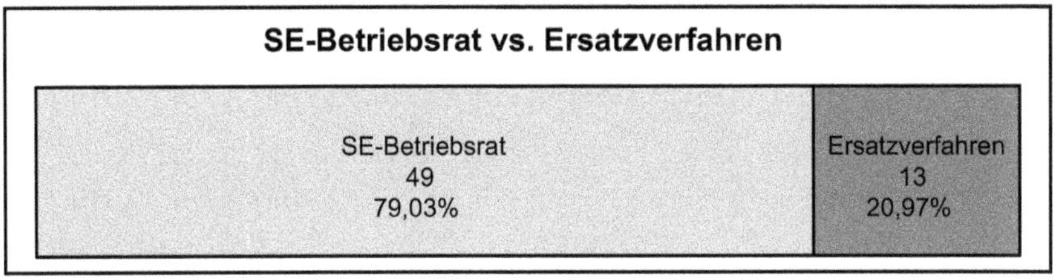

B. SE-Betriebsrat

Wird ein SE-Betriebsrat gebildet, gibt § 21 Abs. 1 Nr. 2 bis 5 SEBG den Mindestinhalt der Beteiligungsvereinbarung im Hinblick auf den SE-Betriebsrat vor. Allein an Hand dieser gesetzlichen Vorgaben kann in der Praxis allerdings noch kein funktionsfähiger SE-Betriebsrat bestehen.[76] Daher werden die Inhalte der Beteiligungsvereinbarungen im Folgenden strukturiert an Hand der Mindestvorgaben und insbesondere der in den untersuchten Vereinbarungen vorgefundenen Regelungskomplexe systematisch dargestellt.

I. Größe und Struktur des SE-Betriebsrats

1. Größe des SE-Betriebsrats

Zusammensetzung und Anzahl der Mitglieder des SE-Betriebsrates gehören gem. § 21 Abs. 1 Nr. 2 SEBG zu den zwingenden Inhalten der Beteiligungsvereinbarung, wenn ein SE-Betriebsrat gebildet wird. Ein wichtiges Regelungsziel im Hinblick auf die Effektivität des Gremiums kann die Begrenzung der Größe des SE-Betriebsrats bilden.

In rund 40% der untersuchten Beteiligungsvereinbarungen ist die maximale Größe des SE-Betriebsrats ausdrücklich und losgelöst von einer nur mittelbaren Begrenzung, beispielsweise durch die beschränkte Zahl von Mitgliedsstaaten, festgelegt. Gewertet wurden dabei auch Vereinbarungen, die zwar nur eine Soll-Vorschrift beinhalten, bei Überschreitung des Wertes aber konkrete Konsequenzen wie die Neuverhandlung vorsehen.[77]

76 Vgl. *Rieble*, in: Vereinbarte Mitbestimmung in der SE, § 3 Rn. 82.
77 Vgl. bspw. BV BASF SE, I. Ziff. 2.2.

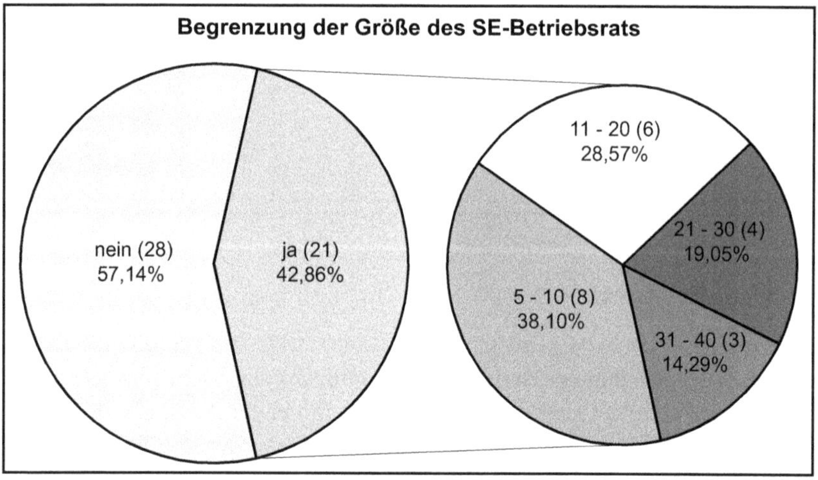

In diesen Vereinbarungen wird die Sitzzahl festgelegt und die Sitze werden dann an bestimmte Belegschaften vergeben. Häufig werden sie auf die größten Belegschaften verteilt, beispielsweise nach dem d´Hondtschen Höchstzahlverfahren, oder indem die größten Belegschaften jeweils einen der festgelegten Sitze erhalten. Zum Teil bekommen auch bestimmte namentlich benannte Belegschaften die Sitze zugeteilt, beispielsweise die Belegschaft der SE selbst oder Teilkonzerne. Dabei ergeben sich auch Mischformen. Einige Vereinbarungen enthalten auch Staffeln mit verschiedenen maximalen Sitzzahlen abhängig von der jeweiligen Größe der Gesamtbelegschaft, so dass bereits mit der getroffenen Vereinbarung Veränderungen Rechnung getragen wird.[78] Eine Vereinbarung sieht Landes-, Regions- und Unternehmensvertreter vor. Kommt es nach den Regelungen zur Zusammensetzung zu einem SE-Betriebsrat von mehr als 40 Mitgliedern, entfallen die Unternehmensvertreter ersatzlos.[79] Schließlich finden sich auch Gestaltungen, nach denen die Größe des Gremiums zwar nicht direkt begrenzt wird, die maximale Zahl von Sitzen pro Mitgliedsstaat oder entsendender Einheit aber absolut beschränkt ist.[80]

55% der Vereinbarungen lässt sich schließlich eine Sitzzahl entnehmen. Hierzu zählen die Vereinbarungen, in denen die Zahl der Sitze des ersten SE-Betriebsrats genannt ist und solche, bei denen die Größe des SE-Betriebsrats

78 Bspw. BV MAN SE, II. Ziff. 2.2.

79 BV WILO SE; Ziff. 10.6.

80 Bspw. BV Docter Optics SE, II. § 4.2.

starr festgelegt ist. Ergänzend wurden bei Fehlen solcher Angaben soweit möglich geregelte Mindestgrößen zu Grunde gelegt.

Die gefundenen Größen der untersuchten SE-Betriebsräte stellen sich wie folgt dar, so dass mehrheitlich übersichtliche Gremien mit bis zu zwanzig Mitgliedern gebildet wurden:

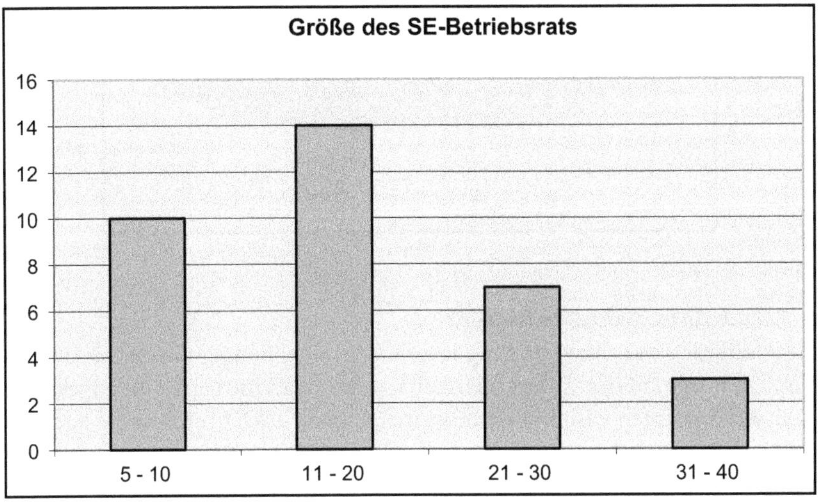

2. Struktur des SE-Betriebsrats

a. Repräsentanz nach Ländern, Unternehmen, Standorten

Hinsichtlich des Anknüpfungspunkts für die Zusammensetzung des SE-Betriebsrats werden im Rahmen der untersuchten Beteiligungsvereinbarungen in 87% der Fälle Varianten des Prinzips der Landesvertreter zu Grunde gelegt. Danach wird hinsichtlich der Sitzverteilung vollständig oder maßgeblich an die Mitgliedsstaaten angeknüpft.

Einige Beteiligungsvereinbarungen, insgesamt sechs, sehen statt Landesvertretern Unternehmensvertreter im SE-Betriebsrat vor.[81] Im Rahmen einer Vereinbarung schließlich dient die Produktionsstätte als Anknüpfungspunkt.[82]

81 BV Hawe Hydraulik SE, Teil II. § 3.2; BV Q-Cells SE, II. § 8.4; BV Solon SE, § 3.4; BV Webasto Thermo & Comfort SE, Teil I. Ziff. 2; BV Webasto SE, Teil I. Ziff. 2; BV Webasto Roof & Components SE, Teil I Ziff. 2.

82 BV Renolit SE, II. Ziff 2.1.

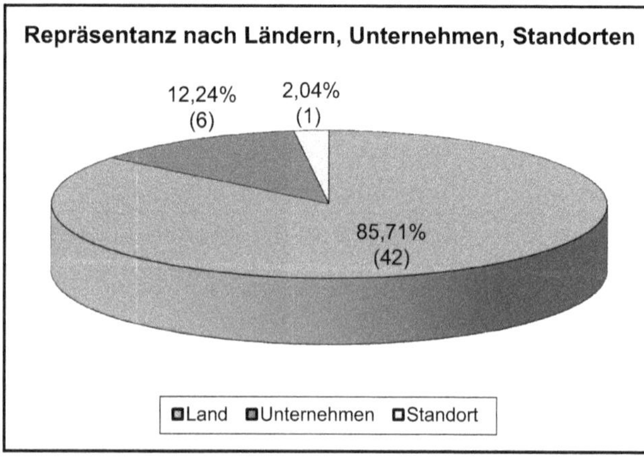

b. Pauschale vs. Belegschaftsgröße

Die Methoden zur Sitzverteilung lassen sich, unabhängig davon, ob im Wesentlichen an Landes-, Unternehmens- oder Standortvertreter angeknüpft wird, auf Varianten von drei Grundprinzipien zurückführen, wie sie auch bereits in Untersuchungen betreffend den Europäischen Betriebsrat abgegrenzt werden.[83] So findet sich ein rein pauschales Modell, bei dem pro Land oder Unternehmen bzw. Standort einheitlich ein Vertreter in den SE-Betriebsrat entsendet wird.[84] Bei der Variante, die darauf im Grundsatz basiert, werden auf verschiedene Weise zusätzliche Vertreter in den Betriebsrat entsendet, beispielsweise zusätzliche Vertreter in Abhängigkeit von der jeweiligen Belegschaftsstärke oder für ein bestimmtes Unternehmen oder einen Unternehmensteil. Auch werden zum Teil Mitarbeiterschwellen festgelegt. Daneben finden sich an der Belegschaftsgröße orientierte Modelle, bei denen die Sitze im SE-Betriebsrat abhängig von der Stärke der jeweiligen Belegschaft zugeteilt werden und die damit auch dem Grundsatz der Proportionalität folgen. In der Regel wird die auf die Belegschaftsgröße bezogene Verteilung der Sitze durch Festlegung von prozentualen Anteilen an der Gesamtbelegschaft oder durch Staffeln von Arbeitnehmerzahlen umgesetzt. Die untersuchten Vereinbarungen

83 *Carley/Marginson*, Negotiating European Works Councils, S. 22 f.; *Marginson*, EWC agreements under review: arrangements in companies based in four countries compared, Transfer 3/99, S. 256, S. 264 m. w. N.

84 BV Solon SE, § 3.

beinhalten durchweg Modelle mit Regelungen zur Proportionalität, entweder durch direkte Anknüpfung an die Belegschaftsgrößen oder bei pauschalen Gestaltungen durch Kombination mit weiteren Regelungen zur Proportionalität wie zusätzlichen Vertretern oder Belegschaftsgrößen. Lediglich nach einer Vereinbarung besteht pro Einheit, hier das Unternehmen, ein Sitz. Aber auch diese Vereinbarung sieht vor, dass die Sitze im SE-Betriebsrat an die größten Unternehmen vergeben werden, wenn mehr Unternehmen als Sitze bestehen.[85]

c. Mitgliederstrukturmodelle

Die wichtigsten Regelungsmodelle zur Proportionalität und Steuerung der Zusammensetzung des SE-Betriebsrats sollen im Folgenden aufgezeigt werden.

aa. Mitarbeiterschwelle

In knapp 35% der Vereinbarungen wird eine Untergrenze von Mitarbeitern pro Land oder sonstiger Entsendeeinheit festgelegt, die mindestens erreicht oder überschritten sein muss, damit ein direkter Vertreter in den SE-Betriebsrat entsendet werden kann. Durch die Mitarbeiterschwellen wird die Größe des SE-Betriebsrates indirekt begrenzt und die zahlenmäßige Stärke der Belegschaften fließt bei der Zusammensetzung mit ein. Allerdings werden kleinere Belegschaften von der direkten Vertretung ausgeschlossen.

Die Schwellen, um einen direkten Vertreter in das Gremium entsenden zu können, reichen von dauerhaft mindestens zwei Mitarbeitern pro Unternehmen[86] und mehr als 5 Mitarbeitern pro Land[87] über mittlere Schwellen von beispielsweise 40 Beschäftigten pro Standort bei einer reinen Standortvertreterregelung[88] und 100[89] oder 150[90] Mitarbeitern pro Land. Die höchste umgesetzte Schwelle liegt bei 2.100 Mitarbeitern pro Land.[91]

---

85 BV Solon SE, § 3.
86 BV HAWE Hydraulik SE, Teil II. § 3 Abs. 2.
87 BV GfK SE, Teil II. § 4.1.
88 BV Renolit SE, II. Ziff. 2.1.
89 BV Allianz SE, Teil A. Ziff. 2.2.
90 BV Dekra SE, Teil A., Ziff. 3.2.
91 BV MAN SE, § 3 Ziff. 3.1.

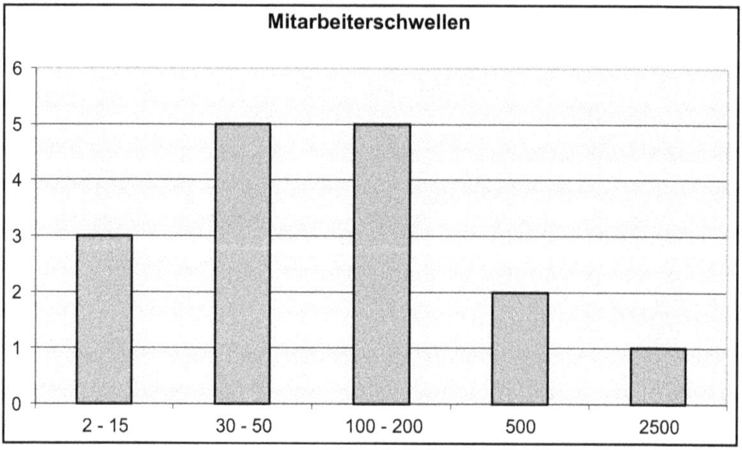

Vielfach sind die Schwellen, insbesondere die höheren, gekoppelt an Regelungen, die einen Ausgleich für die wegen der Hürde eigentlich gekappte Vertretung der entsprechenden Belegschaften vorsehen. Diese basieren in verschiedenen Ausgestaltungen darauf, dass die wegen der Schwelle nicht vertretenen Belegschaften zusammengefasst, beispielsweise als Entsendungskreis, einen oder mehrere Vertreter erhalten.

bb. Nationenübergreifende Entsendekreise

In 25% der Beteiligungsvereinbarungen, die einen SE-Betriebsrat vorsehen, sind betroffene Länder zu überregionalen Entsendekreisen und Varianten davon zusammengefasst, so dass die Belegschaften lediglich durch einen gemeinsamen Vertreter repräsentiert werden.

Überwiegend enthalten die Beteiligungsvereinbarungen konkrete, namentliche Festlegungen von Entsendekreisen einschließlich der Zahl ihrer Sitze. Als Entsendekreis zusammengefasst sind beispielsweise „Vereinigtes Königreich/ Irland“[92], Skandinavien/Baltikum“[93], „Österreich/Tschechien“[94] „Sonstige EU Länder“[95], „Rest of World“[96] oder „Offshore“[97].

---

92 BV Hager SE, Anlage 2; BV Porsche SE, I. § 2.2.

93 BV Allianz SE, Teil A Ziff. 2.

94 BV Hager SE, Anlage 2; BV Porsche SE, I. § 2.2.

95 BV ADVA Optical Networking SE, Part II. Ziff. 3 („Rest of Europe“); BV Allgeier SE, II. Ziff. 1.3.

96 BV ADVA Optical Networking SE, Part II. Ziff. 3.

97 BV Allgeier SE, II. Ziff. 1.3.

In einigen Vereinbarungen sind allerdings auch, ausschließlich oder in Kombination mit konkreten Festlegungen, abstrakte Regelungen zur Bildung von überregionalen Entsendekreisen getroffen worden. Diese Vereinbarungen sehen vor, dass die vor dem Hintergrund der jeweiligen Regelungen zur Sitzverteilung, beispielsweise auf Grund von Mitarbeiterschwellen, nicht bereits direkt vertretenen Länder durch einen oder mehrere Regional- bzw. Entsendekreisvertreter vertreten werden. Dabei wird beispielsweise an die Unternehmensstruktur angeknüpft. So entsenden nach einer Vereinbarung Gesellschaften, die Aufgaben eines sog. Europäischen Business Center übernommen haben, einen Vertreter, wenn ansonsten eines der vom jeweiligen Business Center betreuten Länder nicht vertreten wäre und auch nicht bereits ein Vertreter aus diesen Gesellschaften nach den allgemeinen Entsendungsregeln entsandt wurde. Große Business Center, die mehr als fünf Länder umfassen, werden in konkret benannte Plattformen unterteilt, die jeweils einen Vertreter entsenden. Gesellschaften der einer sog. Plattform zugehörigen Länder entsenden einen gemeinsamen Vertreter, wenn keines der Plattform angehörigen Länder einen Vertreter entsendet.[98]

In den übrigen Vereinbarungen mit abstrakten Vorgaben wird die Aufteilung in Regionen auf ein Gremium delegiert. So werden nach einer Vereinbarung in den nicht direkt vertretenen Ländern Landesvertreter gewählt, die sich hinsichtlich der Einteilung in drei Regionen einigen müssen. Diese Landesvertreter sind zugleich für die Wahl der Regionalvertreter aus ihrer Mitte verantwortlich. Unterleibt die Wahl, verringert sich die Anzahl der Sitze im SE-Betriebsrat entsprechend.[99]

Nach einer Vereinbarung, die Regelungen für das Bestehen von Teilkonzernen vorsieht, bestimmen im Falle des Bestehens eines Teilkonzerns die Teilkonzernvertreter über die Einteilung in Entsendekreise. Bei der ersten Wahl von Teilkonzernvertretern bestimmt dies der SE-Betriebsrat. Dem Teilkonzern wird eine feste Anzahl von Sitzen zugeordnet. Erhält der Teilkonzern nach den allgemeinen Regeln zur Sitzverteilung nach Belegschaftsgröße mehr Sitze als ihm maximal zustehen, sind die kleinsten Länder des Teilkonzerns so lange in Entsendekreise einzuteilen, bis nicht mehr Sitze zu verteilen sind als verfügbar sind. In dieser Beteiligungsvereinbarung ist auch eine abstrakte Regelung zur Erweiterung von Entsendekreisen vorgesehen. Der Regelung liegt zu Grunde, dass die maximale Zahl von Sitzen festgelegt ist. Soweit nach den allgemeinen Regeln zur Sitzverteilung, orientiert an den Belegschaftsstärken, mehr Sitze zu vergeben als

98 BV BASF SE, I. 2.1 f) und g).

99 BV Germanischer Lloyd SE, Teil I. Ziff. 2.1.2 und 2.2.4.2.

maximal Sitze vorgesehen sind, wird jeweils das Land mit der kleinsten Belegschaft, welches keinem Entsendungskreis angehört, dem Entsendungskreis mit der kleinsten Belegschaft hinzugefügt, bis nicht mehr Sitze vorhanden sind als Sitze verfügbar sind.[100]

Recht weitgehend finden sich Vereinbarungen, nach denen der SE-Betriebsrat ausdrücklich mit der Befugnis ausgestattet ist, andere oder weitere Entsendekreise zu bilden.[101]

Schließlich sind auch gegenüber Entsendekreisen etwas abgeschwächte Formen gemeinsamer, transnationaler Vertretung vereinbart. So finden sich Regelungen, nach denen alle Länder, die wegen der geregelten Schwelle von 500 Arbeitnehmern pro Land keinen direkten Vertreter haben, durch drei zusätzliche Mitglieder vertreten werden, die jeweils in den größten drei Ländern ohne direkten Vertreter gewählt werden.[102] Im Weiteren geregelt ist die Option zur Mitvertretung. Nicht direkt vertretene Länder können sich danach durch ein Land ihrer Wahl mitvertreten lassen, und zwar ohne eine Änderung der Stimmgewichtung.[103]

cc. Teilkonzernmodelle

Insgesamt drei der betrachteten Vereinbarungen berücksichtigen Teilkonzernstrukturen bei der Zusammensetzung des SE-Betriebsrats durch eigenständige Regelungen.[104] Nach einer Vereinbarung erhalten für den Fall des Bestehens von Teilkonzernen alle Teilkonzerne die gleiche, feste Anzahl von Vertretern im SE-Betriebsrat. Je mehr Teilkonzerne bestehen, desto weiter verringern sich die Sitze pro Teilkonzern nach einer festgelegten Staffel. Die Teilkonzernsitze werden so verteilt, dass jeder Mitgliedsstaat oder Entsendungskreis innerhalb des Teilkonzerns mindestens einen Sitz und je nach Belegschaftsgröße gegebenenfalls weitere erhält. Entsendungskreise können nur innerhalb eines Teilkonzerns gebildet werden. Die Einteilung in Entsendungskreise übernimmt bei der ersten Wahl von Teilkonzernvertretern der SE-Betriebsrat, danach obliegt sie den Teilkonzernvertretern. Das Modell zielt also letztlich darauf ab, allen Teilkonzernen unabhängig von ihrer Größe und Mitarbeiterzahl die gleiche Zahl von Sitzen

---

100 BV Porsche SE, I. § 2.

101 BV Allgeier SE, Teil II. Ziff. 1.4; BV Porsche SE, I. § 2.

102 BV Bilfinger Berger SE, Teil B. 3.2.2.

103 BV GfK SE, II. § 4.1.

104 BV MAN SE (für den zwischenzeitlich ausgeschiedenen Teilkonzern Ferrostahl AG); BV Porsche SE; BV Webasto SE.

zuzuteilen.[105]. Dabei findet sich auch eine Gestaltung in einer anderen Vereinbarung, nach der ebenfalls grundsätzlich jeder Teilkonzern die gleiche Anzahl von Sitzen erhält, künftig neu hinzutretende Teilkonzerne aber sogar einen Sitz weniger erhalten.[106] Daneben bestehen aber ebenso Gestaltungen, nach denen jeder Teilkonzern einen Sitz erhält und übrige Sitze zunächst im Verhältnis zur Größe der Belegschaften der Teilkonzerne und dann auf die Gesellschaften des Teilkonzerns verteilt werden.[107] Schließlich finden sich auch Regelungen, nach denen ein bestimmter Teilkonzern einen Entsendungskreis mit festgelegter Sitzzahl im SE-Betriebsrat bildet.[108]

dd. Zusätzliche Vertreter

Zur Koppelung an die Zahl der Mitarbeiter in einem Land und ihr Verhältnis zur Gesamtbelegschaft sehen wie gezeigt nahezu alle Vereinbarungen eine Verteilung der Sitze nach Proportionalitätsgesichtspunkten vor. Eine übliche Gestaltung ist dabei die Einräumung zusätzlicher Ländervertreter gestaffelt nach der Zahl der dort beschäftigten Arbeitnehmer.

Zum Teil wurden durchaus recht hohe Schwellen für einen zusätzlichen Vertreter vereinbart. So erhält nach einer Vereinbarung ein Land mit mehr als 2000 Beschäftigten einen zweiten Vertreter. Fünf Vertreter erhält ein Land mit mehr als 20.000 Beschäftigten, sieben mit mehr als 40.000 Beschäftigten.[109] Auch wesentlich niedrigere Schwellen finden sich: Nach einer Gestaltung erhält ein Land je angefangene 150 Arbeitnehmer einen weiteren Sitz im SE-Betriebsrat.[110] Auch an das prozentuale Verhältnis der Länderbelegschaft zur Gesamtbelegschaft der SE und ihrer Tochtergesellschaften wird angeknüpft. Dabei wurde beispielsweise auch eine Staffel mit unregelmäßigen Schritten, durch die sich die Zusammensetzung steuern lässt, vereinbart: 5% ein zusätzlicher Vertreter, 10% zwei zusätzliche Vertreter, 15% fünf weitere Vertreter, 20% sechs zusätzliche Vertreter, 50% sieben zusätzliche Vertreter.[111] Im Ergebnis waren damit acht deutsche Vertreter, sieben französische Vertreter und im Übrigen sechs Vertreter aus jeweils

105 vgl. *Rieble*, in: Vereinbarte Mitbestimmung in der SE, § 3 Rn. 98.
106 BV Webasto SE, Teil I. Ziff. 2.1.1 (für den „ruhenden" SE-Betriebsrat, siehe § 3 B. VII.).
107 BV Webasto SE, Teil I. Ziff. 2.1.2 (für den „aktivierten" SE-Betriebsrat).
108 BV MAN SE, II. § 3.2.
109 BV BASF SE, I. Ziff. 2.1.
110 BV Cloppenburg Automobil SE, II. Ziff. 10.
111 BV DEKRA SE, Teil A. Ziff. 2.4.

unterschiedlichen Ländern im ersten SE-Betriebsrat der betreffenden SE vertreten.[112] Bei dieser Regelung wird damit auch der sogenannte Stammlandeffekt, der deutliche Einfluss der Akteure aus dem Land des Sitzes der Leitung,[113] deutlich.

ee. Geschlechterverhältnis

Lediglich vereinzelt wird, wie in § 6 Abs. 2 SEBG, auch das Verhältnis von Frauen und Männern berücksichtigt. So sollen nach einer Beteiligungsvereinbarung im SE-Betriebsrat Frauen und Männer entsprechend ihres zahlenmäßigen Verhältnisses in der Gesamtbelegschaft vertreten sein bzw. entsprechend ihres zahlenmäßigen Verhältnisses gewählt werden.[114] Auch wird im Rahmen von Soll-Vorschriften im Zusammenhang mit zusätzlichen Ländervertretern auf ein angemessenes Verhältnis zwischen Männern und Frauen hingewirkt.[115]

ff. Berücksichtigung von Geschäftsbereichen

Geschäftsbereiche innerhalb der SE und des SE-Konzerns finden in rund 40% der untersuchten Beteiligungsvereinbarungen bei der Zusammensetzung des SE-Betriebsrats Berücksichtigung.

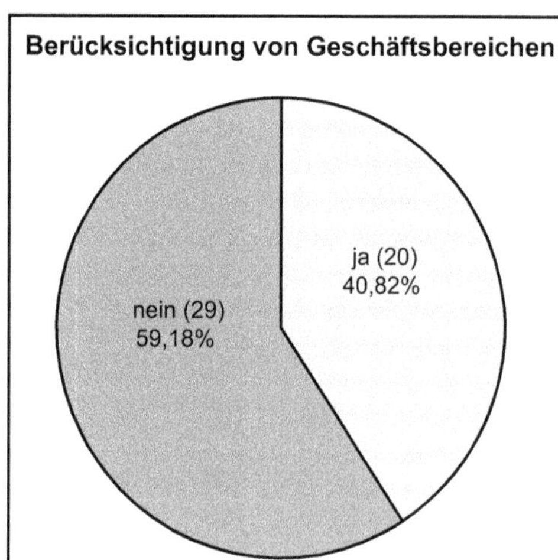

112 BV DEKRA SE, Anlage.
113 *Zimmer*, EuZA 2013, 459, 456 m.w.N.
114 BV Hager SE, A. Ziff. 2.1; BV Nordex SE, Ziff. 3.2; BV Wacker Neuson SE, I. Ziff. 3.6.
115 BV DEKRA SE, Teil A. Zif. 3.4.

Zum Teil erhalten bestimmte, in der Beteiligungsvereinbarung genannte Geschäftsbereiche Vertreter im SE-Betriebsrat.[116] Flexibilität für künftige SE-Betriebsräte wird dadurch erreicht, dass das Gremium die Sitzverteilung anpassen kann, dabei aber das zu berücksichtigende Kriterium der Geschäftsbereiche vorgegeben ist.[117] Geschäftsbereiche finden zudem mittelbar Berücksichtigung durch Repräsentanz nach Produktionsstätten[118], Betrieben[119] und Unternehmen[120]. Auch durch gesonderte Berücksichtigung von Teilkonzernen wird die Repräsentanz im SE-Betriebsrat im Hinblick auf Geschäftsbereiche gesteuert.[121] Zum Teil finden Geschäftsbereiche auch dadurch Berücksichtigung, dass mehrere Landesvertreter aus unterschiedlichen Unternehmen des Landes stammen sollen.[122]

Schließlich ist bei der Freudenberg SE ergänzend ein Betriebsbeauftragten-Modell vorgesehen.[123] Der SE-Betriebsrat der Freudenberg SE besteht ausschließlich aus Ländervertretern. Soweit in einem Land mehrere Betriebe bestehen, die zu Gesellschaften verschiedener Teilkonzerne gehören, und eine angemessene Repräsentation der Arbeitnehmer aus diesen Betrieben oder Teilkonzernen nicht gewährleistet ist, können für diese Betriebe Betriebsbeauftragte bestellt werden. Diese sind nicht Mitglieder des SE-Betriebsrats, sollen aber den Informationsfluss zu den Mitarbeitern sicherstellen.[124]

gg. Reservierte Sitze

[1] Garantierter Sitz für Mitglieder nationaler Gremien

Nur drei Beteiligungsvereinbarungen enthalten Regelungen, nach denen der SE-Betriebsrat zwingend teilweise oder vollständig mit Mitgliedern nationaler Arbeitnehmervertretungen besetzt wird, soweit diese vorhanden sind. Bei zwei der Vereinbarungen ist Voraussetzung für die Wählbarkeit die Mitgliedschaft in einem nationalen Arbeitnehmergremium. Ist ein solches überhaupt nicht vorhanden, wählen die Arbeitnehmer ihre Vertreter bzw. gelten die nationalen

---

116 BV Allgeier SE, Teil II. Ziff. 1.3; BV ElectronicPartner Handel SE, II. Ziffer 2.2, Anlage I; BV Warema Renkhoff SE, Teil 2 Ziffer 3.3.

117 BV Allgeier SE, Teil II. Ziff. 1.4, BV ElectronicPartner Handel SE, II. Ziffer 2.2.

118 BV Renolit SE, II Ziff. 2.1.

119 BV Warema Renkhoff SE; Teil II. Ziff. 3.

120 BV Solon SE, § 3.2; BV WILO SE, Teil II Ziff. 10.

121 BV MAN SE; BV Porsche SE; BV Webasto SE.

122 BV AVAG Holding Ziff. 11.2 S. 3; BV Cloppenburg Automobil, Ziff. 11.2 S. 2.

123 BV Freudenberg SE, § 4.

124 BV Freudenberg SE, § 4.

Vorschriften für die Entsendung in den SE-Betriebsrat.[125] Bei einer weiteren SE sind der deutsche Konzernbetriebsratsvorsitzende und der Vorsitzende des Wirtschaftsausschusses bei der SE kraft dieser Ämter automatisch Mitglieder des SE-Betriebsrats. Ihre Sitze werden auf die auf Deutschland insgesamt entfallenden Sitze angerechnet.[126]

[2] Gewerkschaftsvertreter

Unter den ausgewerteten Beteiligungsvereinbarungen ist keine, die ausdrücklich einen Vertreter von Gewerkschaftsseite mit Stimmrecht im SE-Betriebsrat vorsieht. Eine Vereinbarung sieht Gewerkschaftsvertreter als zusätzliche Mitglieder des SE-Betriebsrats ohne Stimmrecht vor. Ein solches zusätzliches Mitglied ist von der nationalen Arbeitnehmervertretung zu wählen, wenn für das betreffende Land mehr als drei Arbeitnehmervertreter in den SE-Betriebsrat entsandt werden. Im Übrigen wird hinsichtlich Bestellung und Wahl der Mitlieder des SE-Betriebsrats auf die nationalen Vorschriften verwiesen, soweit die Beteiligungsvereinbarung nichts anderes vorsieht.[127] Hierbei ist aber natürlich zu berücksichtigen, dass vielfach hinsichtlich der Wahl- oder Bestellungsregelungen auf die jeweiligen nationalen Vorschriften verwiesen wird. Die Arbeitnehmereigenschaft ist dabei häufig, aber nicht immer, persönliche Wahlvoraussetzung. Gelegentlich ist im Zusammenhang mit dem Verweis auf nationale Vorschriften klargestellt, dass Gewerkschaften, wenn nationale Regelungen dies vorsehen, zu berücksichtigen sind.[128] Zudem können Arbeitnehmer, die zugleich Gewerkschaftsmitglieder sind, Mitglieder des SE-Betriebsrats sein. Demnach dürften häufiger Gewerkschaftsmitglieder im SE-Betriebsrat vertreten sein, als sie ausdrücklich in den Beteiligungsvereinbarungen als besondere Vertreter genannt sind.

[3] Vertreter der leitenden Angestellten

Vergleichsweise selten ist ein besonderer Vertreter der leitenden Angestellten vorgesehen. Während die gesetzliche Auffanglösung keinen Vertreter der leitenden Angestellten vorsieht, verlangt das SEBG für größere BVG ab sieben Mitglieder einen solchen Vertreter. Nur zwei der betrachteten Vereinbarungen sehen ausdrücklich einen solchen Vertreter der leitenden Angestellten im

125 BV Freudenberg SE, § 3 Abs. 3; BV Curt Richter SE, II Ziff. 2.21.

126 BV Deutsche Annington SE, Teil 2 Ziff. 2.2.

127 BV Renolit SE, II. 2.1 Abs. 5.

128 Bspw. BV ARAG SE, Teil B § 5.1; BV Hager SE, Teil A Ziff. 2.3.

SE-Betriebsrat vor.[129] Während einer davon reguläres Mitglied im SE-Betriebsrat ist, findet sich daneben eine Gestaltung mit Rederecht:

„Die leitenden Angestellten oder ihre Vertretung können unbeschadet ihrer sonstigen Rechte einen leitenden Angestellten bestimmen, der mit Rederecht an den Sitzungen zur Unterrichtung und Anhörung des SE-Betriebsrats und an den Sitzungen des geschäftsführenden Ausschusses teilnimmt, sofern mindestens fünf deutsche Vertreter und kein leitender Angestellter in den SE- Betriebsrat entsandt werden."[130]

[4] Arbeitgebervertreter

Lediglich eine der untersuchten Vereinbarungen sieht Arbeitgebervertreter vor. Nach dieser Vereinbarung sind ein oder mehrere Vertreter der Unternehmensleitung Mitglieder des Gremiums.[131] Sie bleiben hinsichtlich der Beschlussfähigkeit allerdings außer Acht und haben kein Stimmrecht:[132]

„Der Mitarbeiterrat setzt sich aus zehn Vertretern der Mitarbeiter sowie einem oder mehreren Vertretern der Unternehmensleitung der (...) SE zusammen.

(...)

Der Mitarbeiterrat kann Beschlüsse durch einfache Mehrheit fassen. Jedes Mitglied hat eine Stimme. Die Vertreter der Unternehmensleitung stimmen nicht mit ab."[133]

d. Verweis auf die Auffanglösung

Nur ganz wenige, insgesamt drei, der untersuchten Vereinbarungen übernehmen hinsichtlich der Zusammensetzung des SE-Betriebsrats die gesetzliche Auffanglösung, indem vollumfänglich auf sie verwiesen wird.[134]

3. Benennung in der Beteiligungsvereinbarung

Vereinzelt wird die Zusammensetzung des ersten SE-Betriebsrats ausschließlich durch namentliche Benennung der betreffenden Mitglieder und ohne abstrakte Festlegung der Regelungen, die zu der entsprechenden Auswahl geführt

---

129 BV BASF SE, I Ziff. 2.1 h); BV Lenze SE, C. Ziff. 1.3.

130 BV Lenze SE, C. Ziff. 1.3.

131 BV Allgeier SE, Teil II Ziff. 1.2.

132 BV Allgeier SE, Teil II Ziff. 3.7.

133 BV Allgeier SE, Teil II. Ziff. 1.2 und 3.7.

134 BV Gütermann SE, A. Ziff. 3.1; BV Nolte SE, A. I. Ziff. 2.; BV Ortwin Goldbeck Teil II Ziff. 3.

haben, festgelegt.[135] Für künftige SE-Betriebsräte nach Ablauf der Amtszeit des ersten SE-Betriebsrats werden dann in einem Fall abstrakte Regelungen aufgestellt.[136] Da insoweit eine vollständige Regelung getroffen wurde, wurden deren Inhalte bei der Auswertung der untersuchten Regelungen zur Zusammensetzung des SE-Betriebsrats mit berücksichtigt. In dem anderen Fall wird die Zusammensetzung offen gelassen und lediglich festgehalten, dass sich das Gremium aus Vertretern der Geschäftsbereiche der Unternehmensgruppe zusammensetze.[137] Die Aufstellung von Regeln zur Wahl und Bestellung zukünftiger Mitglieder wird dem geschäftsführenden Ausschuss übertragen, wie auch die jährliche Prüfung der Anpassungsnotwendigkeit der Zusammensetzung des SE-Betriebsrats.[138]

4. Anpassung des SE-Betriebsrats

Rund 90% der untersuchten Beteiligungsvereinbarungen enthalten Regelungen zur Anpassung der Zusammensetzung des SE-Betriebsrats bei Veränderungen der vertretenen Belegschaft. Bei drei Viertel der Vereinbarungen zum SE-Betriebsrat ist ausdrücklich eine turnusmäßige Überprüfung und Anpassung während der laufenden Amtszeit vorgesehen. Im Übrigen sehen die Vereinbarungen eine regelmäßige Überprüfung und Anpassung ausschließlich im Zusammenhang mit der regelmäßigen Neuwahl oder situativ vor.

Nach knapp einem Viertel aller Vereinbarungen zum SE-Betriebsrat erhalten neu hinzutretende Mitgliedstaaten unverzüglich, d.h. unabhängig von einer turnusmäßigen Überprüfung und ihrem Zeitpunkt, einen Vertreter im SE-Betriebsrat. In drei Vereinbarungen ist geregelt, dass neu hinzutretende Länder bis zur nächsten regulären Überprüfung oder Wahl einen Gast ohne Stimmrecht in den SE-Betriebsrat entsenden können.[139]

Soweit Angaben dazu eindeutig vorhanden sind, liegt in etwas über der Hälfte der Fälle, nämlich 19, die Prüfung, ob für die Zusammensetzung des SE-Betriebsrats relevante Änderungen eingetreten sind, bei der Arbeitgeberseite.[140] Beim SE-Betriebsrat oder einem seiner Ausschüsse liegt die Prüfung relevanter

135 BV ElectronicPartner Handel SE, Ziff. 2.2, BV INTERSEROH SE, Ziff. 2.2.

136 BV INTERSEROH SE, Ziff. 2.3.

137 BV ElectronicPartner Handel SE, Ziff. 2.2 Abs. 2.

138 BV ElectronicPartner Handel SE, Ziff. 2.4 und 2.5.

139 BV E.ON Energy Trading SE, B. § 4 Abs. 3; BV GfK SE, Teil I. § 2 2.1; BV Klöckner & Co. SE, Teil II. Ziff. 9 Abs. 2.

140 BV ElectronicPartner Handel SE, II. Ziff. 2.4 i.V.m. II. Ziff. 5.1.

Änderungen, entsprechend der Situation nach der gesetzlichen Auffanglösung[141], oder sogar ausdrücklich die Entscheidung über die Anpassung in etwas weniger als der Hälfte der Fälle. Die häufig anzutreffende Formulierung, dass die Leitung die Zusammensetzung des SE-Betriebsrats zu prüfen hat[142], ist dabei im Hinblick auf den Unterschied zu § 25 SEBG so ausgelegt und zugeordnet worden, dass die Prüfung relevanter Änderungen bei der Leitung liegt. In elf Vereinbarungen ist ausdrücklich festgehalten, dass dem SE-Betriebsrat die entscheidenden Zahlen im Zusammenhang mit der Überprüfung, über eine etwaige Mitteilung des Prüfungsergebnisses und über die gewöhnliche Unterrichtung über die Beschäftigungslage hinaus, weitergegeben werden müssen.

a. Turnusmäßige Prüfung während der Amtszeit

Ist vereinbart, dass die Zusammensetzung des SE-Betriebsrats turnusmäßig zu erfolgen hat, ist am häufigsten ein Turnus von 1/2 – 2 Jahren gewählt worden.

Meist ist in diesen Vereinbarungen ein Stichtag oder eine konkretisierende Vorgabe hinsichtlich des für die Berechnung der Arbeitnehmerzahlen maßgeblichen Zeitpunktes vorgegeben. Vereinbarungen, die auf die gesetzliche Auffanglösung verweisen oder § 25 SEBG ohne Abweichungen abbilden, fallen darunter. Zwar regelt § 25 SEBG vom Wortlaut her lediglich den Zeitpunkt für die Überprüfung, enthält aber keine Vorgabe, worauf hinsichtlich der Berechnung abzustellen ist.[143] Allerdings enthält das SEBG anders als das EBRG über § 25 SEBG hinaus keine andere Information hinsichtlich der Berechnung und damit keinerlei Anhaltspunkt, das auf einen anderen Zeitpunkt als den angegebenen Überprüfungszeitpunkt abzustellen wäre. In knapp 40% der Vereinbarungen mit Regelungen zur Überprüfung ist eine eigenständige Konkretisierung hinsichtlich der Berechnung der Arbeitnehmerzahlen enthalten.

---

141 *Feuerborn*, in: KK-AktG, § 25 SEBG Rn. 4; *Kleinmann/Kujath*, in Manz/Mayer/Schröder, § 25 SEBG Rn. 2; *Müller-Bonanni*, in: Habersack/Drinhausen, § 25 SEBG Rn. 2.

142 BV Aixtron SE, Teil II. Ziff. 4.3; BV INTERSEROH SE, Teil II. Ziff. 2.4; BV GfK SE, Teil I. § 4 Ziff. 4.4.

143 Zu § 36 Abs. 2 EBRG, der § 25 SEBG entspricht, ist umstritten, ob punktuell auf den Zeitpunkt der Prüfung (*Blanke*, EBRG, § 36 Rn. 5) oder die durchschnittliche Arbeitnehmerzahl während der letzten zwei Jahre abzustellen ist (*Giesen*, in: HWK, EBRG § 36 Rn. 69). Letzteres ist allerdings, und eine solche Regelung fehlt im SEBG, in § 4 EBRG für die Bestimmung der gemeinschaftsweiten Tätigkeit nach dem EBRG vorgegeben. Die Streitigkeit weist aber in jedem Fall darauf hin, dass die entsprechende Formulierung in § 25 SEBG nicht vollkommen eindeutig ist.

26% der Vereinbarungen regeln ausdrücklich, dass bei Feststellung einer Veränderung für das betreffende Land oder die Entsendeeinheit eine vollständige Neuwahl stattzufinden hat, die auch zum Ende der Amtszeit aller bisherigen betreffenden Vertreter führt.

Es finden sich aber auch Regelungen, die abweichend davon auf möglichst wenige Veränderungen im SE-Betriebsrat zielen. Zwei Vereinbarungen mit turnusmäßiger Überprüfung und Anpassung enthalten über die allgemeinen Schwellen hinaus spezielle Mindestanforderungen hinsichtlich der Veränderung der Beschäftigten. Nach einer Beteiligungsvereinbarung erhält eine neu hinzutretende Tochtergesellschaft oder ein neu hinzutretender Standort erst ab 3.000 Arbeitnehmern einen Vertreter, während die reguläre Schwelle für einen direkten Vertreter bei 2.500 Arbeitnehmern liegt.[144] Auch übrige Regelungen zielen darauf, eine Neuwahl während der regulären Amtszeit zu vermeiden und sehen vielmehr Anpassungen vor. Zu nennen ist hier ein Nachrücken bisheriger Ersatzmitglieder oder Kandidaten nach erhaltenen Stimmen oder eine Verringerung der Vertreter beginnend mit demjenigen, der die wenigsten Stimmen erzielt hatte.[145] Geregelt ist auch, dass bei einem Anwachsen lediglich das weitere Mitglied neu gewählt wird.[146] Auch gibt es Regelungen, die bei Über- oder Unterschreitung von Mitarbeiterschwellen eine Anpassung während der Amtszeit ausschließen.[147]

Eine auf die Sicherstellung der nationalen Mehrheit bedachte Regelung findet sich ebenfalls. Für jedes zusätzliche Mitglied im SE-Betriebsrat, dass sich durch eine Anpassung nach der Überprüfung ergibt, erhält Deutschland einen weiteren Vertreter, wenn anderenfalls die Zahl der ausländischen Vertreter über der der deutschen Vertreter liegen würde.[148] Deutlicher könnte der Stammlandeffekt kaum werden.

b. Anpassung ohne turnusmäßige Prüfung

Die Vereinbarungen, die keine turnusmäßige Überprüfung und Anpassung während der laufenden Amtszeit vorsehen, enthalten gleichwohl verschiedene Anpassungsregelungen. Zum Teil enthalten diese Vereinbarungen dann Regelungen, die eine unverzügliche Anpassung bei Eintreten der Änderung vorsehen, wie beispielsweise einen neuen Sitz im SE-Betriebsrat ab Hinzutreten eines neuen

144 BV MAN SE, II. § 5.8 hinsichtlich des Hinzutretens von Tochtergesellschaften oder Standorten.
145 BV Germanischer Lloyd SE, Teil I. Ziff. 2.3.
146 BV Aixtron SE, Teil II. Ziff. 5.2.2.
147 BV MAN SE, II. § 3 3.1 und § 5 5.7.
148 BV Surteco SE, II. § 7 7.5.

Mitgliedstaates mit Beschäftigten der SE-Gruppe.[149] Auch ist vorgesehen, dass der SE-Betriebsrat eine Überprüfung der Anpassungsnotwendigkeit durch die Leitung beantragen kann.[150] Ebenso findet sich die Regelung, dass Veränderungen während der Amtszeit vorbehaltlich einer anderweitigen Entscheidung der Leitung und des Geschäftsführenden Ausschusses keinen Einfluss auf die Zusammensetzung des SE-Betriebsrats haben.[151] Zum Teil sind Regelungen vorhanden, die eine regelmäßige Überprüfung oder Anpassung betreffen, aber nicht während einer laufenden Amtszeit, sondern nur im Vorfeld der Neubestimmung bzw. -wahl des SE-Betriebsrats.[152] In einer Beteiligungsvereinbarung sind beispielsweise die möglichen Entsendeeinheiten abstrakt vorgegeben, die bei einer Neueinteilung im Vorfeld der Neuwahl als Anknüpfung für die Vertretung gewählt werden können.[153]

5. *Rechtliche Bewertung*

Die Verhandlungsparteien müssen gem. § 21 Abs. 1 Nr. 2 SEBG die Sitzverteilung in der Beteiligungsvereinbarung festlegen. Von § 23 Abs. 1 SEBG, der die Sitzverteilung für die Auffanglösung vorsieht und sowohl dem Repräsentationsgrundsatz als auch dem Proportionalitätsgrundsatz Rechnung trägt, kann im Grundsatz auch abgewichen werden. So können die Parteien zunächst statt an Mitgliedsstaaten auch an andere Kriterien wie Unternehmen und Standorte anknüpfen. Konkrete Anforderungen an die Sitzverteilung sehen weder das SEBG noch die SE-RL vor. Eine willkürliche Sitzverteilung kommt dabei aber gleichwohl nicht in Betracht. Sinn und Zweck des SE-Betriebsrats ist die Etablierung eines grenzüberschreitenden Verfahrens zur Unterrichtung und Anhörung. Sowohl die Regelungen zur Besetzung des BVG als auch die Auffanglösung sehen vor, dass jeder Mitgliedsstaat einen Sitz erhält. § 21 Abs. 1 Nr. 2 SEBG verpflichtet zu Regelungen, die einer Änderung der Belegschaftszahlen bei der Zusammensetzung des SE-Betriebsrats Rechnung tragen. Dies ergäbe keinen Sinn, wenn Proportionalität keinerlei Rolle spielen würde.[154] Zwar wird demgegenüber vertreten, dass das BVG selbst repräsentativ besetzt sein müsse und dieses der Beteiligungsvereinbarung zustimmen müsse.[155] Zu Recht wird dem jedoch

---

149 BV Curt Richter SE, II. Ziff. 2.9.

150 BV Warema Renkhoff SE, Teil II. Ziff. 3 (5).

151 BV Deutsche Annington SE, Ziff. 2.3.

152 BV Allgeier SE, Teil II. Ziff 1.4; BV Webasto SE, Teil I. Ziff. 2.1.2. b. a.E.

153 BV Allgeier SE, Teil II. Ziff. 1.4.

154 *Forst*, Beteiligungsvereinbarung, S. 195.

155 *Seibt*, AG 2005, 413, 423.

entgegen gehalten, dass kleine Belegschaften im BVG leicht überstimmt werden können.[156] Ein willkürlicher Ausschluss von Belegschaften ist schließlich auch nicht mit dem europarechtlichen Gleichbehandlungsgrundsatz in Einklang zu bringen.[157] Schwellenwerte und Entsendekreise schließen Belegschaften, insbesondere kleinere Belegschaften, von der direkten Vertretung im SE-Betriebsrat aus.[158] Solche Gestaltungen sind aber gerechtfertigt, wenn ein sachlicher Grund besteht. Ein sachlicher Grund besteht darin, ein effektives und funktionsfähiges Gremium zu schaffen. Die direkte Vertretung jeder Belegschaft kann bei weit verzweigten, zahlreichen Länderbelegschaften, die zum Teil sehr klein ausfallen können, zu nicht unerheblichen Weiterungen führen. Deshalb können im Ergebnis kleine Belegschaften im Hinblick auf direkte Sitze im SE-Betriebsrat außer Acht gelassen werden.[159] Damit sind Schwellenwerte für die Repräsentation im SE-Betriebsrat zulässig.[160] Im Weiteren können Mitgliedsstaaten zu Entsendekreisen zusammengefasst werden.[161] Auch zusätzliche Vertreter sind im Hinblick auf die Proportionalität natürlich möglich und sind letztlich an das System des § 5 Abs. 1 SEBG angelehnt. Entsendekreise sind im Vergleich zu Mitarbeiterschwellen letztlich noch das mildere Mittel, da zumindest eine gemeinsame Vertretung eingeräumt wird. Hinsichtlich der Zulässigkeit von Teilkonzernmodellen kommt es auf die Ausgestaltung an. Teilkonzernmodelle können wie beschrieben dazu führen, dass die Teilkonzerne ungeachtet ihrer Belegschaftsgrößen das gleiche Stimmrecht erhalten. Auch dafür muss ein sachlicher Grund gegeben sein. Jedenfalls bei der Unterscheidung nach ursprünglichem und neu hinzutretendem Teilkonzern ist ein solcher nicht recht ersichtlich. Ähnelt das Teilkonzernmodell aber letztlich einem Entsendungskreis, kann die sachliche Rechtfertigung in der Sicherstellung eines effektiven, in seiner Größe begrenzten Gremiums liegen.

Unterschiedlich beurteilt wird, ob externe Dritte, insbesondere externe Gewerkschaftsvertreter, Mitglied im SE-Betriebsrat sein können. Zum Teil wird dies abgelehnt,[162] während andere diese Möglichkeit anerkennen.[163] Ausdrückliche

---

156 *Forst*, Beteiligungsvereinbarung, S. 195.

157 Vgl. *Forst*, Beteiligungsvereinbarung, S. 194; *Rieble*, in: Vereinbarte Mitbestimmung in der SE, § 3 Rn. 99.

158 *Rieble*, in: Vereinbarte Mitbestimmung in der SE, § 3 Rn. 98.

159 *Forst*, Beteiligungsvereinbarung, S. 195.

160 *Hohenstatt/Müller-Bonanni*, in: Habersack/Drinhausen, § 21 SEBG Rn. 10.; *Forst*, Beteiligungsvereinbarung, S. 226.

161 *Hohenstatt/Müller-Bonanni*, in: Habersack/Drinhausen, § 21 SEBG Rn. 10.

162 *Feuerborn*, in: KK-AktG, § 21 SEBG Rn. 29.

163 *Jacobs*, in: MünchKommAktG, § 21 SEBG Rn. 17; *Thüsing*, ZIP 2006, 1469, 1474.

Vorgaben dazu enthalten weder das SEBG noch die SE-RL. Die SE-RL lässt es gem. Art. 3 Abs. 2 b) S. 4 aber ausdrücklich zu, dass die Mitgliedstaaten Regelungen erlassen, nach denen Gewerkschaftsvertreter auch dann dem BVG angehören können, wenn sie nicht Arbeitnehmervertreter sind.[164] Zutreffend ist deshalb zu differenzieren: Sind Externe, d.h. insbesondere externe Gewerkschaftsvertreter, durch die Arbeitnehmerschaft legitimiert, können sie Mitglied im SE-Betriebsrat sein. Nicht möglich ist jedoch eine Besetzung des SE-Betriebsrats mit Externen, die ausschließlich von außen bestimmt oder entsandt werden, da es dann an dem erforderlichen Legitimationsakt durch die Arbeitnehmer fehlt.[165] Die Legitimation durch die Arbeitnehmerschaft ist erforderlich, denn es geht im Kern um Arbeitnehmerbeteiligung. Schließlich können auch leitenden Angestellten, die natürlich auch zu den Arbeitnehmern zählen, im SE-Betriebsrat Sitze eingeräumt werden.[166] Soweit die leitenden Angestellten nicht von der allgemeinen Wahl ausgeschlossen sind, muss bei einem zusätzlichen Vertreter auch kein Stimmrecht eingeräumt werden. Je nach Ausgestaltung ist schließlich ein Arbeitgebervertreter im Gremium, wie bei dem französischen *comité d'entreprise*, grundsätzlich denkbar.[167] Das SEBG fordert gerade einen Dialog und Meinungsaustausch, was in einem von beiden Seiten besetzten Gremium möglich ist. Voraussetzung ist aber, dass ein effektives Unterrichtungs- und Anhörungsverfahren gewährleistet ist.[168] Die Arbeitnehmervertreter müssen in ausreichendem Maß Gelegenheit zur Beratung nur untereinander haben. Auch muss gewährleistet sein, dass das Gremium als Vertretungsorgan der Arbeitnehmer unabhängig von den Arbeitgebervertretern Beschlüsse fassen kann. Dies mag beispielsweise durch ein fehlendes Stimmrecht, wie im Rahmen der Auswertung gezeigt, erreicht werden.

II. Mitglieder des SE-Betriebsrats

1. Persönliche Voraussetzungen

Viele Beteiligungsvereinbarungen verweisen hinsichtlich der persönlichen Wahlvoraussetzungen insgesamt oder für Teilbereiche auf nationale Wahl- bzw. Bestellungsregelungen, so dass die persönlichen Voraussetzungen für die

164 *Thüsing*, ZIP 2006, 1469, 1473.

165 *Thüsing*, ZIP 2006, 1469, 1747; *Rieble*, in: Vereinbarte Mitbestimmung in der SE, § 3 Rn. 97.

166 *Hohenstatt-Müller-Bonanni*, in: Habersack/Drinhausen, § 21 SEBG Rn. 10.

167 *Rieble*, in: Vereinbarte Mitbestimmung in der SE, § 3 Rn. 97.

168 *Rieble*, in: Vereinbarte Mitbestimmung in der SE, § 3 Rn. 97.

Mitgliedschaft im SE-Betriebsrat nach nationalen Regelungen eingeschlossen sind. Häufig finden sich aber auch eigenständige oder ergänzende Regelungen zu den persönliche Voraussetzungen.

Am häufigsten ist die Arbeitnehmereigenschaft Voraussetzung für die Mitgliedschaft im SE-Betriebsrat. Diese wird in etwas über 90% der Vereinbarungen als Voraussetzung für die Mitgliedschaft im SE-Betriebsrat genannt. Lediglich in sieben Vereinbarungen ist dabei ausdrücklich klargestellt, dass das Mitglied des SE-Betriebsrats in dem Land Arbeitnehmer sein muss, welches es vertritt.

In vier der Vereinbarungen ist ausdrücklich erwähnt, dass es sich um ein ungekündigtes Arbeitsverhältnis handeln muss. Neun Vereinbarungen verlangen ein aktives Arbeitsverhältnis und nach 13 Vereinbarungen ist eine Mindestdauer des Arbeitsverhältnisses vorgesehen. Am häufigsten wurden dabei sechs Monate gewählt.

Ein Mindestalter von 18 ist in fünf Vereinbarungen persönliche Voraussetzung. Zwei Vereinbarungen verlangen ein unbefristetes Arbeitsverhältnis.[169] Vereinzelt finden, allerdings durchweg als Soll-Vorschrift, konkrete Sprachkenntnisse Erwähnung.[170]

2. Besetzungsverfahren

a. Urwahl

Die Bestimmung der Mitglieder des SE-Betriebsrats im Wege einer ausdrücklich vorgesehenen, reinen Urwahl für alle wahlberechtigten Arbeitnehmer sehen insgesamt vier Vereinbarungen vor.[171]

Nach allen diesen Vereinbarungen liegt die Organisation der Wahl, wenn auch vereinzelt mit geringer Regelungsdichte, auf Seiten der Arbeitnehmer. Dazu wird entweder ein Wahlvorstand gebildet[172] oder der SE-Betriebsrat, bei der ersten Wahl das BVG,[173] die lokal gewählten Arbeitnehmervertretungen oder in Ermangelung dieser ein im Wege der Urwahl bestimmter Wahlleiter[174], organisieren die Wahl. Die Vereinbarungen sehen dabei, soweit Bestimmungen

---

169 BV HAWE Holding SE, Teil II. Ziff. 4.3; BV WAREMA Renkhoff SE, Teil II. § 4 Abs. 3.

170 Bspw. BV Webasto SE, Teil I. Ziff. 2.2.1.

171 BV ADVA Optical Networking SE, Part II. Ziff. 4.; BV Allgeier SE, Teil II. Ziff. 2; BV Q-Cells SE, Teil II. § 10; BV HAWE Holding SE, § 4. Ein Verweis auf nationale Regelungen, insbesondere auch zur Auffanglösung, ist hier nicht berücksichtigt.

172 BV Allgeier SE, Teil II. Ziff. 2; BV Q-Cells SE, Teil II. § 10.

173 BV ADVA Optical Networking SE, Part II. Ziff. 4.

174 BV HAWE Holding SE, § 4 Abs. 1.

getroffen sind, eine Persönlichkeitswahl vor, bei der jeder Wahlberechtigte eine Stimme hat. Daneben enthalten die Regelungen beispielsweise, dass die Wahl geheim, frei und gleich sein muss. Nach zwei der Vereinbarungen soll die Wahl vorrangig über das Internet erfolgen.[175]

Beispielhaft ist die folgende Regelung:

„Die von jeder Gesellschaft zu benennenden Mitglieder des Gruppen-Betriebsrats werden durch die wahlberechtigten Mitarbeiter des jeweiligen Unternehmens in freier geheimer und schriftlicher Wahl gewählt. Die Wahlen leitet das lokal gewählte Vertretungsorgan der Mitarbeiter. Ist ein solches nicht vorhanden, bestimmen die Mitarbeiter des betroffenen Unternehmens zunächst in Urwahl einen Wahlleiter."[176]

Daneben sehen elf Vereinbarungen ausdrücklich vor, dass für Teilbereiche, für die keine Arbeitnehmervertretung besteht oder innerhalb derer binnen einer bestimmten Frist keine Wahl durch die Vertretungen zu Stande kommt, eine Urwahl durchzuführen ist.[177] Auch im Rahmen dieser Regelungen ist bestimmt, dass die Organisation der Wahl durch die Arbeitnehmer zu erfolgen hat, beispielsweise durch einen vom Geschäftsführenden Ausschuss des SE-Betriebsrats zu bestimmenden Wahlleiter für das betroffene Land.

Häufige Regelungen im Zusammenhang mit einer flächendeckenden oder partiellen Urwahl sind schließlich Fristen, innerhalb derer die Kandidaten zu bestimmen sind und innerhalb derer die Wahl zu erfolgen hat.[178]

b. Delegiertenwahl

Eine Delegiertenwahl, bei der über bestehende Arbeitnehmervertretungen hinaus ein besonderes Gremium für die Wahl der Vertreter im SE-Betriebsrat gebildet wird, findet sich nur in drei Vereinbarungen und in diesen auch nur für Teilbereiche. Dabei handelt es sich durchgehend um Wahlregelungen zu transnationalen Entsendekreisen, im Rahmen derer innerhalb der einzelnen Länder Delegierte gewählt werden, die dann den Vertreter für den SE-Betriebsrat bestimmen.[179]

---

175 BV ADVA Optical Networking SE, Part II. Ziff. 4.; BV Allgeier SE, Teil II. Ziff. 2.

176 BV HAWE Holding SE, § 4.

177 Nicht berücksichtigt wurden hier Vereinbarungen, nach denen für Teilbereiche, die über keine Arbeitnehmervertretung verfügen, auf die nationalen Vorschriften zur Wahl des SE-Betriebsrats oder des BVG verwiesen wird.

178 Bspw. BV Germanischer Lloyd SE, Teil I. Ziff. 2.2.3.

179 BV Germanischer Lloyd SE, Teil I. Ziff. 2.2.4; BV MAN SE, II. § 5.2 Abs. 2; BV WILO SE, Teil II. Ziff. 11. Ausführlicher zu Wahlregelungen betreffend transnationale Entsendekreise § 3 B. II. 2. e.

c. Entsendung oder Bestellung

Nach insgesamt etwas mehr als 40% der Vereinbarungen zum SE-Betriebsrat werden die Mitglieder ganz oder teilweise durch bereits vorhandene Gremien entsendet oder bestellt.[180] Die Hälfte dieser Vereinbarungen enthält dabei eine Entsendung im Sinne der Bestimmung des SE-Betriebsratsmitglieds aus den eigenen Reihen des Gremiums. Eine Bestellung im Sinne einer Auswahl der Mitglieder des SE-Betriebsrats, bei der auch Arbeitnehmer, die nicht Mitglied des Gremiums sind, bestimmt werden können, findet sich in der anderen Hälfte der Vereinbarungen. Neben der Vereinbarung einer Urwahl wird gelegentlich für den Fall des Fehlens einer entsprechenden Arbeitnehmervertretung oder für die Mitgliedstaaten außerhalb von Deutschland auf die nationalen Auffangregelungen oder Regelungen zur Wahl des BVG verwiesen.

d. Verweis auf nationale Bestimmungen

In 53% der Vereinbarungen wird zumindest für Teilbereiche ausschließlich auf die nationalen Regelungen, insbesondere zur Wahl des SE-Betriebsrats oder des BVG, verwiesen. Die Vereinbarungen, in denen auf die nationalen Regelungen zur Wahl des SE-Betriebsrats verwiesen wird, enthalten oftmals für den Fall des Fehlens solcher Regelungen einen Verweis auf die nationalen Regelungen zur Wahl des BVG.

e. Regelungen für transnationale Entsendekreise

Für Entsendekreise haben sich verschiedene Modelle herausgebildet. Dabei enthalten die meisten Vereinbarungen, wenngleich nicht alle, konkrete Regelungen zur Wahl in den Entsendekreisen.

Eine Vereinbarung, nach der auch insgesamt eine Urwahl vereinbart ist, sieht die direkte Wahl des Vertreters des Entsendekreises durch die Arbeitnehmer des Entsendekreises vor. Eine besondere Zuständigkeit, etwa eines Wahlleiters für den Entsendekreis, ist nicht geregelt.[181]

Mehrere Vereinbarungen sehen wie bereits erwähnt eine Delegiertenwahl vor. Im Rahmen dieser Regelungen werden zunächst Landesvertreter bestimmt. Dies erfolgt nach den Regelungen, nach denen im Übrigen die direkten Ländervertreter bestimmt werden,[182] d.h. nach den untersuchten Vereinbarungen durch

---

180 Bspw. BV AVAG SE, Teil II. Ziff. 11.2; BV BASF SE, I. § 3.2; BV Docter Optics SE, § 4.4; BV Solon SE, § 4.1. Ein Verweis auf die nationalen Regelungen, insbesondere die nationalen Auffangregelungen, ist dabei nicht berücksichtigt.

181 BV ADVA Optical Networking SE, Part I. Ziff. 4.

182 BV Germanischer Lloyd SE, Teil I. Ziff. 2.2.4.2; BV MAN SE, II. § 5.2; BV WILO SE, Teil 2 Ziff. 11.4.

Bestimmung durch vorhandene Arbeitnehmervertretungen, subsidiär im Wege der Urwahl, nach den Regelungen der Auffanglösung oder der Bestimmung des BVG. Nach einer Vereinbarung bleibt ein Land unberücksichtigt, wenn eine Wahl des Landesvertreters innerhalb der dafür bestimmten Frist nicht zustande kommt.[183] Diese Ländervertreter bestimmen dann das Mitglied oder die Mitglieder des Entsendungskreises, zum Teil ausdrücklich aus den eigenen Reihen[184]. Dabei ist in einer Vereinbarung auch ausdrücklich ein Wahlleiter, nämlich der Landesvertreter des Landes mit den meisten Arbeitnehmern, für diese Wahl bestimmt.[185]

Schließlich ist zum Teil auch die Bestimmung der Vertreter der Entsendekreise durch die entsprechenden Arbeitnehmervertretungen vorgesehen, bei deren Fehlen durch Urwahl.[186]

f. Benennung hinsichtlich reservierter Sitze

Wie bereits dargelegt, ist unter den berücksichtigten Vereinbarungen lediglich eine, die ausdrücklich eigenständige Regelungen zu Gewerkschaftsvertretern trifft. Danach ist ein Gewerkschaftsvertreter als Mitglied des SE-Betriebsrats von der nationalen Arbeitnehmervertretung zu wählen, wenn für das betreffende Land mehr als drei Arbeitnehmervertreter in den SE-Betriebsrat entsandt werden. Im Übrigen wird hinsichtlich Bestellung und Wahl auf die nationalen Vorschriften verwiesen.[187]

Nur in einer Vereinbarung, die einen Vertreter der leitenden Angestellten vorsieht, finden sich konkrete Bestimmungsregeln. Danach wird der Vertreter der leitenden Angestellten vom Konzernsprecherausschuss bestimmt.[188]

g. Benennung in der Vereinbarung

Lediglich in fünf der betrachteten Vereinbarungen sind die Mitglieder des ersten SE-Betriebsrats in der Beteiligungsvereinbarung bereits namentlich benannt.[189]

---

183 BV Germanischer Lloyd SE, Teil I. Ziff. 2.2.4.1.

184 BV Germanischer Lloyd SE, Teil I. Ziff. 2.2.4.2; BV WILO SE, Teil 2 Ziff. 11.4.

185 BV MAN SE, II. § 5.2.

186 BV Allianz SE, Teil A. Ziff. 2.5; BV Wacker Neuson SE, I. Ziff. 3.

187 BV Renolit SE, II. Ziff. 2.1 Abs. 5.

188 BV BASF SE, I. Ziff. 3.2.

189 BV Curt Richter SE, Anlage 1; BV ElectronicPartner Handel SE, Anlage I; BV INTERSEROH SE, II. Ziff. 2.2, Anlage I; BV Q-Cells SE, Ziff. 9.1; BV WAREMA Renkhoff SE, Teil II. § 5 Abs. 3.

3. *Amtszeit*

a. Dauer der Amtszeit

Die Amtszeit der Mitglieder der SE-Betriebsräte beträgt nach den betrachteten Vereinbarungen durchweg entweder vier oder fünf Jahre.

Üblicherweise sind in der Vereinbarung Beginn und reguläres Ende der Amtszeit geregelt. Bei allen diesen Vereinbarungen beginnt die regelmäßige Amtszeit mit dem Tag der Konstituierung des SE-Betriebsrats.[190] Ende der kollektiven Amtszeit ist nach nahezu allen diesen Vereinbarungen ebenfalls im Grundsatz der Tag der Konstituierung des neuen SE-Betriebsrats. Einige Vereinbarungen sehen dabei zusätzliche Regelungen vor. So ist teilweise ergänzend geregelt, dass die Amtszeit spätestens nach Ablauf von sechs Monaten nach dem Ende der vierjährigen Amtszeit[191] oder die Amtszeit nach fünf Jahren oder einer früheren Neukonstituierung endet[192].

Schließlich enthalten nahezu alle Vereinbarungen Regelungen dazu, dass die Amtszeit automatisch mit Beendigung des relevanten Arbeitsverhältnisses, d.h. durch Beendigung des Arbeitsverhältnisses mit der SE oder einer ihrer Tochtergesellschaften oder Herausfallen aus dem Geltungsbereich, endet.

b. Wahlanfechtung und vorzeitige Beendigung der Amtszeit

aa. Anfechtung

Die Möglichkeit zur Anfechtung der Wahl eines Mitglieds des SE-Betriebsrats sehen 30 und damit etwas mehr als 60% der betrachteten Vereinbarungen vor. Bis auf eine, die auf die nationalen Regelungen verweist,[193] sind dabei alle Anfechtungsregelungen im Hinblick auf die Verstöße und das Erfordernis der Beeinflussung des Wahlergebnisses an § 37 Abs. 2 S. 1 SEBG und damit § 19 Abs. 1 BetrVG angelehnt. Anfechtungsberechtigt sind nach 25 Vereinbarungen der SE-Betriebsrat und nach 27 Vereinbarungen die Leitung. Bei den Vereinbarungen, bei denen zwar die Leitung, nicht aber der SE-Betriebsrat selbst anfechtungsberechtigt ist, sind einmal drei wahlberechtigte Arbeitnehmer[194] und einmal die „wahlberechtigten Mitglieder der Arbeitnehmervertretungen", die wahlberechtigten Arbeitnehmer „sowie die Leitung des jeweils betroffenen

---

190 Bspw. BV ARAG SE, Teil B. § 6; BV GfK SE, Teil II. § 5.1.; BV Nolte SE, A. I. Ziff. 4; BV Webasto SE, Teil I Ziff. 2.3.

191 BV AVAG SE, Teil II. Ziff. 13.1.

192 BV GfK SE, Teil II. § 5.1.

193 BV GfK SE, Teil II. § 5.3.

194 BV Docter Optics SE, Teil II. § 6.2.

Unternehmens"[195] anfechtungsberechtigt, so dass auch der Arbeitnehmerseite ein Anfechtungsrecht zusteht. Insgesamt sind es 24 Vereinbarungen, nach denen Anfechtungsberechtigte vorgesehen sind, die nicht Leitung oder SE-Betriebsrat sind. Bei knapp der Hälfte der Vereinbarungen wird auf die nach § 37 Abs. 2 S. 2 SEBG Anfechtungsberechtigten verwiesen. Häufiger vereinbart sind auch die entsendenden Arbeitnehmergremien, oft kombiniert damit, dass eine bestimmte Zahl von Arbeitnehmern im Falle der Urwahl anfechtungsberechtigt ist. Gelegentlich wird ferner das Wahlgremium genannt. Bei zwei Vereinbarungen schließlich besteht gar kein Anfechtungsrecht von Seiten der Leitung bzw. des Arbeitgebers.[196]

Nach allen Vereinbarungen, die über den Verweis auf die nationalen Vorschriften hinaus Festlegungen treffen, wird gerichtlich über die Anfechtung entschieden. Nahezu zwei Drittel der Vereinbarungen benennen ein konkretes Arbeitsgericht, die übrigen Vereinbarungen lassen dies unter Verweis auf das zuständige Gericht offen.

Üblich ist in Anlehnung an § 37 Abs. 2 S. 3 SEBG eine Frist zur Anfechtung von einem Monat ab Bekanntgabe des Wahlergebnisses. Gelegentlich ist jedoch auch eine kürzere Frist von zwei Wochen, wie bei § 19 Abs. 2 S. 2 BetrVG, vorgesehen.[197]

bb. Ausschluss und Abberufung

Eine Abberufung sowie zusätzlich oder alternativ einen Ausschluss aus dem SE-Betriebsrat sehen fast 80% der berücksichtigten Vereinbarungen vor. Ein besonderer Grund im Sinne einer erheblichen Pflichtverletzung ist dabei nach 63% dieser Vereinbarungen erforderlich. Die Vereinbarungen sind in diesem Punkt sehr ähnlich und enthalten nur geringfügige Unterschiede bei der jeweiligen Formulierung. Zum Teil wird neben Gesetzesverstößen auch auf Vertragsverletzungen oder Verstöße gegen die Vereinbarung selbst abgestellt.[198] Häufiger wird hervorgehoben, dass die Verletzung im Zusammenhang mit der Funktion als Mitglied des SE-Betriebsrats stehen muss.[199] Nach einer Vereinbarung gilt sogar das dreimalige unentschuldigte Fehlen bei einer Sitzung des SE-Betriebsrats als wichtiger Grund.[200] Die Abberufung ist bei Vorliegen eines wichtigen

195 BV Solon SE, § 6.3.
196 BV Cloppenburg Automobil SE, Teil I. Ziff. 12; BV WILO SE, Teil I. Ziff. 12.
197 BV Docter Optics SE, Teil II. § 6.2.
198 Bspw. BV WILO SE, Teil I. Ziff. 11.10.
199 Bspw. BV BASF SE, I Ziff. 7.
200 BV Q-Cells SE, Teil II. § 12.3.

Grundes ist nach keiner der untersuchten Vereinbarungen garantiert. Vielmehr liegt es an dem nach der jeweiligen Vereinbarung Antragsberechtigten, ob das Abberufungsverfahren eingeleitet werden soll. Ist nach der Vereinbarung ein Gericht hinsichtlich der Abberufung zuständig, endet das Amt allerdings automatisch und bindend mit der rechtskräftigen gerichtlichen Entscheidung.

Während nur nach einigen Vereinbarungen hinsichtlich Ausschluss und Abberufung der SE-Betriebsrat direkt zuständig ist, ist überwiegend eine gerichtliche Entscheidung vorgesehen. Auch hier dominieren die Regelungen, nach denen ein namentlich benanntes Gericht zuständig ist. Insgesamt 42% der Vereinbarungen benennen ein Gericht namentlich. Lediglich acht, d.h. 16%, lassen dies offen und verweisen auf das zuständige Gericht, häufig unter Verweis auf das zuständige Gericht des Mitgliedsstaates, der hinsichtlich des Ausschlusses des Mitglieds betroffen ist.

Abschließend ist dabei festzuhalten, dass, auch wenn die Begriffe überschneidend gebraucht werden, so dass an dieser Stelle eine gemeinsame Auswertung erfolgt ist, letztlich zwischen einem Ausschluss aus wichtigem Grund, beispielsweise einer Pflichtverletzung, und einer Abberufung ohne Grund durch die Einheit, die das Mitglied bestimmt hat, zu unterschieden ist. Eine solche Abberufung direkt durch die entsendende nationale Arbeitnehmervertretung, wo diese nicht besteht durch Mehrheitsbeschluss der wahlberechtigten Arbeitnehmer, ohne Einschaltung des Arbeitsgerichts und ohne besonderen Grund, neben der Möglichkeit des gerichtlichen Ausschlusses wegen Pflichtverletzung, sehen insgesamt zehn Vereinbarungen vor.[201]

cc. Auflösung

Eine Selbstauflösung des SE-Betriebsrats, wie sie in der Literatur besprochen wird, enthält eine Vereinbarung.[202] Diese kann jederzeit mit einer Mehrheit von drei Vierteln der anwesenden Mitglieder bei Vorliegen der Beschlussfähigkeit durchgeführt werden. In einer weiteren Vereinbarung ist schließlich geregelt, dass die Leitung die Auflösung des SE-Betriebsrats bei grober Verletzung seiner Pflichten beim Arbeitsgericht beantragen kann.[203]

---

201 BV Docter Optics SE, Abschnitt 2 § 5.1 6. Spiegelstrich; BV DVB Bank SE, Erster Abschnitt § 4.2.6.; BV GfK, SE § 5.2 (letztere allerdings unter Verweis auf das Recht des Mitgliedsstaats, das für die Wahl/Bestellung maßgeblich ist); BV Nolte SE, I. Ziff. 6. e., f.; BV PUMA SE, Teil I. § 6.1.6, § 6.1.7; BV Renolit SE, II. Ziff. 2.7.

202 BV Q-Cells SE, Teil II. § 8.5.

203 BV Germanischer Lloyd SE, Teil I. Ziff. 2.7.

4. *Ersatzmitglieder*

Die weit überwiegende Mehrheit der betrachteten Vereinbarungen, nämlich 94%, sieht Ersatzmitglieder für den SE-Betriebsrat vor. Mehrheitlich ist vereinbart, dass jeweils ein Ersatzmitglied, gelegentlich auch zwei Ersatzmitglieder, für jedes Mitglied nach den Regeln für die regulären Mitglieder gewählt wird bzw. werden. Einige Vereinbarungen enthalten aber auch ausdrücklich Regelungen, nach denen die nicht gewählten Kandidaten in der Reihenfolge der Anzahl der auf sie entfallenen Stimmen als Ersatzmitglieder nachrücken.[204]

Soweit Angaben dazu in den Vereinbarungen getroffen wurden, ist eine vorübergehende Vertretung durch das Ersatzmitglied bei zeitweiliger Verhinderung des regulären Mitglieds dabei ausdrücklich in nur 70% dieser Vereinbarungen vorgesehen. Ein Nachrücken ausdrücklich bei endgültigem Ausscheiden des regulären Mitglieds ist häufiger, und zwar in rund 83% Vereinbarungen, ausdrücklich vorgesehen.[205] In nicht ganz einem Drittel der Vereinbarungen mit Regelungen zu Ersatzmitgliedern ist eine partielle Nachwahl für den Fall vorgesehen, dass durch ein Nachrücken kein Ersatzmitglied mehr vorhanden ist,[206] während eine Nachwahl vereinzelt auch ausdrücklich ausgeschlossen ist, in einem Fall erst für den Zeitraum der letzten sechs Monate bis zum Ende der regulären Amtszeit.[207]

5. *Rechtliche Bewertung*

Gem. § 21 SEBG ist Gegenstand der Beteiligungsvereinbarung die Zusammensetzung des SE-Betriebsrats. Dabei können die Parteien der Beteiligungsvereinbarung zunächst die persönlichen Voraussetzungen für die Mitgliedschaft im SE-Betriebsrat festlegen. Die Vorgaben dürfen aber nicht gegen ein Diskriminierungsverbot verstoßen und insbesondere dazu führen, dass bis auf eine alle Belegschaften gänzlich von der Mitgliedschaft im SE-Betriebsrat ausgeschlossen sind. Ein Mindestalter, welches im Zusammenhang mit der Volljährigkeit steht, ist im Hinblick auf die Bewältigung der Aufgabe als Arbeitnehmervertreter gerechtfertigt.

Im Weiteren ist das konkrete Bestimmungsverfahren festzulegen. In jedem Fall bedarf es einer Legitimation der Mitglieder des SE-Betriebsrats durch die

204 Bspw. BV ADVA Optical Networking SE, Part II. Ziff. 4.2.

205 Bspw. BV Hager SE, Teil II. Ziff. 2.6; BV MAN SE, II. § 5.6; BV Solon SE, § 7.2.

206 Bspw. BV MAN SE, II. § 5.6; BV PUMA SE, Teil I. § 4.2.

207 BV AVAG SE, Teil II. Ziff. 11.9; BV Cloppenburg Automobil SE, Teil II. Ziff. 11.9.

Arbeitnehmer,[208] denn sie sind Arbeitnehmer*vertreter*. Aus § 23 Abs. 1 S. 4 SEBG, Anhang 1 lit. b) und e) SE-RL ergib sich zunächst, dass sowohl die Wahl als auch die Bestellung im Sinne einer Benennung durch eine bereits bestehende Arbeitnehmervertretung möglich ist.[209] Insbesondere sieht Anhang Teil 1 lit a) SE-RL vor, dass die Arbeitnehmervertreter nur unmittelbar von den Arbeitnehmern gewählt werden, wenn Arbeitnehmervertretungen nicht errichtet sind.[210] Auch bei der Bildung des BVG stellt die Urwahl gem. § 8 Abs. 3, 7 SEBG lediglich die Ausnahme dar. Insgesamt ist demnach sowohl eine direkte Wahl als auch eine mittelbare Wahl unter Rückgriff auf bestehende Gremien wie auch speziell zu bildende Wahlgremien möglich. Die Mitglieder des ersten SE-Betriebsrats können folglich durch das BVG bestimmt und in der Beteiligungsvereinbarung benannt werden.[211] Dem lässt sich auch nicht entgegen halten, dass damit eine Wahl aus den eigenen Reihen[212] nahe liegen kann. Dies ist ebenso der Fall bei einer Wahl durch bereits bestehende Arbeitnehmervertretungsgremien entsprechend Anhang Teil 1 lit a) SE-RL. Angesichts der häufigen Einbindung einer Vielzahl von Belegschaften in mehreren Ländern wird eine mittelbare Wahl oft die effektivere Möglichkeit der Bestimmung der Arbeitnehmervertreter bieten.

Wie bereits dargelegt, ist eine Besetzung des SE-Betriebsrats mit Externen, die ausschließlich von außen bestimmt oder entsandt werden, nicht möglich, da es dann an dem erforderlichen Legitimationsakt durch die Arbeitnehmer fehlt.[213] Dies führt dazu, dass lediglich Wahlvorschlagsrechte zulässig sind. Bei reservierten Sitzen, die zwingend mit einem Gewerkschaftsvertreter zu besetzen sind, muss eine Wahlalternative bestehen.[214]

Im Zuge der Regelung der Zusammensetzung des SE-Betriebsrates ist es zur Sicherstellung der Funktionsfähigkeit des Gremiums zweckmäßig, die Wahl von Ersatzmitgliedern zu vereinbaren, wie dies auch die Auffanglösung gem. §§ 23 Abs. 1 S. 3, 6 Abs. 2 S. 3 SEBG vorsieht.[215] Dabei sollte klargestellt werden, ob die Vertretung Fälle der vorübergehenden Abwesenheit und ein endgültiges Einrücken erfasst.

---

208 *Forst*, Beteiligungsvereinbarung, S. 221; *Rieble*, in: Vereinbarte Mitbestimmung in der SE, § 3 Rn. 97; *Thüsing*, ZIP 2006, 1469, 1474.

209 *Forst*, Beteiligungsvereinbarung, S. 218.

210 *Forst*, Beteiligungsvereinbarung, S. 219.

211 *Forst*, Beteiligungsvereinbarung, S. 220 f.

212 *Forst*, Beteiligungsvereinbarung, S. 220.

213 Siehe B. I. 5.

214 *Forst*, Beteiligungsvereinbarung, S. 223.

215 *Forst*, Beteiligungsvereinbarung, S. 218.

Die Befugnis zur Bestimmung der Zusammensetzung des SE-Betriebsrats beinhaltet im Weiteren auch die Möglichkeit zur Regelung von Anfechtungsregelungen betreffend die Wahl der Arbeitnehmervertreter sowie des Ausschlusses oder der Abberufung von Mitgliedern.[216] Auch die Auffanglösung enthält in § 23 Abs. 1 S. 6, 7 SEBG Regelungen jedenfalls zur Abberufung und zur vorzeitigen Beendigung der Amtszeit. Dabei wird in der Praxis nicht immer klar zwischen der Abberufung durch das entsendende Gremium und dem Ausschluss wegen eines besonderen Grundes, in der Regel eines Pflichtverstoßes, unterschieden.

Hinsichtlich der Abberufung oder des Ausschlusses ist zunächst festzuhalten, dass grundsätzlich kein Grund erforderlich ist. Zum einen fordert dies selbst die Auffanglösung gem. § 23 Abs. 1 S. 6, 7 i.V.m. §§ 8 und 10 SEBG nicht. Zudem gilt das aus § 23 BetrVG bekannte Erfordernis gem. § 42 SEBG, Art. 10 SE-RL nicht, da diese nur die Aufgabenwahrnehmung selbst betreffen. Die Amtsstellung ist aber dafür erst die Voraussetzung.[217] Die Vereinbarung eines Grundes wird aber im Hinblick auf die Kontinuität des Gremiums empfehlenswert sein. Besteht die Befugnis zum Ausschluss nicht bei einem Gericht, so muss sie mit der Wahlberechtigung zusammenfallen oder beim SE-Betriebsrat selbst liegen. Beispielsweise eine grundlose Abberufung durch die Arbeitnehmerseite kann nicht in Betracht kommen, sie würde ein effektives Verfahren zur Unterrichtung und Anhörung unterlaufen. Auch die grundlose Abberufung durch eine andere Belegschaft würde die Regelungen zur Wahl der Mitglieder des SE-Betriebsrats unterlaufen. Schließlich kann die Zuständigkeit des Arbeitsgerichts für die Abberufung vereinbart werden, das nach § 2a Abs. 1 Nr. 3d ArbGG zuständig ist.[218]

Auch Regelungen zur Anfechtung der Wahl von SE-Betriebsratsmitgliedern sind möglich. Ein Anfechtungsrecht des SE-Betriebsrats selbst, wie es in der Praxis vorkommt, begegnet jedenfalls insoweit Bedenken, als die Mitglieder des gewählten Gremiums ein Interesse daran haben können, im Amt zu bleiben. Da ein Anfechtungsrecht aber nicht zwingend vereinbart werden muss, denn selbst die Auffanglösung sieht keines vor, ist dies eher eine Frage der Zweckmäßigkeit. Hinsichtlich eines Selbstauflösungsrechts ist problematisch, dass die Verpflichtung zur Unterrichtung und Anhörung der Arbeitnehmer, anders als nach dem BetrVG für den Fall des Nichtbestehens eines Betriebsrats, nicht entfällt.[219] Die entsprechenden Vereinbarungen enthalten allerdings auch kein

216 *Forst*, Beteiligungsvereinbarung, S. 249.

217 *Forst*, Beteiligungsvereinbarung, S. 250.

218 *Forst*, Beteiligungsvereinbarung, S. 252.

219 Unter Verweis auf die Unabdingbarkeit des Verfahrens zur Unterrichtung und Anhörung *Forst*, Beteiligungsvereinbarung, S. 235.

Ersatzverfahren, so dass eine Neuwahl, verbunden mit dem entsprechenden, in aller Regel ganz erheblichen Aufwand, unumgänglich wird und diese auch erst nach Ablauf der dafür erforderlichen Zeit zur Konstituierung eines neuen SE-Betriebsrats führt.

III. Sitzungen und Beschlussfassung

1. Sitzungen

a. Ordentliche Sitzungen

Mit einer Ausnahme finden sich in allen Vereinbarungen Regelungen zu den Sitzungen des SE-Betriebsrats. Dabei haben sich im Grundsatz zwei Gestaltungen herausgebildet. Zum einen finden sich Vereinbarungen, nach denen die Unterrichtung durch den Arbeitgeber grundsätzlich in einer turnusmäßigen ordentlichen Sitzung des SE-Betriebsrats stattfindet. Mit Ausnahme einer Vereinbarung besteht daneben allerdings das Recht auf eine vorbereitende Sitzung oder die Anwesenheit der Arbeitgeberseite nimmt in zeitlicher Hinsicht nur einen Teil der ordentlichen Sitzung ein. Daneben finden sich Vereinbarungen, nach denen die Anhörung in einer gesonderten gemeinsamen Sitzung neben den ordentlichen Sitzungen des SE-Betriebsrats erfolgt. Im Hinblick auf eine Abgrenzung ist allerdings auch zu berücksichtigen, dass im Rahmen dieser Gestaltungen häufig eine unmittelbare zeitliche Nähe der Sitzungen zur Unterrichtung und Anhörung und der Sitzungen allein des SE-Betriebsrats zueinander geregelt ist und einige Vereinbarungen ihrem Wortlaut nach auch keine deutliche Unterscheidung oder Klarstellung beinhalten.

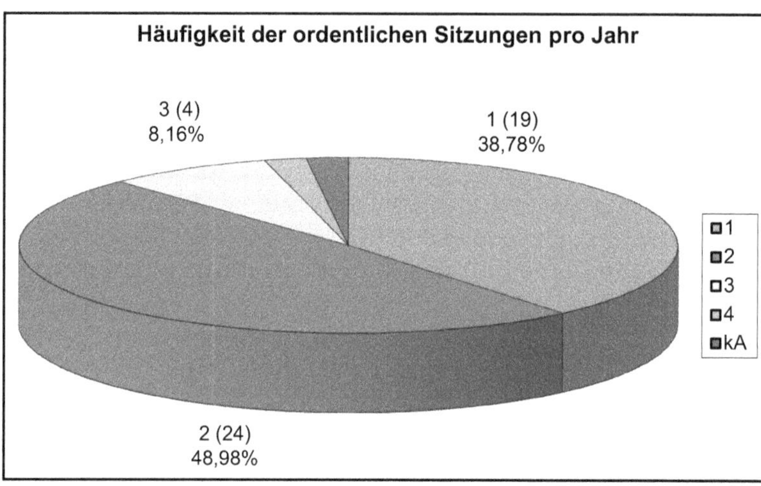

Zum Teil ist die Vorgabe dabei hinsichtlich der Häufigkeit als Mindestanforderung ausgestaltet. Häufig ist eine zeitlich Nähe der ordentlichen Sitzung mit einem anderen Ereignis, meist der Aufsichtsratssitzung, in der über die Feststellung des Jahresabschlusses beschlossen wird, vereinbart.

Ein Recht auf eine vorbereitende Sitzung enthalten ausdrücklich insgesamt 55% der Vereinbarungen zum SE-Betriebsrat. Dabei sind die Vereinbarungen eingeschlossen, die laufend Sitzungen des SE-Betriebsrats vorsehen. 43% Vereinbarungen enthalten ausdrücklich ein Recht auf eine nachbereitende Sitzung.

b. Außerordentliche oder zusätzliche Sitzungen

Außerordentliche oder zusätzliche Sitzungen sind nach 45 der 49 und damit in gut 90% der berücksichtigten Vereinbarungen zum SE-Betriebsrat vorgesehen. Zum Teil sind solche Sitzungen nur im Zusammenhang mit einer nach den Regelungen zur außerordentlichen Unterrichtung und Anhörung erforderlich werdenden Konsultation vorgesehen oder insgesamt an das Vorliegen einer Erforderlichkeit oder Erheblichkeit des Anlasses für die Arbeitnehmerschaft beschränkt. Eine Vereinbarung enthält beispielsweise das Erfordernis einer Zweidrittelmehrheit für Beschlüsse zur Anfechtung der Wahl zum Aufsichtsratsmitglied, Abberufung eines Aufsichtsratsmitglieds, Anfechtung der Wahl oder Abberufung eines Mitglieds des SE-Betriebsrats und sieht einen Anspruch auf eine außerordentliche Sitzung nur im Hinblick auf diese Gegenstände vor.[220] Vereinzelt finden sich Regelungen, die letztlich auf eine gewisse Beschränkung des Tagungsaufwands zielen, in dem beispielsweise außerordentliche Sitzungen nur fernmündlich und nur nach Abstimmung mit dem Arbeitgeber als Präsenzsitzungen stattfinden.[221] Gelegentlich ist die vorherige Konsultation mit der Arbeitgeberseite erforderlich[222]. Nach 45% der Vereinbarungen ist schließlich eine außerordentliche Sitzung, jedenfalls soweit sie als Präsenzsitzung durchgeführt wird, nur im Einvernehmen mit oder auf Einladung der Leitung möglich.

c. Nichtöffentlichkeit, Teilnahmerechte und Ort

Nach 84% der Vereinbarungen sind die Sitzungen des SE-Betriebsrats ausdrücklich nicht öffentlich. Viele Vereinbarungen enthalten ein Teilnahmerecht von Seiten des Arbeitgebers. Dies betrifft natürlich zum einen die Vereinbarungen, nach denen die Unterrichtung durch den Arbeitgeber in der ordentlichen Sitzung des SE-Betriebsrats erfolgt, aber gelegentlich auch solche, die grundsätzlich

---

220 BV Webasto SE, Teil I. Ziff. 3.3.

221 BV ADVA Optical Networking SE, Part II. Ziff. 8.

222 BV Allianz SE, Teil A. Ziff. 3.2.

zwischen regulären Sitzungen des SE-Betriebsrats und gemeinsamen Sitzungen zur Unterrichtung unterscheiden. Ein arbeitgeberseitiges Teilnahmerecht ist allerdings, soweit es geregelt ist, mit einer Ausnahme beschränkt, beispielsweise in zeitlicher Hinsicht oder auf Fälle der einvernehmlichen Teilnahme. Nach 55% der Vereinbarungen können ausdrücklich Gewerkschaftsvertreter an Sitzungen des SE-Betriebsrats teilnehmen. Nach einigen Vereinbarungen können auch allgemein Gäste an den Sitzungen teilnehmen. Häufig hängt dies von der Zustimmung der Leitung ab, wenn diese ebenfalls an der Sitzung teilnimmt.[223] Gelegentlich ist in Vereinbarungen mitbestimmter SEs auch ein Teilnahmerecht der Arbeitnehmervertreter im mitbestimmten Organ vereinbart.[224]

Häufig ist schließlich auch der Ort der Sitzungen des SE-Betriebsrats in der Vereinbarung bestimmt. Meist ist dann der Sitz der SE selbst der Tagungsort. Vereinzelt finden die Sitzungen auch abwechselnd in den Mitgliedsstaaten mit Standort statt.[225] Zudem finden sich gelegentlich Regelungen dazu, dass der Tagungsort leicht erreichbar sein muss oder jedenfalls auf die Standorte von Betrieben der SE-Gruppe beschränkt ist.

2. *Stimmrecht, Beschlussfassung, Protokolle*

Hinsichtlich des Stimmrechts besteht zum einen die Möglichkeit, dass für jeden Sitz im SE-Betriebsrat eine Stimme besteht. Denkbar ist daneben eine Stimmgewichtung, bei der die Mitglieder in Abhängigkeit von der Zahl der vertretenen Arbeitnehmer unterschiedliche Stimmgewichte haben.[226] Von einer Stimmgewichtung ist ausdrücklich und eindeutig in 13 und damit 27% der berücksichtigten Vereinbarungen Gebrauch gemacht worden.[227] Einen vollständigen oder partiellen Ausschluss des Stimmrechts bei eigener Betroffenheit enthalten explizit nur wenige der betrachteten Vereinbarungen, nämlich sieben.[228]

Anforderungen an die Beschlussfähigkeit enthalten 86% der berücksichtigten Vereinbarungen zum SE-Betriebsrat. Die Beschlussfähigkeit des SE-Betriebsrats ist häufig bei Anwesenheit der Hälfte der Mitglieder gegeben, zum Teil muss zudem die Hälfte der Arbeitnehmer durch die anwesenden Mitglieder vertreten

---

223 Bspw. BV Germanischer Lloyd SE, Teil I. Ziff. 3.6.3.

224 Bspw. BV Germanischer Lloyd SE, Teil I. Ziff. 3.6.1.

225 BV Docter Optics SE, Teil II. § 7.2, BV Hawe Holding SE, § 10 Abs. 1; BV Nolte SE, A. I. Ziff. 8; BV Renolit SE, Ziff. 3.2 Abs. 1.

226 *Forst*, Beteiligungsvereinbarung, S. 227.

227 Bspw. BV BASF SE, I. Ziff. 12.2; BV DVB Bank SE, Erster Abschnitt § 7.1; BV WILO SE, Teil II. Ziff. 1.3.

228 Bspw. E.ON Energy Trading SE, A. § 5.6.

werden und nach einer Vereinbarung reicht die Anwesenheit eines Drittels der Mitglieder, wenn zugleich mindestens zwei Mitgliedstaaten vertreten sind. Nicht durchgängig, aber weit überwiegend, ist auch festgelegt, mit welcher Mehrheit, beispielsweise einer Zweidrittelmehrheit, Beschlüsse zu bestimmten Themen gefasst werden.[229]

Eine Stimmabgabe auf dem Schriftwege, per Email oder Fax sehen 20 Vereinbarungen ausdrücklich vor, zum Teil aber nur für den Fall der Verhinderung des betreffenden Mitglieds. Eine Beschlussfassung im Umlaufverfahren erwähnen 15 Vereinbarungen.

Ein Protokoll über die Sitzungen ist nach 22 Vereinbarungen abzufassen. Zudem enthalten 15 Vereinbarungen die Verpflichtung des SE-Betriebsrats, das Protokoll ganz oder teilweise der Unternehmensleitung zuzuleiten. Eine häufige Formulierung, die partiell zur Weiterleitung des Protokolls verpflichtet, verweist auf Protokolle zu Gegenständen, die das Verhältnis zur Leitung betreffen.[230] Es finden sich aber auch Vereinbarungen, die die vollständige Weiterleitung nebst Abstimmungsergebnis festschreiben.[231]

3. *Rechtliche Bewertung*

Die Häufigkeit der Sitzungen des SE-Betriebsrats zählt gem. § 21 Abs. 1 Nr. 4 SEBG ebenfalls zu den obligatorischen Regelungsgegenständen der Beteiligungsvereinbarung. Zutreffend ist, dass mindestens eine Sitzung im Jahr durch die Beteiligungsvereinbarung gewährleistet sein muss. Anderenfalls ist keine effektive, hinreichend aktuelle Unterrichtung und Anhörung der Arbeitnehmer sichergestellt.[232] Die in der Praxis verbreitete Trennung zwischen ordentlicher und außerordentlicher Sitzung ist nicht zwingend, gewährleistet aber die Durchführung jedenfalls einer ordentlichen Sitzung im Jahr und eine zeitnahe Information bei außergewöhnlichen Umständen.

Zur Gewährleistung einer effektiven Anhörung ist eine Abstimmung und Koordinierung der Arbeitnehmer untereinander erforderlich.[233] Daraus folgt, dass gemeinsame Sitzungen oder zumindest Video- oder Telefonkonferenzen gewährleistet sein müssen, bei denen die Arbeitnehmer neben der Unterrichtung

---

229 Bspw. BV Fresenius SE, Teil II. Ziff. 4.2.

230 Bspw. ARAG SE, Teil B. § 8 Abs. 8.

231 BV Fresenius SE, Teil II. Ziff. 4.4.

232 So auch *Forst*, Beteiligungsvereinbarung, S. 241.

233 Zum Ersatzverfahren *Forst*, Beteiligungsvereinbarung, S. 244 m.w.N zum Europäischen Betriebsrat.

und Möglichkeit zur Stellungnahme hinreichend Zeit für eine Abstimmung der Stellungnahme untereinander haben. Vor- und nachbereitende Sitzungen sind insbesondere für die Arbeitnehmerseite ein wichtiges Regelungsziel. Festlegungen hierzu sind im Hinblick auf eine Klarstellung empfehlenswert.[234] Vereinbarungen zur Lage der ordentlichen Sitzungen im Hinblick auf die Jahreshauptversammlung oder den Jahresabschluss sind zweckmäßig aber nicht erforderlich.[235]

Das Festhalten der Nichtöffentlichkeit der Sitzungen ist im Hinblick auf Geheimhaltungsinteressen natürlich ebenfalls zweckmäßig und kann auch im Hinblick auf den Datenschutz geboten sein. Teilnahmerechte von Dritten wie Sachverständigen und Gewerkschaftsvertretern können im Rahmen der Etablierung eines effektiven Unterrichtungs- und Anhörungsverfahrens vereinbart werden.

Regelungen zur Beschlussfassung sind im Sinne der Rechtssicherheit sowie der Sicherstellung einer hinreichenden Legitimation und Akzeptanz der Entscheidung empfehlenswert. Auch Regelungen zum Stimmrecht gehören zu den Regelungsgegenständen einer Beteiligungsvereinbarung. Zwar finden diese weder in § 21 Abs. 1 SEBG noch in der SE-RL ausdrücklich Erwähnung. Letztlich läuft die Sitzverteilung aber leer, wenn nicht zugleich die Stimmgewichtung klar ist, so dass sich die Stimmgewichtung unter die zu regelnde Sitzverteilung fassen lässt.[236] Dabei kann neben der Verteilung, dass pro Sitz eine Stimme gegeben ist, wie dies gem. § 5 SEBG für das BVG der Fall ist, auch eine Gewichtung nach vertretenen Arbeitnehmern vereinbart werden. Darin liegt schon keine Ungleichbehandlung, da die jeweiligen Mitglieder ihrerseits unterschiedlich große Belegschaften vertreten. Zudem kann durch eine entsprechende Stimmgewichtung ein übersichtlicheres und gegebenenfalls effektiveres Gremium gebildet werden, bei dem die Belegschaftsstärken gleichwohl bei der Beschlussfassung Berücksichtigung finden. Soweit also in der Stimmgewichtung eine Ungleichbehandlung gesehen wird, wäre diese jedenfalls gerechtfertigt.[237] Schließlich ist auch der gerechtfertigte Ausschluss des Stimmrechts möglich. Dies betrifft insbesondere die Fälle eigener Betroffenheit.[238] Eine generelle Verpflichtung des SE-Betriebsrats zur Weiterleitung aller Niederschriften an die Leitung einschließlich Abstimmungsergebnis ist

---

234 *Hohenstatt/Müller-Bonanni*, in: Habersack/Drinhausen, § 21 SEBG Rn. 14.
235 *Forst*, Beteiligungsvereinbarung, S. 242.
236 *Forst*, Beteiligungsvereinbarung, S. 227.
237 So *Forst*, Beteiligungsvereinbarung, S. 227.
238 *Forst*, Beteiligungsvereinbarung, S. 228.

mit einem effektiven Anhörungsverfahren, dass den Arbeitnehmern jedenfalls ein Mindestmaß an Abstimmung untereinander gewährleisten muss, nicht zu vereinbaren.

IV. Geschäftsführung

1. Vorsitz und geschäftsführender Ausschuss

Alle Vereinbarungen sehen ausdrücklich vor, dass ein Vorsitzender des SE-Betriebsrats bestimmt wird. Die Vertretung des SE-Betriebsrats durch den Vorsitzenden regeln 94% der Vereinbarungen ausdrücklich, seine Empfangsberechtigung 90% der Vereinbarungen. Häufig, aber nicht durchgängig, ist formuliert, dass der SE-Betriebsrat durch den geschäftsführenden Ausschuss und dieser durch den Vorsitzenden vertreten wird. Durchweg sind ein oder zwei Stellvertreter des Vorsitzenden vereinbart. Während bei einigen Vereinbarungen eine Reihenfolge im Sinne eines ersten und zweiten Stellvertreters festgelegt ist,[239] lassen viele Vereinbarungen dies offen.

88% der Vereinbarungen sehen, gelegentlich ab einer bestimmten Größe des SE-Betriebsrats, einen geschäftsführenden Ausschuss oder das Recht zur Bildung eines solchen vor. Der geschäftsführende Ausschuss besteht unter Zugrundelegung der betrachteten Vereinbarungen aus drei bis neun und im Durchschnitt aus 4,2 Mitgliedern des SE-Betriebsrats. Gelegentlich sind in Abhängigkeit von der Gesamtgröße des SE-Betriebsrats zwei verschiedene Größen des geschäftsführenden Ausschusses vereinbart.[240] Sehr häufig ist festgelegt, dass der geschäftsführende Ausschuss mit dem Vorsitzenden und oftmals mit seinem oder seinen Stellvertretern besetzt wird. Gelegentlich ist zudem festgelegt, dass die Mitglieder im geschäftsführenden Ausschuss aus verschiedenen, häufig mindestens zwei verschiedenen Ländern stammen müssen.[241]

Soweit die Häufigkeit von Sitzungen des geschäftsführenden Ausschusses geregelt ist, wurden im Durchschnitt 3,3 regelmäßige Sitzungen pro Jahr vereinbart, gesonderte Vereinbarungen für die Anfangszeit außer Acht gelassen. Sieben Vereinbarungen eröffnen die Möglichkeit für Sitzungen ohne eine feste Begrenzung. Allerdings findet sich daneben auch eine Reihe von Vereinbarungen, in denen keine Angabe zur Häufigkeit der Sitzungen enthalten ist. Auch diese Vereinbarungen enthalten folglich keine Begrenzung der Sitzungshäufigkeit.

---

239 Bspw. BV Deutsche Annington SE, Teil 2 5.1; BV Kaeser SE, Teil II. Ziff. 6.1.

240 BV AVAG SE, Teil I. Ziff. 14.2; BV Cloppenburg Automobil SE, Teil II. Ziff. 14.2.

241 Bspw. BV Kaeser SE, Teil II. Ziff. 6.5.; BV Puma SE, Teil I. § 10.1.

2. *Weitere Ausschüsse*

Die ausdrückliche Befugnis des SE-Betriebsrats, weitere Ausschüsse unabhängig von einer Zustimmung der Leitung bilden zu können, kommt nur selten, nämlich in sieben Vereinbarungen, vor. In weiteren fünf Vereinbarungen ist die Bildung weiterer Ausschüsse zwar grundsätzlich vorgesehen, jedoch nur in Abstimmung mit der Leitung. Soweit weitere Ausschüsse namentlich benannt sind, finden sich solche zu Arbeitssicherheit, Gesundheit, Umwelt[242] und ein Nominierungsausschuss[243].

3. *Rechtliche Bewertung*

Auch die gesetzliche Auffanglösung sieht gem. § 23 Abs. Abs.2 und 3 SEBG die Bestimmung eines Vorsitzenden und seines Stellvertreters vor, die den SE-Betriebsrat vertreten und zur Entgegennahme von Erklärungen zuständig sind, der Stellvertreter im Falle der Verhinderung des Vorsitzenden. Auch die Bildung eines geschäftsführenden Ausschusses findet sich gem. § 23 Abs. 4 SEBG, der nach Anhang Teil 1 lit. c) SE-RL nur vorgesehen ist, wenn die Größe des SE-Betriebsrats dies rechtfertigt. Wie gezeigt orientieren sich viele der berücksichtigten Vereinbarungen an der Auffanglösung. Gerade die Klarstellung hinsichtlich der Empfangsberechtigung ist im Hinblick auf die Frage der Erfüllung der Unterrichtungsverpflichtungen durch die Arbeitgeberseite sinnvoll, obschon die Relevanz im Vergleich zur Empfangsberechtigung im Zusammenhang mit der weitergehenden Mitbestimmung nach dem BetrVG etwas geringer ausfällt.

In der Literatur wird zu Recht davon ausgegangen, dass Spielraum des SE-Betriebsrats zur Bildung von Ausschüssen ohnehin wegen seines Selbstorganisationsrechts besteht.[244] Davon ausgehend ist die Beschränkung der Bildung von Ausschüssen in der Beteiligungsvereinbarung problematisch. Zwar hat die Unternehmensleitung im Hinblick auf Kostenbegrenzung und Geheimhaltung ein legitimes Interesse an der Kontrolle der Ausschussbildung. Die Unabhängigkeit des SE-Betriebsrats wird aber durch einen solchen Vorbehalt bedroht. Unter Berücksichtigung der entsprechenden Erwägungen zum Aufsichtsrat, dessen Selbstorganisationsrecht als unentziehbar angesehen wird, wird dies auch

242 BV Freudenberg SE, § 5 Abs. 5.
243 BV Porsche SE, I. § 5.3.
244 *Thüsing*, ZIP 2006, 1469, 1474.

für den SE-Betriebsrat angenommen.[245] Die Befugnis zur Bildung weiterer Ausschüsse ist demnach lediglich deklaratorisch.[246] Ein Genehmigungsvorbehalt ist als bloße Anzeigepflicht auszulegen.[247]

Allerdings ist zu berücksichtigen, dass selbst die Häufigkeit der Sitzungen des SE-Betriebsrats und dessen Arbeitsbedingungen geregelt und damit auch erheblich beschränkt werden können. Dies muss demnach auch für Sitzungen und Arbeitsbedingungen der Ausschüsse gelten. Auf diese Weise lässt sich daher letztlich auch die Ausschussarbeit durchaus einschränken.

Bei der Ausschussbildung sind dann die Grenzen der Zuständigkeit des SE-Betriebsrats zu beachten. Daher können Ausschüsse zulässig hinsichtlich grenzüberschreitender Sachverhalte gebildet werden, die nationale Arbeitnehmervertretungen weder verdrängen noch zu einer Mitbestimmung in den Tochtergesellschaften führen.[248] Schließlich muss die Ausschussarbeit, da sie Teil des Unterrichtungs- und Anhörungsverfahrens ist, mit diesem inhaltlich in Zusammenhang stehen.

V. Vereinbarte Befugnisse des SE-Betriebsrats

1. Zuständigkeit des SE-Betriebsrats

In nahezu allen Vereinbarungen wurde die Zuständigkeit des SE-Betriebsrats von den Parteien bestimmt. Fast durchgängig wird die Zuständigkeit auf grenzüberschreitende Angelegenheiten eingegrenzt und dabei auf die Betroffenheit bezogen auf zwei Mitgliedsstaaten abgestellt. Sehr häufig wird § 27 SEBG wiedergegeben. Gelegentlich finden sich weitere Eingrenzungen dergestalt, dass wesentliche Angelegenheiten[249] oder erhebliche Auswirkungen[250] gegeben sein müssen. Selten wird die Zuständigkeit auch auf in nicht betroffene Länder ausgelagerte Mitarbeiter[251] oder außergewöhnliche, nicht länderübergreifende Umstände[252] erstreckt.

245 *Forst*, Beteiligungsvereinbarung, S. 248 f.
246 *Forst*, Beteiligungsvereinbarung, S. 246 f.
247 *Forst*, Beteiligungsvereinbarung, S. 249.
248 *Forst*, Beteiligungsvereinbarung, S. 247 f.
249 BV Germanischer Lloyd SE, Teil I. Ziff. 1.2.
250 BV PCC SE, § 2.1.
251 BV Hager SE, A. Ziff. 1.2.
252 BV Klöckner & Co SE, Teil III. Ziff. 11.

2. *Unterrichtung und Anhörung*

Gem. § 21 Abs. 1 Nr. 3 SEBG ist das Verfahren zur Unterrichtung und Anhörung der Arbeitnehmer von den Parteien festzulegen. In den Beteiligungsvereinbarungen ist üblicherweise eine ordentliche und eine außerordentliche Unterrichtung und Anhörung aus wichtigem Grund vorgesehen.[253]

a. Ordentliche Unterrichtung und Anhörung

Eine ordentliche Unterrichtung und Anhörung beinhalten alle der betrachteten Vereinbarungen.

aa. Gegenstände und Unterlagen

Die gesetzliche Auffanglösung enthält in § 28 Abs. 2 SEBG einen nicht abschließenden Katalog von Regelbeispielen zu Gegenständen der ordentlichen Unterrichtung und Anhörung. Die Praxis orientiert sich maßgeblich an dieser Regelung. Fast 90% der betrachteten Vereinbarungen zum SE-Betriebsrat enthalten ebenfalls Regelbeispiele, die dem Katalog in § 28 Abs. 2 SEBG im Wesentlichen entsprechen. Bei diesen Vereinbarungen finden sich wenn überhaupt nur geringfügige Modifizierungen. So sind die Produktionslage und die Absatzlage als Gegenstände der ordentlichen Unterrichtung häufig ausgespart worden.[254] Hinsichtlich der Produktionslage wird dies zum Teil auf Grund der tatsächlichen Gegebenheiten der Fall sein. Zum Teil sind auch Massenentlassungen hinsichtlich der ordentlichen Unterrichtung und Anhörung nicht genannt, finden sich dann aber als Gegenstand für die außerordentliche Anhörung und Unterrichtung.[255] In nahezu einem Viertel der Vereinbarungen ist der § 28 Abs. 2 SEBG entsprechende Katalog um Konkretisierungen oder Definitionen, insbesondere hinsichtlich der Massenentlassungen, ergänzt worden. Dabei finden sich beispielsweise hinsichtlich der Verlegung von Unternehmen, Betrieben oder wesentlichen Betriebsteilen sowie der Verlagerung der Produktion Schwellen im Hinblick auf die Betroffenheit der Arbeitnehmer.[256] In knapp 40% der Vereinbarungen, die im Grundsatz einen dem § 28 Abs. 2 SEBG entsprechenden Katalog enthalten, finden sich zusätzliche Gegenstände. So wurden unter anderem als Regelbeispiele vereinbart: Personal- und Sozialfragen, Arbeitssicherheit

---

253 So auch *Forst*, Beteiligungsvereinbarung, S. 235.

254 Bspw. BV DVB Bank SE, Erster Abschnitt § 12.3.

255 Bspw. BV Germanischer Lloyd SE, Teil I. Ziff. 6.2.

256 Bspw. BV ADVA Optical Networking SE, Part. III. Ziff. 12.2.10, 12.2.11.

und Gesundheit,[257] betrieblicher Umweltschutz,[258] Aus- und Fortbildung[259], Gleichstellung und Diskriminierung,[260] Einkommensstrukturen und Sozialleistungen der einzelnen Sparten,[261] die Aktionärsstruktur[262] bzw. die Unterrichtung über einen Eigentümerwechsel[263]. In einer Vereinbarung sind als Gegenstände auch neue Richtlinien und Verordnungen der EU und Änderungen dieser mit Bezug zum Geschäftsbereich der Unternehmensgruppe festgehalten.[264]

In den Vereinbarungen, in denen sich stärkere Abweichungen vom Katalog der Auffanglösung ergeben, finden sich typischerweise allgemein gehaltene Formulierungen wie beispielsweise „Information zur wirtschaftlichen Lage", während die finanzielle Lage, die Geschäfts-, Produktions- und Absatzlage ausgespart wurden.[265]

In knapp 80% der berücksichtigten Vereinbarungen zum SE-Betriebsrat ist ausdrücklich und über eine allgemeine Informationspflicht hinaus festgehalten, dass die Leitung Unterlagen im Zuge der ordentlichen Unterrichtung zur Verfügung stellt. Insgesamt drei Viertel aller Vereinbarungen orientieren sich in diesem Punkt maßgeblich an der Auffanglösung. Überwiegend, und zwar in mehr als 85% dieser Vereinbarungen, haben die Parteien allerdings gegenüber der Auffanglösung dort genannte Unterlagen ausgespart. Insbesondere fehlen die Tagesordnungen des Leitungsorgans[266] oder insgesamt alle Tagesordnungen[267]. Nur vereinzelt haben die Parteien zusätzliche Unterlagen aufgenommen, wie zum Beispiel Controlling-Berichte und Unterlagen über Mitarbeiterzahlen.[268] Gelegentlich ist festgehalten, dass eine elektronische Zurverfügungstellung der Unterlagen ausreicht.[269]

Die Übermittlung der Unterlagen vor der Sitzung, oder jedenfalls ihre rechtzeitige Übermittlung, ist sehr häufig in den Vereinbarungen festgehalten. Feste Fristen zur Übermittlung sind aber nur sehr selten vereinbart.[270]

---

257 Bspw. BV DEKRA SE, Teil A. § 5.7.
258 Bspw. BV BASF SE, I. Ziff. 10.1. Buchst. d) und h); BV Bilfinger Berger SE, Teil B. Ziff. 11.2 Buchst. e) und h).
259 Bspw. BV DEKRA SE, Teil A. § 5.7.
260 BV Curt Richter SE, II. Ziff. 5.2 Buchst. l), m) und o).
261 BV DEKRA SE, Teil A. § 5 Ziff. 7.
262 BV GfK SE, Teil I. § 9.2 g); BV Klöckner & Co SE, Teil III. Ziff. 12.2.11.
263 BV Webasto SE, Teil I. Ziff. 6.3.
264 BV Cloppenburg Automobil SE, Teil II. Ziff. 8.3. Buchts. l.
265 BV Allgeier SE, Teil III. Ziff. 1.3.
266 Bspw. BV ADVA Optical Networking SE, Part III. Ziff. 12.1.
267 Bspw. BV INTERSEROH SE, II. Ziff. 6.1.
268 BV DVB Bank SE, Erster Abschnitt § 12.2.
269 Bspw. BV Aixtron SE, Teil II. Ziff. 13.1.
270 BV WILO SE, Ziff. 8.1.

bb. Turnus

Während in allen Vereinbarungen die Häufigkeit der ordentlichen Anhörung und Unterrichtung festgehalten ist, findet diese nach etwas mehr als der Hälfte der Vereinbarungen nur einmal im Jahr und im Durchschnitt rund 1,6 Mal im Jahr statt.

cc. Verfahren

Mit einer Ausnahme, da eine eindeutige Angabe in der Vereinbarung fehlt, findet die ordentliche Unterrichtung und Anhörung im Rahmen einer gemeinsamen Sitzung mit der Leitung statt. Einige Vereinbarungen erwähnen dabei ausdrücklich, dass anstelle der Leitung oder eines ihrer Mitglieder auch ein entsprechend bevollmächtigter Vertreter die Verpflichtung übernehmen kann. Ein Drittel der Vereinbarungen sieht einen bestimmten Zeitpunkt für die ordentliche Unterrichtung und Anhörung vor, meist in zeitlichem Zusammenhang mit der Sitzung des Aufsichts- oder Verwaltungsrats über die Feststellung des Jahresabschlusses.[271]

b. Außerordentliche Unterrichtung und Anhörung

aa. Gegenstände

Die Auffanglösung enthält in § 29 SEBG auch einen Katalog von Regelbeispielen hinsichtlich der Gegenstände, die eine außerordentliche Unterrichtung erforderlich machen. Dieser umfasst die Verlegung oder Verlagerung von Unternehmen, Betrieben oder wesentlichen Betriebsteilen, die Stilllegung von Unternehmen, Betrieben oder wesentlichen Betriebsteilen und Massenentlassungen. Nahezu 90% der Vereinbarungen haben diese Gestaltung im Wesentlichen übernommen. Rund ein Viertel davon enthält ausdrücklich noch weitere Aspekte, beispielsweise Zusammenschlüsse und Spaltungen von Unternehmen oder Betrieben[272] oder näher definierte Umsatzrückgänge im Vergleich zum Vorjahr.[273] Auch im Rahmen der außerordentlichen Anhörung finden sich natürlich Definitionen hinsichtlich des Begriffs Massenentlassung und Schwellenwerte zur Vorgabe einer wesentlichen Betroffenheit von Arbeitnehmern.[274] Nur sehr selten sind einzelne Aspekte im Vergleich zur gesetzlichen Auffanglösung nicht übernommen worden. So finden bei einigen Vereinbarungen Massenentlassungen nur im Rahmen der ordentlichen, nicht jedoch der außerordentlichen Unterrichtung Erwähnung.[275]

---

271 Bspw. BV INTERSEROH SE, Teil II. Ziff. 6.1.

272 Bspw. BV Aixtron SE, Teil II. Ziff. 14.2; BV BASF SE, I. Ziff. 11.2; BV Curt Richter SE, II. Ziff. 5.3.

273 BV MAN SE, II. Ziff. 11.2.

274 BV Germanischer Lloyd SE, Teil I. Ziff. 7.

275 BV PCC SE, § 2.3; BV Porsche SE, I. § 11.

Vereinzelt ist schließlich, anders als bei der Auffanglösung, gar kein Katalog von Regelbeispielen hinsichtlich der außerordentlichen Anhörung vereinbart, sondern es ist nur allgemein eine außerordentliche Anhörung bei außergewöhnlichen Angelegenheiten vorgesehen.[276]

bb. Verfahren

In knapp 60% der Vereinbarungen wurde das Modell der Auffanglösung für das Verfahren der außerordentlichen Unterrichtung, bestehend aus rechtzeitiger Unterrichtung, dem Recht des SE-Betriebsrats auf eine gemeinsame Sitzung und eine Stellungnahme sowie eine weitere Sitzung für den Fall der Nichtbefolgung der Stellungnahme durch die Leitung, jedenfalls im Grundsatz übernommen. Eine häufige Modifizierung der Auffanglösung ist die Vereinbarung von Fristen, innerhalb derer die Sitzungen, ggf. nach der Information oder Stellungnahme, zu erfolgen haben, sowie auch innerhalb derer die Stellungnahme des SE-Betriebsrats abzugeben ist.[277] Gelegentlich ist bereits ohne Verlangen des SE-Betriebsrats unmittelbar eine gemeinsame Sitzung vorgesehen.[278]

Ebenfalls häufiger, aber keinesfalls durchgängig, findet sich eine Eingrenzung darauf, dass das Treffen mit der Leitung und dem geschäftsführenden Ausschuss stattfindet.[279]

cc. Zeitpunkt

In den meisten Vereinbarungen ist geregelt, dass die außerordentliche Unterrichtung rechtzeitig zu erfolgen hat bzw. so rechtzeitig zu erfolgen hat, dass die Leitung die Sichtweise des SE-Betriebsrats berücksichtigen kann.[280] Vereinzelt ist sogar ausdrücklich eine Umsetzungssperre während des Verfahrens der außerordentlichen Unterrichtung und Anhörung vereinbart.[281] Gelegentlich ist vereinbart, dass bei einer gesetzlichen Verpflichtung zur Vorabveröffentlichung ausnahmsweise eine gleichzeitige Unterrichtung möglich ist.[282]

---

276 BV GfK SE, Teil II. § 10.

277 Bspw. BV AVAG SE, Part II. Ziff. 13; BV Bilfinger Berger SE, Teil B. Ziff. 12.3; BV SGL Carbon SE, Teil II. Ziff. 11.4; BV Webasto SE, Teil I. Ziff. 7.2.

278 Bspw. BV AVAG SE, Teil I. Ziff. 9.3.

279 Bspw. BV Bilfinger Berger, Teil B. Ziff 12.1, BV Germanischer Lloyd SE, Teil I. Ziff. 7., BV Nordex SE, Ziff. 12.2.1.

280 Bspw. BV Aixtron SE, Teil II. Ziff. 14.4., BV INTERSEROH SE, II. Ziff. 7.2.

281 BV REpower Systems SE, Ziff. I. Teil 6.5.

282 Bspw. BV Allianz SE, Teil A. Ziff. 7.1.; BV Webasto SE, Teil I. Ziff. 7.1.

c. Kommunikationsfluss zu den Mitarbeitern

In über 60% der Vereinbarungen wird zusätzlich zu den üblichen Regelungen zur Unterrichtung und Anhörung die Information der Mitarbeiter durch den SE-Betriebsrat angesprochen. Die entsprechenden Klauseln sind durchweg recht allgemein gehalten. Wenn dazu überhaupt genauere Vorgaben getroffen wurden, dann am häufigsten eine Kommunikation an die nationalen Arbeitnehmervertretungen, soweit sie bestehen. Nur vereinzelt finden sich etwas konkretere Vorgaben. So ist gelegentlich die Abfassung eines Berichts vorgesehen, dessen Übersetzung gewährleistet ist[283] und der zum Teil zwischen Leitung und SE-Betriebsrat abzustimmen ist.[284] Schließlich findet sich die Möglichkeit zu Landestreffen, die eine Beteiligung von Delegierten der Länder vorsieht, die nicht unmittelbar vertreten sind.[285] Auch ist die Information über einen besonderen Bereich im Intranet[286], über die Nutzung unternehmensinterner Emailverteiler[287] oder einen Newsletter oder Aushang[288] vereinbart.

3. Initiativ- und Mitbestimmungsrechte

Die Vereinbarung von Mitbestimmungsrechten findet sich lediglich in einer Vereinbarung.[289] Initiativrechte, die die Eröffnung des Dialogs ermöglichen, sind hingegen in 30% der Vereinbarungen zum SE-Betriebsrat enthalten. Solche Initiativrechte sind häufig zu Themen wie Chancengleichheit, Arbeits- und Gesundheitsschutz, Datenschutz oder Aus- und Weiterbildungspolitik vereinbart. Meistens, nämlich in rund 70% dieser Vereinbarungen, kann die Initiative aber nur einvernehmlich mit der Leitung erfolgen.

4. Zusammenarbeit mit dem mitbestimmten Organ

Insbesondere in einigen Vereinbarungen, in denen eine unternehmerische Mitbestimmung nicht vorgesehen ist, finden sich Rechte des SE-Betriebsrats im Hinblick auf das mitbestimmte Organ. So hat der SE-Betriebsrat nach einer Vereinbarung das Recht, zwei Vertreter zu jährlich zwei Sitzungen des Aufsichtsrats zu entsenden, die dort Themen zur Diskussion stellen können. Das

283 BV Porsche SE, I. § 12.
284 BV Elster Group SE, I. Teil Ziff. 9.6.; BV Lenze SE, C. Ziff. 7.
285 BV BASF SE, I. Ziff. 14.
286 BV Germanischer Lloyd SE, Teil I. Ziff. 8.1; BV PUMA SE, Teil 1 § 14.
287 BV PUMA SE, Teil 1 § 14.
288 BV Warema Renckhoff SE, Teil II. Ziff. 13.
289 BV Q-Cells SE, Ziff. 17.

Teilnahmerecht ist allerdings zugleich auf diese Diskussionsthemen beschränkt. Zudem kann der SE-Betriebsrat beschließen, dass der Vorstand bestimmte Themen in die Aufsichtsratssitzung einbringt und vorstellt. Dazu hat er auch das Recht, diese Themen vorgeschaltet in einer Vorstandssitzung zu besprechen.[290]

5. *Nebenrechte*

a. Sprache, Übersetzungen, Dolmetscher

Die Sprache des Unterrichtungs- und Anhörungsverfahrens und das Recht auf Übersetzungen spielt im Rahmen der grenzüberschreitenden Unterrichtung und Anhörung über ein international zusammengesetztes Gremium eine wichtige Rolle. Nahezu 80% der Vereinbarungen enthalten mindestens für Teilbereiche wie Unterlagen zur Unterrichtung und Anhörung oder auch insgesamt Festlegungen hinsichtlich einer Arbeitssprache. Etwas über 80% dieser Vereinbarungen sehen Deutsch und nahezu 55% sehen zusätzlich oder stattdessen Englisch als Arbeitssprache vor. Rund 87% der Vereinbarungen erwähnen ein Recht auf Verdolmetschung und rund 83% ein Recht auf Übersetzungen.

b. Sachverständige

Ein Recht auf Inanspruchnahme von Sachverständigen enthalten nahezu 90% der betrachteten Vereinbarungen. Häufiger werden dabei auch Vertreter von Gewerkschaften ausdrücklich in Bezug genommen.

c. Zutritt zu den Betrieben

Ein Zutrittsrecht zu den Betrieben im Geltungsbereich der Vereinbarung ist in etwas mehr als der Hälfte der Fälle von den Parteien festgehalten worden. In etwas mehr als 70% dieser Vereinbarungen ist das Zutrittsrecht dabei nicht voraussetzungslos eingeräumt, sondern besteht nur im Rahmen der Erforderlichkeit oder ist anderweitig beschränkt. Insbesondere findet sich die Pflicht zur vorherigen Anzeige[291] oder Abstimmung[292] und das Zutrittsrecht ist auf eine begrenzte Zahl von SE-Betriebsratsmitgliedern beschränkt[293].

d. Aufwendungen

Nahezu alle Vereinbarungen enthalten Regelungen dazu, dass durch die Tätigkeit des SE-Betriebsrats anfallende Kosten, beschränkt auf die erforderlichen

---

290 BV Allgeier SE, Teil IV. Ziff. 1 und 2.

291 Bspw. BV Hager SE, Teil A. Ziff. 9.5.

292 Bspw. BV BASF SE, I. 15.5.

293 BV Lenze SE, C. Ziff. 7.3.

Kosten, von der SE getragen werden. In 29% der Vereinbarungen ist dabei die Festlegung eines Budgets für den SE-Betriebsrat enthalten, welches nach fast 80% dieser Vereinbarungen nach Budgetierung noch angepasst werden kann.

6. *Rechtliche Bewertung*

Erklärtes Ziel der SE-RL ist nach dem 6. Erwägungsgrund die Gewährleistung eines Unterrichtungs- und Anhörungsverfahrens auf grenzüberschreitender Ebene. Nach Art. 2 Abs. 1 i) und j) SE-RL sind Unterrichtung und Anhörung auf grenzüberschreitende Sachverhalte beschränkt. Die Zuständigkeit des SE-Betriebsrats ist deshalb auf grenzüberschreitende Sachverhalte beschränkt.[294]

Der SE-Betriebsrat stellt dabei gem. § 21 Abs. 1 SEBG nach der Vorstellung des Gesetzgebers das übliche Verfahren zur Unterrichtung und Anhörung der Arbeitnehmer dar.[295] Die Unterrichtung und Anhörung sind in § 2 Abs. 10 und 11 SEBG definiert. Unterrichtung ist danach die Information der Arbeitnehmer. Zeitpunkt, Form und Inhalt sind dabei so zu wählen, dass es den Arbeitnehmervertretern möglich ist, zu erwartende Auswirkungen eingehend zu prüfen und gegebenenfalls eine Stellungnahme vorzubereiten. Dies erfordert die Möglichkeit zu anlassbezogenen Unterrichtungen, da zu erwartende, also künftige Folgen ausschließlich mit einer turnusmäßigen Unterrichtung nicht abgedeckt werden können. Im Weiteren muss mindestens geregelt werden, dass die Anhörung rechtzeitig zu erfolgen hat. Zweckmäßig für beide Seiten ist hier die Vereinbarung von Fristen, innerhalb derer beispielsweise Unterlagen vor einer gemeinsamen Sitzung an die Arbeitnehmer gelangen müssen, wie dies in der Praxis auch häufig gestaltet wurde. Anhörung ist gem. § 2 Abs. 11 SEBG die Einrichtung eines Dialogs und eines Meinungsaustausches zwischen dem SE-Betriebsrat und der Leitung der SE oder einer anderen zuständigen mit eigenen Entscheidungsbefugnissen ausgestatteten Leitungsebene. Zeitpunkt, Inhalt und Inhalt der Anhörung müssen dem SE-Betriebsrat auf Grundlage der erfolgten Unterrichtung eine Stellungnahme zu den geplanten Maßnahmen der Leitung der SE ermöglichen, die im Rahmen des Entscheidungsprozesses innerhalb der SE berücksichtigt werden kann. Auch im Rahmen des Anhörungsverfahrens ist demnach der Rechtzeitigkeit Rechnung zu tragen. Ebenso kann die ausdrückliche Vereinbarung einer Veränderungssperre hierzu Regelungsgegenstand sein. Diese hat im Hinblick darauf Bedeutung, dass in der

294 *Herfs-Röttgen*, NZA 2002, 358, 362; *Rieble*, in: Vereinbarte Mitbestimmung in der SE, § 3 Rn. 92; *Thüsing*, ZIP 2006, 1469, 1476.

295 *Forst*, Beteiligungsvereinbarung, S. 228.

Rechtsprechung ein Unterlassungsanspruch des Europäischen Betriebsrats bei Verletzung der Unterrichtungs- und Anhörungspflichten nicht angenommen wird. Dabei wird argumentiert, dass gerade kein Mitbestimmungsrecht und insbesondere kein dem § 111 BetrVG vergleichbares Mitwirkungsrecht besteht.[296]

Die Anhörung beinhaltet bereits ihrem Wortlaut nach die Möglichkeit des Meinungsaustausches. Zunächst muss daher gewährleistet sein, dass der SE-Betriebsrat seinerseits die Möglichkeit zur Meinungsbildung hat. Nur so ist eine Stellungnahme überhaupt möglich. Im Weiteren muss die Leitung zu Vorschlägen des SE-Betriebsrates ihrerseits Stellungnehmen nehmen können.[297] Daher muss das Anhörungsverfahren zusätzlich zu der bloßen Stellungnahme durch die Arbeitnehmer eine Möglichkeit zum Austausch beinhalten, sei es durch eine weitere Sitzung, auch auf Antrag oder im Wege eines Berichts oder durch Telekommunikationsmittel. Bereits nach der Definition ist es aber auch hinreichend, wenn der Dialog mit einer mit eigenen Befugnissen ausgestatteten anderen Leitungsebene geführt wird. Derartige Regelungen, wie sie in der Praxis wie gezeigt gelegentlich genutzt werden, sind damit zulässig. Hinsichtlich der Inhalte von Unterrichtung und Anhörung ist zu berücksichtigen, dass die Regelung der Auffanglösung nicht übernommen werden muss. Ein effektives Unterrichtungs- und Anhörungsverfahren muss aber gewahrt bleiben. Dasselbe gilt auch für mit der Unterrichtung zu überreichende Unterlagen. Dabei muss im Rahmen der Unterrichtung und Anhörung aber eine Prüfung der Auswirkungen von Maßnahmen durch die Arbeitnehmer möglich sein.

Im Hinblick auf die Kapitalmarktpublizität wird diskutiert, ob bei einer Veröffentlichungspflicht eine gleichzeitige Unterrichtung des SE-Betriebsrats hinreichend ist.[298] Im Hinblick auf § 41 Abs. 1 SEBG, Art. Abs. 2 SE-RL, nach denen keine Informationspflicht besteht, wenn durch das Bekanntwerden von Informationen der Geschäftsbetrieb der SE beeinträchtigt würde, sind entsprechende Regelungen in der Beteiligungsvereinbarung möglich.

Unterschiedlich wird in der Literatur beurteilt, ob dem SE-Betriebsrat echte Mitbestimmungsrechte in der Beteiligungsvereinbarung eingeräumt werden können. Dafür werden § 2 Abs. 7 SEBG, Art. 2 f SE-RL angeführt und die Vereinbarung von Mitbestimmungsrechten in der Beteiligungsvereinbarung für

296 LAG Köln, Beschluss vom 08.09.2011, Az. 13 Ta 267/11, ZIP 2011, 2121-2123.

297 *Forst*, Beteiligungsvereinbarung, S. 228; *Kienast*, in: Jannott/Frodermann, Kap. 13 Rn. 246.

298 Ausführlich *Forst*, Beteiligungsvereinbarung, S. 239.

zulässig erachtet.[299] Nach diesen Vorschriften übt das Vertretungsorgan gegebenenfalls Mitbestimmungsrechte in Bezug auf die SE aus. Vielfach wird hingegen angenommen, dass Mitbestimmungsrechte nicht vereinbart werden können.[300] § 21 SEBG regelt in Abs. 1 die Unterrichtung und Anhörung und in Abs. 3 die Mitbestimmung durch Bestimmung eines Teils der Arbeitnehmervertreter im mitbestimmten Organ und trennt daher zwischen diesen beiden Elementen der Arbeitnehmerbeteiligung. Insbesondere definiert die SE-RL in Art. 2 k) Mitbestimmung als die Einflussnahme des Organs zur Vertretung der Arbeitnehmer und/oder der Arbeitnehmervertreter auf die Angelegenheiten einer Gesellschaft durch die Wahrnehmung des Rechts, einen Teil der Mitglieder des Aufsichts- oder des Verwaltungsorgans der Gesellschaft zu wählen oder zu bestellen, oder die Wahrnehmung des Rechts, die Bestellung eines Teils der oder aller Mitglieder des Aufsichts- oder des Verwaltungsorgans der Gesellschaft zu empfehlen und/oder abzulehnen. Danach ist die Mitbestimmung eindeutig darauf beschränkt. Die Erwähnung des Organs zur Arbeitnehmervertretung bezieht sich darauf, dass dieses die Arbeitnehmervertreter im mitbestimmten Organ bestimmen kann. So verstanden beinhalten auch die Formulierungen in § 2 Abs. 7 SEBG, Art. 2 f SE-RL lediglich die Befugnis des SE-Betriebsrats, die Arbeitnehmervertreter im mitbestimmten Organ zu bestimmen. Dies wird im Weiteren dadurch gestützt, dass das europäische Recht auch im Übrigen nur Konsultationsrechte im Hinblick auf die betriebliche Arbeitnehmerbeteiligung beinhaltet und keine Abgrenzung der Kompetenzen der europäischen und der nationalen Arbeitnehmervertretungen definiert ist.[301]

Initiativrechte, nach denen die Arbeitnehmerseite den Dialog mit der Leitung für bestimmte Themen eröffnen kann, lassen sich mit zum Unterrichtungs- und Anhörungsverfahren zählen und können deshalb gem. § 21 Abs. 1 Nr. 3 SEBG, Art. 4 Abs. 2 lit. c) SE-RL in der Beteiligungsvereinbarung geregelt werden.[302]

Gem. § 21 Abs. 1 Nr. 5 SEBG sind die für den Betriebsrat bereitzustellenden finanziellen und materiellen Mittel in der Beteiligungsvereinbarung zu regeln. Die Sicherstellung des Unterrichtungs- und Anhörungsverfahrens gebietet es, dass die SE die dafür erforderlichen Kosten übernimmt. Damit einhergehend

299 *Hennigs*, in: Manz/Meyer/Schröder, 1. Auflage 2005, Art. 4 SE-RL Rn. 17; *Forst*, Beteiligungsvereinbarung, S. 228 ff.; Teichmann, AG 2008, 797, 804; *Thüsing*, ZIP 2006, 1469, 1475 f.

300 *Feuerborn*, in: KK-AktG, § 21 SEBG Rn. 32; *Hohenstatt/Müller-Bonanni*, in: Habersack/Drinhausen, § 21 SEBG Rn. 12.

301 *Rieble*, in: Vereinbarte Mitbestimmung in der SE, § 3 Rn. 93.

302 *Forst*, Beteiligungsvereinbarung, S. 235.

muss jedenfalls ein notwendiges Minimum an Übersetzungsmöglichkeiten bereitgestellt werden, da anderenfalls keine effektive Unterrichtung und Anhörung eines multinationalen Gremiums möglich ist. Ähnliches gilt für Sachverständige insoweit, als sie für Unterrichtung und Anhörung erforderlich sind. Einer ausdrücklichen Regelung in der Beteiligungsvereinbarung bedarf es aber nicht, soweit klar ist, dass die SE allgemein die erforderlichen Kosten trägt. Um Unstimmigkeiten über den Umfang zu begegnen, sind Regelungen aber zweckmäßig. Wird vereinbart, dass ein festes Budget zur Verfügung steht, muss eine Anpassungsmöglichkeit bestehen, die ausschließt, dass das Unterrichtungs- und Anhörungsverfahren im äußersten Fall gefährdet wird.[303] Ein Zutrittsrecht zu den Betrieben muss nicht schrankenlos eingeräumt werden, da keine Überwachungsfunktion besteht, wohl aber mindestens insoweit, als gemeinsame Beratungen ermöglicht werden.

VI. Rechtsstellung der Mitglieder des SE-Betriebsrats

1. Freistellung

Regelungen zur Freistellung der Mitglieder des SE-Betriebsrats im Hinblick auf ihre Tätigkeit im SE-Betriebsrat enthalten etwas über 80% der Vereinbarungen. In allen diesen Vereinbarungen wird dabei auf die Erforderlichkeit abgestellt. Häufig werden Fortbildungen ausdrücklich einbezogen. Zwei der berücksichtigten Vereinbarungen sehen ausdrücklich eine vollständige Freistellung des Vorsitzenden des SE-Betriebsrats vor.[304]

2. Fortbildung

Fast 90% der Vereinbarungen erwähnen ein Recht der Mitglieder des SE-Betriebsrats auf Fortbildung. Nicht selten wird dabei ausdrücklich auch auf Sprachkurse Bezug genommen.

3. Vertraulichkeit

Regelungen zu Vertraulichkeit enthalten alle bis auf eine der berücksichtigten Vereinbarungen. In fast 90% dieser Vereinbarungen sind die Regelungen zu Geheimhaltung und Vertraulichkeit auch auf beteiligte Dritte wie Sachverständige und Dolmetscher erstreckt. Dabei finden sich Gestaltungen, nach denen die Inanspruchnahme von Sachverständigen oder Dolmetschern erfordert, dass diese

---

303 *Forst*, Beteiligungsvereinbarung, S. 242.

304 BV Allianz SE, Teil A. Ziff. 9.3; BV Deutsche Annington SE, Teil 2 Ziff. 5.4.

sich einer Verschwiegenheitsvereinbarung unterwerfen.[305] Gelegentlich wird die Geltung von Compliance- und Verhaltensrichtlinien festgeschrieben.[306]

4. Benachteiligungs- und Begünstigungsverbot

45 der 49 Vereinbarungen zum SE-Betriebsrat enthalten Regelungen zum Benachteiligungsverbot, 44 auch zum Begünstigungsverbot.

5. Regelungen zum Kündigungsschutz

Auf die jeweiligen nationalen Regelungen zum Kündigungsschutz von Arbeitnehmervertretern verweisen gut 91% der Vereinbarungen. Nahezu 30% der Vereinbarungen enthalten in irgendeiner Form eigenständige Regelungen zum Kündigungsschutz über einen bloßen Verweis auf die nationalen Vorschriften hinaus. In etwas über der Hälfte dieser Vereinbarungen ist festgelegt, dass Kündigungen von Mitgliedern des SE-Betriebsrats diesem oder dem geschäftsführenden Ausschuss vorab angezeigt werden müssen.[307] Dabei finden sich auch Konkretisierungen wie ein Recht zur Anhörung des betroffenen SE-Betriebsratsmitglieds[308] oder Ausnahmen für den Fall der Notwendigkeit der Einhaltung von Fristen.[309] Eine Verpflichtung, dass der SE-Betriebsrat einer Kündigung eines seiner Mitglieder zustimmen müsste, ist nicht vereinbart worden.

6. Rechtliche Bewertung

Hinsichtlich der Rechtsstellung der Mitglieder des SE-Betriebsrat bestehen in den §§ 41, 42 und 44 SEBG bereits losgelöst von den ausgehandelten Regelungen in der Beteiligungsvereinbarung gesetzliche Regelungen. Gem. § 42 SEBG genießen die Mitglieder des SE-Betriebsrats den gleichen Schutz und die gleichen Sicherheiten wie die Arbeitnehmervertreter nach den Gesetzen und Gepflogenheiten ihres Beschäftigungslandes. Deshalb gelten für die aus verschiedenen Ländern stammenden Mitglieder des SE-Betriebsrats unterschiedliche Regelungen.

Die Gleichstellungsregelung bezieht sich ausweislich § 42 S. 2 Nr. 1 und Nr. 2 SEBG ausdrücklich auf die Teilnahme an den Sitzungen und die

305 Bspw. BV ARAG SE, Teil A. § 16.

306 BV BASF SE, I. Ziff. 16.

307 Bspw. BV GfK SE, Teil II. Ziff. 15.2; Nordex SE, Ziff. 15.2; BV Puma SE, Teil I. § 21.6.

308 BV GfK SE, Teil II. Ziff. 15.2.

309 BV Allianz SE, Teil A. Ziff. 11; BV MAN SE, I. § 14.3.

Entgeltfortzahlung. Für die aus Deutschland stammenden Mitglieder besteht daher bereits von Gesetzes wegen ein Anspruch auf Freistellung unter Fortzahlung der Vergütung entsprechend § 37 Abs. 2 BetrVG. Freistellungsregelungen in der Beteiligungsvereinbarung können daher zum Teil deklaratorisch sein, zielen aber auch auf eine Vereinheitlichung im Hinblick auf alle Mitglieder und können, beispielsweise im Hinblick auf eine generelle Freistellung des Vorsitzenden, über das gesetzliche Schutzniveau hinausgehen.[310]

Ein Anspruch auf die Teilnahme an Fortbildungen ist von den Begriffen Schutz und Sicherheit gem. § 42 SEBG allerdings nicht umfasst.[311] Lediglich nach der Auffanglösung besteht gem. § 31 SEBG ein Anspruch auf Fortbildungsmaßnahmen, soweit sie für die Arbeit des SE-Betriebsrats erforderlich sind. Allerdings umfasst der gesetzliche Entgeltschutz auch die Fortzahlung der Vergütung bei der Teilnahme an Fortbildungen.[312] Soll ein Anspruch auf Fortbildung etabliert werden, sind entsprechende Vereinbarungen in der Beteiligungsvereinbarung daher geboten.

Die Mitglieder des SE-Betriebsrats genießen gem. § 42 SEBG schließlich den gleichen Kündigungsschutz, der Arbeitnehmervertretern in dem jeweiligen Mitgliedsstaat nach den nationalen Gesetzen und Gepflogenheiten zukommt.

Ob eine Vereinheitlichungen von Schutz und Rechten der Arbeitnehmervertreter auf das höchste Schutzniveau oder überhaupt weitergehende Regelungen möglich sind, wird unterschiedlich beurteilt. Vielfach wird dies mit der Gesetzesbegründung, nach der eine Vereinheitlichung des Schutzniveaus möglich ist, als zulässig angesehen.[313] Dabei wird auch auf die Vereinbarungsautonomie verwiesen.[314] Dagegen wird insbesondere zum Kündigungsschutz das Begünstigungsverbot eingewendet. Unter Verweis auf den zwingenden Charakter des Begünstigungsverbotes wird argumentiert, dass für Regelungen zum Kündigungsschutz keine Vereinbarungsautonomie bestehe. Der Vergleichsmaßstab, aus dem sich ergebe, wann eine Begünstigung vorliege, werde in diesem Bereich

---

310 Vgl. auch *Nagel*, in: Nagel/Freis/Kleinsorge, § 42 Rn. 3 SEBG.

311 *Forst*, Beteiligungsvereinbarung, S. 243 Fn. 1095. A.A. *Hohenstatt/Müller-Bonanni*, in: Habersack/Drinhausen, § 42 Rn. 3 SEBG; *Nagel*, in: Nagel/Freis/Kleinsorge, § 42 Rn. 7.

312 BR-Drucks. 438/04 S. 143; Jacobs, in: MünchKommAktG, § 42 SEBG Rn. 8.

313 Dafür: BR-Drucks. 438/04, S. 142; *Feuerborn*, in: KK-AktG, § 42 SEBG Rn. 3; *Jacobs*, in: FS K. Schmidt, S. 795, 808; *Nagel*, in: Nagel/Freis/Kleinsorge, § 42 SEBG Rn. 3; *Oetker*, in: Lutter/Hommelhoff, § 42 SEBG Rn. 8.

314 *Jacobs*, in: FS K. Schmidt, S. 795, 808; *Oetker*, in: Lutter/Hommelhoff, § 42 SEBG Rn. 8.

durch § 42 S. 1 Nr. 2 i.V.m. S. 2 Nr. 1, 44 Nr. 3 SEBG bestimmt. Vergleichsmaßstab seien daher die nationalen Arbeitnehmervertreter.[315] Die Problematik einer unzulässigen Begünstigung stellt sich ebenfalls im Hinblick auf Freistellungsregelungen, insbesondere der Vereinbarung einer vollständigen Freistellung des Vorsitzenden. Andererseits ließe sich gerade beim Kündigungsschutz argumentieren, dass die Begünstigung im Hinblick auf die Schutzbedürftigkeit der Arbeitnehmervertreter als gerechtfertigt angesehen werden kann. Die Regelung des Kündigungsschutzes greift aber jedenfalls in das Arbeitsvertragsstatut ein und kann deshalb nicht Gegenstand der Beteiligungsvereinbarung sein. Es können sich insbesondere Kollisionen mit dem nationalen Recht eines anderen Mitgliedsstaats ergeben.[316] Entsprechendes gilt für Freistellungsregelungen sowie letztlich auch Fortbildungsregelungen, die über das Maß dessen, was für die Ausübung des Amtes erforderlich ist, hinausgehen.

Regelungen zur Vertraulichkeit enthält bereits § 41 SEBG. Danach sind die Mitglieder des SE-Betriebsrats, Sachverständige und Dolmetscher sowie andere Arbeitnehmervertreter bei Einbindung in das Unterrichtungs- und Anhörungsverfahren gem. § 41 Abs. 2 , Abs. 4 SEBG zur Vertraulichkeit verpflichtet, während diese Pflicht im Verhältnis der Mitglieder des SE-Betriebsrats untereinander sowie zu den Arbeitnehmervertretern im mitbestimmten Organ, Sachverständigen und Dolmetschern und andere Arbeitnehmervertreter bei entsprechender Einbindung gem. § 41 Abs. 3 SEBG nicht gilt. Die Verpflichtung ist gem. § 45 Abs. 1 Nr. 1, Abs. 2 Nr. 2 SEBG strafbewährt. Insoweit sind entsprechende Regelungen in der Beteiligungsvereinbarung deklaratorisch. Gerade die Erstreckung auf Dritte wie Sachverständige und Dolmetscher in der Vereinbarung allein wäre im Hinblick auf den Geltungsbereich der Vereinbarung problematisch. Die in den betrachteten Beteiligungsvereinbarungen häufiger zu findende Verpflichtung, dass Sachverständige und Dolmetscher erst nach Unterzeichnung einer Verschwiegenheitserklärung zum Einsatz kommen dürfen, ist aber möglich und zur Sicherung oder Erweiterung der Vertraulichkeit sinnvoll. Im Übrigen sind Regelungen über § 44 SEBG hinaus nur insoweit zulässig, als sie ein effektives Unterrichtungs- und Anhörungsverfahren nicht einschränken.[317]

Schließlich gilt das Benachteiligungs- sowie das Begünstigungsverbot gem. § 44 Nr. 3 SEBG, Art. 12 Abs. 2 SE-RL bereits zwingend gegenüber

---

315 *Thüsing/Forst*, in: FS Reuter, S. 851, 856.

316 *Thüsing*, ZIP 2006, 1469, 1477.

317 *Forst*, Beteiligungsvereinbarung, S. 241.

jedermann von Gesetzes wegen.[318] Entsprechende Regelungen in der Beteiligungsvereinbarung sind daher deklaratorisch.

VII. Ruhender SE-Betriebsrat

Nach einer der untersuchten Vereinbarungen ist ein SE-Betriebsrat errichtet, dessen Tätigkeit ruhend gestellt sein kann.[319] Die betreffende SE ist im Zeitpunkt des Abschlusses der Beteiligungsvereinbarung ausweislich der Beteiligungsvereinbarung Muttergesellschaft von zwei Tochter-SEs.

Vorgesehen sind eine situative wie auch eine dauerhafte Aktivierung des SE-Betriebsrats. Die Regelungen der Beteiligungsvereinbarung betreffend den SE-Betriebsrat sollen nur Anwendung finden, wenn, soweit und solange eine situative oder dauerhafte Aktivierung des SE-Betriebsrats gegeben ist. Eine situative Aktivierung tritt nach der Beteiligungsvereinbarung insbesondere ein, wenn eine gravierende Schieflage des Konzerns eingetreten ist zur Unterrichtung und Anhörung diesbezüglich, zur turnusmäßigen Bestimmung der neuen Mitglieder des neuen SE-Betriebsrats, zur Bestimmung des Vorschlags zur Bestellung der Arbeitnehmervertreter im Aufsichtsrat und bei Aktivierung im Einvernehmen mit der Leitung. Zu einer dauerhaften Aktivierung kommt es unmittelbar durch Eintritt zweier Situationen. Zum einen wird der SE-Betriebsrat dauerhaft aktiviert, wenn die SE einen Europäischen Teilkonzern, in der Vereinbarung konkret definiert, ohne eigene europäische Arbeitnehmervertretung einschließlich eines Ersatzverfahrens zur Unterrichtung und Anhörung hält. Zum anderen wird der SE-Betriebsrat dauerhaft aktiviert, wenn die SE selbst in mindestens zwei Ländern im Geltungsbereich der Vereinbarung mehr als 300 Arbeitnehmer beschäftigt. Entfallen diese Gegebenheiten, kommt es automatisch wieder zur Ruhendstellung des SE-Betriebsrats.

Die beschriebene Gestaltung betrifft zwei Aspekte, nämlich die Ruhendstellung des SE-Betriebsrats an sich und die Errichtung des SE-Betriebsrats im „SE-Konzern“ dergestalt, dass sowohl Ober- als auch Untergesellschaft die Rechtsform einer SE haben.

Die Ruhendstellung mag für die Verhandlungsparteien einen Kompromiss zwischen der Etablierung eines SE-Betriebsrats und dem Anhörungs- und Unterrichtungsverfahren darstellen. Bedenken wirft diese Gestaltungsform insoweit auf, als während einer Ruhendstellung keine Vorkehrungen für eine regelmäßige Unterrichtung und Anhörung der Arbeitnehmer auf der Ebene der SE besteht. Auf das Verfahren zur Unterrichtung und Anhörung kann

---

318 *Jacobs*, in: MünchKommAktG, § 44 SEBG Rn. 1.

319 BV Webasto SE, Teil I Ziff. 1.2.

nicht ganz verzichtet werden.[320] Der 6. Erwägungsgrund SE-RL sieht die Zielsetzung vor, dass in allen Fällen der SE-Gründung grenzüberschreitende Unterrichtungs- und Anhörungsverfahren gewährleistet sein sollen.[321] Zwar ist gem. § 16 Abs. 1 SEBG, Art. 3 Abs. 6 SE-RL ein Nichtverhandlungsbeschluss möglich,[322] dann findet aber gem. § 47 Abs.1 Nr. 2 SEBG das EBRG Anwendung.[323] Da aber gemäß § 21 Abs. 2 SEBG gerade gar kein SE-Betriebsrat oder überhaupt ein Gremium errichtet werden muss, sondern auch ein dezentrales Unterrichtungs- und Anhörungsverfahren möglich ist, muss das durch die Beteiligungsvereinbarung geschaffene Gremium nicht zwingend durchgehend tätig sein. Dies eröffnet auch einen entsprechenden Vereinbarungsspielraum. Eine effektive Beteiligung der Arbeitnehmer an den für sie relevanten Fragen muss aber sichergestellt sein. Dies kann durch eine Regelung wie die „situative Aktivierung" erreicht werden, die aber einen regelmäßigen, nicht nur auf ganz außerordentliche Umstände beschränkten, wenn auch nicht ständigen, Austausch ermöglichen muss.

C. Ersatzverfahren

Gem. § 21 Abs. 2 SEBG können die Parteien wie bereits gezeigt statt eines SE-Betriebsrats auch ein sonstiges Verfahren zur Unterrichtung und Anhörung vereinbaren. Dieser Weg ist in rund 20%, d.h. 13 der untersuchten 62 Vereinbarungen eingeschlagen worden.

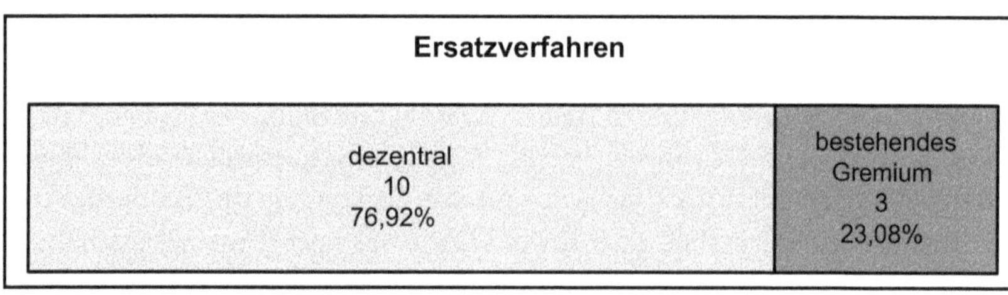

320 *Feuerborn*, in: KK-AktG, § 21 SEBG Rn. 39; *Hohenstatt/Müller-Bonanni*, in: Habersack/Drinhausen, § 21 SEBG Rn. 19; *Jacobs*, in: MünchKommAktG, § 21 SEBG Rn. 12; *Köklü*, in: Handbuch SE, 6. Abschnitt Rn. 147; *Forst*, Beteiligungsvereinbarung, S. 244.

321 *Feuerborn*, in: KK-AktG, § 21 SEBG Rn. 39.

322 Deshalb für die Möglichkeit des vollständigen Verzichts Hennings, in: Manz/Meyer/Schröder, 1. Auflage 2005, Art. 4 SE-RL Rn. 4 (aber Rn. 5); *Herfs-Röttgen*, NZA 2002, 358, 361.

323 *Forst*, Beteiligungsvereinbarung, S. 216.

I. Unterrichtung und Anhörung durch bestehendes Gremium

Eine Möglichkeit eines solchen Verfahrens ist die Unterrichtung und Anhörung durch ein bereits bestehendes Gremium. Vereinzelt wird diese Möglichkeit genutzt, und zwar in dem auf den bereits bestehenden Europäischen Betriebsrat oder den Konzernbetriebsrat zurückgegriffen wird.

1. Europäischer Betriebsrat

In zwei Vereinbarungen haben die Parteien festgelegt, dass die Unterrichtung und Anhörung auf Basis des bereits bestehenden Europäischen Betriebsrats vorgenommen wird. Beide Vereinbarungen verweisen auf die jeweilige Europäische Betriebsrätevereinbarung in ihrer jeweils gültigen Fassung.[324]

Eine der Vereinbarungen enthält besondere Regelungen für die der SE zuzuordnenden Arbeitnehmervertreter. Diese bilden die sogenannte SE Gruppe. Diese Gruppe wählt entsprechend dem geschäftsführenden Ausschuss einen SE-Ausschuss von fünf Mitgliedern, die insgesamt aus mindestens drei verschiedenen Ländern stammen müssen. Der Ausschuss hat einen Koordinator und einen Stellvertreter, die ihrerseits aus verschiedenen Ländern stammen müssen. Der Koordinator ist gleichzeitig Koordinator der SE Gruppe. Soweit der SE Ausschuss dies verlangt, findet einmal im Jahr eine SE Sitzung mit dem SE Management statt, bei der zu SE-spezifischen Themen informiert wird. Nicht abschließend benannte Gegenstände sind die Struktur der SE, ihre wirtschaftliche und finanzielle Lage sowie ihre Investitionen. Für einen Übergangszeitraum von zwei Jahren wird für jedes Land mit SE-Arbeitnehmern, das über keinen direkten Vertreter im Europäischen Betriebsrat verfügt, ein Vertreter als Gast zur SE Sitzung eingeladen. Vereinbart ist im Weiteren das Recht zu einer vorbereitenden Sitzung des SE Ausschusses ohne Anwesenheit des Managements. Die vorbereitende und die gemeinsame Sitzung sind dabei in zeitlichem Zusammenhang zu benannten regelmäßigen Sitzungen des Europäischen Betriebsrats abzuhalten. Schließlich ist ausdrücklich festgehalten, dass sich der SE Ausschuss direkt an das SE Management wenden kann.[325]

Eine der Vereinbarungen enthält zusätzlich eine eigenständige Auffanglösung für den Fall, dass kein zuständiger Europäischer Betriebsrat mehr besteht[326]. Nach dieser Auffanglösung ist dann ein SE-Betriebsrat zu errichten. Die

---

324 BV BP Europa SE, Teil 2 Ziff. 2.2; BV SCA Hygiene Products SE, § 1.1.

325 BV BP Europa SE, Teil 2 Ziff. 2.

326 BV SCA Hygiene Products SE, § 1.2. und Anlage 2.

Vereinbarung enthält dazu ein vollständiges Regelungsprogramm, wie es sich in den üblichen Beteiligungsvereinbarungen zum SE-Betriebsrat findet.

In beiden Vereinbarungen spiegelt sich die Motivation für die Beibehaltung des Europäischen Betriebsrats wider. Beide SEs sind bereits ausweislich der Beteiligungsvereinbarung selbst Teil einer internationalen Unternehmensgruppe, bei der für den europäischen Bereich bereits ein Europäischer Betriebsrat besteht. Der Geltungsbereich des bestehenden Europäischen Betriebsrats umfasst neben der SE, ihren Tochtergesellschaften und Betrieben weitere Gesellschaften und Betriebe. Die Europäischen Betriebsräte sollen wegen des beschränkten Umfangs der SE und ihrer Tochtergesellschaften und Betriebe im Vergleich zu den von der Vereinbarung über den Europäischen Betriebsrat erfassten Gesellschaften und Betrieben von ihrer Gründung unberührt bleiben.[327]

2. Deutscher Konzernbetriebsrat

Nach einer Vereinbarung wird ein SE-Betriebsrat, und zwar nach der gesetzlichen Auffanglösung, erst eingerichtet, sobald im Geltungsbereich mehr als 250 Arbeitnehmer in anderen Staaten als Deutschland beschäftigt werden. Bis zu diesem Zeitpunkt nimmt der bei der SE bestehende deutsche Konzernbetriebsrat die Aufgaben des SE-Betriebsrats wahr.[328] Für den Fall, dass kein Konzernbetriebsrat besteht, tritt eine Arbeitsgemeinschaft der Gesamtbetriebsräte oder der obersten Arbeitnehmervertretungen der SE und der Tochtergesellschaften an die Stelle des Konzernbetriebsrats. Bestehen weder Konzernbetriebsrat noch eine Arbeitsgemeinschaft, treten die Gesamtbetriebsräte der SE und der Tochtergesellschaften an deren Stelle. Bestehen auch diese nicht, treten an deren Stelle die Betriebsräte der Betriebe der SE und ihrer Tochtergesellschaften. Betriebsratslose Betriebe werden nach der Regelung durch die vorhandenen Gremien mitvertreten.[329]

Die Einbindung der Arbeitnehmer in anderen Mitgliedstaaten ist dabei nur durch eine ergänzende Bestimmung näher festgelegt. Werden in einem anderen Staat im Geltungsbereich mehr als 50 Arbeitnehmer beschäftigt, während noch kein SE-Betriebsrat errichtet wurde, besteht je 50 Arbeitnehmer für einen in diesem Land beschäftigten Arbeitnehmer das Recht, an den Sitzungen des Konzernbetriebsrats bzw. der subsidiär genannten Gremien teilzunehmen.[330]

---

327 BV BP Europa SE, Präambel; vgl. SCA Hygiene Products, Präambel.
328 BV KNAUF INTERFER SE, Zweiter Teil, § 2 Abs. 1 und Abs. 2.
329 BV Knauf Interfer SE, Zweiter Teil, § 2 Abs. 3.
330 BV Knauf Interfer SE, Zweiter Teil, § 2 Abs. 4.

3. *Rechtliche Bewertung*

Bei der Gestaltung des Ersatzverfahrens zur Unterrichtung und Anhörung sind die Parteien weitgehend frei und können auch auf bestehende Gremien zur Arbeitnehmervertretung zurückgreifen, die zu Trägern des Unterrichtungs- und Anhörungsrechts bestimmt werden.[331]

Im Hinblick auf § 47 Abs. 1 Nr. 2 SEBG könnten Bedenken hinsichtlich eines Ersatzverfahrens auf Basis des Europäischen Betriebsrats bestehen. Gemäß § 47 Abs. 1 Nr. 2 SEBG findet das EBRG auf die SE, außer im Falle eines Beschlusses nach § 16 SEBG, keine Anwendung. Europäischer Betriebsrat und SE-Betriebsrat haben ähnliche Funktionen.[332] Die SE soll daher nicht gleichzeitig den Vorgaben des EBRG unterliegen. Deshalb wird eine Ausnahme von der Unanwendbarkeit des EBRG angenommen, wenn gar kein SE-Betriebsrat errichtet wird.[333] Davon ausgehend wird zum Teil vertreten, dass, da hinsichtlich der Unterrichtung und Anhörung auch auf ein bereits bestehendes Gremium zurückgegriffen werden könne, diese auch durch den Europäischen Betriebsrat erfolgen könne.[334] Den Verhandlungsparteien ist die Möglichkeit eröffnet, durch einen Beschluss nach § 16 SEBG, wenn auch mit der qualifizierten Mehrheit von zwei Drittel der Arbeitnehmer in zwei Mitgliedstaaten, die Anwendbarkeit des EBRG herbeizuführen. Dies spricht dafür, dass die Parteien die Unterrichtung und Anhörung durch den Europäischen Betriebsrat auch vereinbaren können, wenn die Anforderungen des § 21 Abs. 1 SEBG gem. § 21 Abs. 2 SEBG entsprechend gewahrt werden. In den beschriebenen Konstellationen, in denen die SE, ihre Tochtergesellschaften und Betriebe lediglich einen Teil einer europäischen Unternehmensgruppe bilden, käme es anderenfalls zu einer Aufspaltung der

---

331 *Evers/Hartmann*, in Manz/Mayer/Schröder, § 21 SEBG Rn. 32; *Feuerborn*, in: KK-AktG, § 21 SEBG; Freis, in: Nagel/Freis/Kleinsorge, § 21 SEBG Rn. 15; *Hohenstatt/Müller-Bonanni*, in: Habersack/Drinhausen, § 21 SEBG Rn. 11; *Jacobs*, in: MünchKommAktG, § 21 SEBG Rn. 11; für den EBR *Giesen* in: HWK, EBRG Rn. 87.

332 BT-Drucks. 15/3405, S. 57; *Feuerborn*, in: KK-AktG, § 47 SEBG Rn. 7.

333 *Feuerborn*, in: KK-AktG, § 47 SEBG Rn. 7.; *Kleinsorge*, in: Nagel/Freis/Kleinsorge, § 47 SEBG Rn. 6; *Oetker*, in: Lutter/Hommelhoff, § 47 SEBG Rn. 9.

334 *Feuerborn*, in: KK-AktG, § 21 SEBG Rn. 40; *Kienast*, in: Jannott/Frodermann, 13. Kapitel Rn. 400; nach *Hohenstatt/Müller-Bonanni*, in: Habersack/Drinhausen, § 21 Rn. 11 kann auf der Basis eines bestehenden Europäischen Betriebsrats ein grenzüberschreitendes Unterrichtungs- und Anhörungsverfahren etabliert werden; im Hinblick auf § 47 Abs. 1 Nr. 2 SEBG müsse der Europäische Betriebsrat aber in einen SE-Betriebsrat „umfunktioniert werden". Letzteres wird nicht näher beschrieben.

betrieblichen Arbeitnehmerbeteiligung auf europäischer Ebene, da in der Konsequenz das EBRG auf die SE und ihre Tochtergesellschaften keine Anwendung finden würde. § 47 Abs. 1 Nr. 2 SEBG hat aber nur den Zweck, zwei Gremien mit übereinstimmender Funktion zu vermeiden.[335] Daher kann die SE, die als abhängiges Unternehmen an einer Unternehmensgruppe beteiligt ist, an einem beim herrschenden Unternehmen gebildeten Europäischen Betriebsrat teilnehmen[336] und in der Beteiligungsvereinbarung kann unter Wahrung der Anforderungen des § 21 Abs. 1 SEBG geregelt werden, dass Unterrichtung und Anhörung über ihn erfolgen.

An den Gestaltungen aus der Praxis zum Europäischen Betriebsrat wird schließlich insbesondere deutlich, dass die gesetzlichen Vorgaben Konzernstrukturen und das Nebeneinander von Europäischem Betriebsrat und SE-Betriebsrat im Konzern nicht hinreichend Rechnung tragen. Der Befund stützt die Überlegungen in der Wissenschaft, zwischen Mitbestimmungsvereinbarung und Vereinbarung über Unterrichtung und Anhörung zu trennen und den darauf aufsetzenden Vorschlag, den Europäischen Betriebsrat anstelle des SE-Betriebsrats einzusetzen.[337]

Die Möglichkeit der Unterrichtung und Anhörung über bestehende Arbeitnehmergremien beinhaltet grundsätzlich auch den Rückgriff diesbezüglich auf den Konzernbetriebsrat.[338] Bei Gestaltung eines Ersatzverfahrens ist es auch nicht ausgeschlossen, je nach betroffenem Mitgliedsstaat oder Betrieb, unterschiedliche Regelungen zu vereinbaren,[339] soweit Unterrichtung und Anhörung der Arbeitnehmer sichergestellt sind. § 21 Abs. 2 SEBG, Art. 4 Abs. 2 lit. f) SE-RL erwähnen ausdrücklich die Etablierung mehrerer Verfahren. Eine Unterrichtung und Anhörung durch den deutschen Konzernbetriebsrat und ebenfalls beteiligte Delegierte aus den anderen Ländern ist daher möglich.

Problematisch ist jedoch, ob die Anhörung und Unterrichtung durch eine einzelne nationale Arbeitnehmervertretung ganz ohne Einbindung von Delegierten anderer Länder bzw. Belegschaften wahrgenommen werden kann. Dann würde diese eine nationale Arbeitnehmervertretung alle Mitgliedstaaten

335 Vgl. *Oetker*, in: Lutter/Hommelhoff, § 47 SEBG Rn. 9.

336 *Hennings*, in: Manz/Meyer/Schröder, 1. Auflage 2005, Art. 13 SE-RL Rn. 1; *Oetker*, in: Lutter/Hommelhoff, § 47 SEBG Rn. 9.

337 Arbeitskreis Aktien- und Kapitalmarktrecht, ZIP 2009, 698, 699; Forst, Beteiligungsvereinbarung S. 94, insbesondere Fn. 452.

338 *Evers/Hartmann*, in Manz/Mayer/Schröder, § 21 SEBG Rn. 32; *Feuerborn*, in: KK-AktG, § 21 SEBG Rn. 40; *Jacobs*, in: MünchKommAktG, § 21 SEBG Rn. 11.

339 *Hennings*, in: Manz/Meyer/Schröder, 1. Auflage 2005, Art. 4 SE-RL Rn. 23.

repräsentieren, ohne dass diese vertreten sind.[340] Daraus ließe sich folgern, dass eine solche Gestaltung mangels Gleichwertigkeit mit dem SE-Betriebsrat gegen § 21 Abs. 2 SEBG, Art. 4 Abs. 2 lit f) SE-RL verstößt.[341] Zwar müssen wie gezeigt auch im SE-Betriebsrat nicht alle Belegschaften zwingend direkt vertreten sein. Gerade Schwellenwerte sind wie gezeigt zulässig, um eine zu starke Ausweitung des Gremiums zu vermeiden. Bei einem dezentralen Ersatzverfahren fehlt es aber an einer gemeinsamen institutionalisierten Interessenvertretung. Zudem ließe sich ein Ersatzverfahren unter Einbindung einer überschaubaren Zahl sonstiger Arbeitnehmervertreter auch unter Einbindung anderer Mitgliedstaaten durchaus gestalten. Der Ausschluss aller anderen Länderbelegschaften ist nicht gerechtfertigt. Mangels Gleichwertigkeit mit dem SE-Betriebsrat kommen daher Unterrichtung und Anhörung ausschließlich über eine einzige nationale Arbeitnehmervertretung gem. § 21 Abs. 2 SEBG, Art. 4 Abs. 2 lit. f) SE-RL nicht in Betracht.[342]

II. Dezentrales Unterrichtungs- und Anhörungsverfahren

Mehrheitlich, nämlich bei zehn Vereinbarungen, ist bei Wahl des Ersatzverfahrens ein eigenständiges, dezentrales Unterrichtungs- und Anhörungsverfahren etabliert worden.[343]

1. Anwendungsbereich

Entsprechend zur Zuständigkeit des SE-Betriebsrats ist im Rahmen des Unterrichtungs- und Anhörungsverfahrens häufig, konkret in sieben der zehn Vereinbarungen, vorab der Anwendungsbereich des Unterrichtungs- und Anhörungsverfahrens geregelt. Die Regelungen gleichen sich dabei; es werden die grenzüberschreitenden Angelegenheiten und außergewöhnliche Umstände

---

340 *Forst*, Beteiligungsvereinbarung, S. 234.

341 *Forst*, Beteiligungsvereinbarung, S. 235 zu der Konstellation, dass der SE-Betriebsrat seine Befugnisse auf eine einzelne nationale Arbeitnehmervertretung überträgt.

342 Vgl. *Forst*, Beteiligungsvereinbarung, S. 235.

343 BV Deichmann SE; BV Gebr. Pfeiffer SE; BV Huber SE; BV IMW Immobilien SE; BV Limbach Beteiligungsverwaltung SE; BV Limbach Holding Verwaltung SE; BV Limbach Labor SE; BV Pulsion Medical Systems SE; BV Roland SE; BV STEICO SE. Hinsichtlich der Häufigkeit der Merkmale dieser Vereinbarungen ist zu berücksichtigen, dass die BV Limbach Beteiligungsverwaltung SE, BV Limbach Holding Verwaltung SE und die BV Limbach Labor SE inhaltsgleich sind. Die BV Roland SE nimmt zudem die BV Deichmann SE in Bezug, da sie einen Beitritt zur BV Deichmann SE regelt.

festgehalten, bei denen das Unterrichtungs- und Anhörungsverfahren einschlägig ist.[344]

2. *Kommunikationsfluss zu den Mitarbeitern*

Ebenfalls eingangs, in der Regel im Anschluss an den Anwendungsbereich des Unterrichtungs- und Anhörungsverfahrens, wird der Kommunikationsfluss zu den Mitarbeitern unter Bestimmung der Beteiligten des Unterrichtungs- und Anhörungsverfahrens festgelegt.

Dabei lassen sich drei Kommunikationswege unterscheiden. Am häufigsten, nämlich nach sieben der Regelungen, erfolgt die Unterrichtung und Anhörung durch die Leitung oder den Verwaltungsrat der SE, gegebenenfalls unter Einbindung der lokalen Geschäftsführungen, vorrangig gegenüber den nationalen Arbeitnehmervertretungen. Lediglich wenn diese nicht vorhanden sind, werden die nicht vertretenen Mitarbeiter direkt unterrichtet.[345] Daneben ist in einer Vereinbarung die direkte Unterrichtung der Arbeitnehmer durch die Leitung, und zwar bei Betriebsversammlungen und schriftlich, geregelt.[346] Schließlich erfolgen Unterrichtung und Anhörung nach einer Vereinbarung über eigens zu errichtende Beiräte in den Ländern. Bei Gesellschaften, die nicht in einem Beirat vertreten sind, erfolgen Unterrichtung und auch Anhörung über die Abteilungsleiter.[347]

3. *Ordentliche Unterrichtung und Anhörung*

a. Gegenstände

Die Gegenstände der ordentliche Unterrichtung und Anhörung sind mehrheitlich als Katalog festgelegt. Insgesamt fallen sie kürzer aus als in den Vereinbarungen mit SE-Betriebsrat und die Formulierungen sind im Vergleich zur gesetzlichen Auffanglösung, an der sich die Regelungen auch hier orientieren, allgemeiner gehalten. Beispielhaft ist die folgende Formulierung, an der sich einige der übrigen Vereinbarungen augenscheinlich orientieren:

„Gegenstand der jährlichen Unterrichtung und Anhörung sind nach näherer Maßgabe insbesondere der in nachstehender Ziffer (…) enthaltenen Verfahrensregeln die folgenden Grenzüberschreitenden Angelegenheiten:

---

344 BV Deichmann SE, II. 2.

345 Bspw. BV Deichmann SE, II. Ziff. 3.; BV Huber SE, III. Ziff. 2.; BV Limbach Labor SE, II. Ziff. 3.

346 BV IMW Immobilien SE, §§ 4 und 5.

347 BV STEICO SE, Ziff. 2.

(a) die aktuelle Geschäftstätigkeit der (…) SE;
(b) die aktuelle Unternehmensentwicklung der (…) SE; dies umfasst
   (i) aktuelle Investitionen,
   (ii) aktuelle Personallage und die
   (iii) aktuelle Vermögens-, Finanz- und Ertragslage
   (iv) ein Ausblick."[348]

Andere genannte Gegenstände sind beispielsweise Produkte, Märkte, Forschung und Entwicklung,[349] sowie Stand und Entwicklung der betrieblichen Qualifizierung der Arbeitnehmer[350]. Vereinzelt wird aber auch im Rahmen des Ersatzverfahrens vollständig auf § 28 SEBG verwiesen.[351] In einer Vereinbarung ist eine Flexibilisierung dergestalt vorgesehen, dass weitere Inhalte der Unterrichtung aufzunehmen sind, wenn Arbeitnehmervertreter, die mindestens die Hälfte der Mitarbeiter vertreten, dies beantragen.[352]

Die ausdrücklich geregelte Weitergabe von Unterlagen, wie die Auffanglösung dies in § 28 Abs. 1 S. 2 SEBG vorsieht, ist schließlich nur in einer Vereinbarung vorgesehen.[353]

b. Turnus

In allen Vereinbarungen, die ein dezentrales Unterrichtungs- und Anhörungsverfahren vorsehen, ist der Turnus für die ordentliche Unterrichtung und Anhörung festgelegt. Die meisten Vereinbarungen regeln eine jährliche Unterrichtung mit Anhörungsmöglichkeit. Der Fall ist dies bei allen sieben Vereinbarungen, die Unterrichtung und Anhörung vorrangig über lokale Arbeitnehmervertretungen etablieren.[354] Bei zwei dieser Vereinbarungen wird zusätzlich im dritten Quartal über die Umsatzzahlen der Ländergesellschaften informiert. Zwei Unterrichtungen pro Jahr[355] und quartalsweise Unterrichtungen mit Anhörungsmöglichkeit[356] kommen ebenfalls vor.

348 BV Deichmann SE, III. 1.
349 BV Huber SE, III. Ziff. 1.
350 BV STEICO SE, Ziff. 4. c).
351 BV IMW Immobilien SE, Abschnitt II § 5 Ziff. 5.2.
352 BV Huber SE, III. Ziff. 1.
353 BV IMW Immobilien SE, Abschnitt II § 5 Ziff. 5.1 und 5.2
354 Bspw. BV Deichmann SE, III. Ziff. 2. (a); BV Gebr. Pfeiffer SE, III. Ziff. 2. (a); BV Huber SE, III. Ziff. 2. (a).
355 BV IMW Immobilien SE, II. § 5.1.
356 BV Pulsion Medical Systems SE, § 2 Abs. 2; BV STEICO SE, Ziff. 2. a).

c. Verfahren

aa. Unterrichtung

Die ordentliche Unterrichtung erfolgt bei Kommunikation über die Arbeitnehmervertretungen durchweg durch einen schriftlichen Bericht der Leitung an die nationalen Arbeitnehmervertretungen. Der Kommunikationsfluss von den Arbeitnehmervertretungen zu den Mitarbeitern wird nicht weiter festgelegt. Für nicht vertretene Arbeitnehmer wird der Bericht zur Einsicht bei der jeweiligen Geschäfts-, Niederlassungs- oder Betriebsleitung ausgelegt. Dabei ist nach allen Vereinbarungen ein Mindestzeitraum für die Auslage festgelegt, der sich auf 3 Wochen[357] bzw. 28 Tage erstreckt[358]. Durchweg liegt es bei der Leitung, statt des schriftlichen Berichts im Rahmen nicht öffentlicher Sitzungen zu unterrichten und anzuhören[359] oder zusätzlich Sitzungen durchzuführen.[360] Nach allen diesen Vereinbarungen kann die Leitung ausdrücklich Dritte mit der Unterrichtung beauftragen.

Nach der Vereinbarung, die eine unmittelbare Unterrichtung der Arbeitnehmer vorsieht, erfolgt die Unterrichtung in Betriebsversammlungen in sämtlichen Betriebsstätten sowie schriftlich.[361]

Nach dem Modell mit Beiräten erfolgt die Unterrichtung ebenfalls in gemeinsamen Sitzungen. In Gesellschaften, für die Beiräte gebildet sind, finden quartalsweise Sitzungen unter Beteiligung der Konzernleitung und des Beirats statt. In Gesellschaften, die nicht in einem Beirat vertreten sind, unterrichtet die Konzernleitung die Abteilungsleiter in gemeinsamen Sitzungen. Einmal im Jahr findet die Sitzung dann auf internationaler Ebene mit Vertretern der Beiräte und Vertretern der Abteilungsleiter statt.[362] Die Leitung beruft die Sitzungen mit einer Frist von zwei Wochen unter Beifügung der erforderlichen Unterlagen und der Tagesordnung mit den von Seiten der SE zu behandelnden Themen in Textform ein. Beirat bzw. Abteilungsleiter können dann die Tagesordnung innerhalb einer Woche ergänzen. Sodann haben Beirat bzw. Abteilungsleiter die Möglichkeit zur Abstimmung im Rahmen einer vorbereitenden Sitzung und können sich mit den nationalen Arbeitnehmervertretungen oder den Arbeitnehmern direkt austauschen. Einzig diese Vereinbarung befasst sich auch mit der Weitergabe der Informationen an die Arbeitnehmer. Der Beirat

357 BV Huber SE, III. Ziff. 2 (b).
358 Bspw. BV Deichmann SE, III. 2. (b).
359 Bspw. BV Deichmann SE, III. 2 (d).
360 BV Huber SE, III. Ziff. 2. (f).
361 BV IMW Immobilien SE, Abschnitt II § 5.1.
362 BV Steico SE, Ziff. 2. a.

gewährleistet die Weitergabe der Informationen an die Arbeitnehmervertreter oder die Arbeitnehmer. Er soll zudem ständiger Ansprechpartner für die Arbeitnehmer sein.[363]

bb. Anhörung

Die Anhörung der Arbeitnehmer bei den dezentralen Verfahren, die vorrangig die schriftliche Unterrichtung der Arbeitnehmervertretungen vorsehen, erfolgt auf fristgebundenen Antrag von Seiten der Arbeitnehmerschaft.[364] Antragsbefugt sind die Arbeitnehmervertreter und die nicht vertretenen Arbeitnehmer, die dann ein Quorum von 25%[365] und in einem Fall 33%[366] der Arbeitnehmer einer Gesellschaft erreichen müssen. Die Leitung setzt dann nach allen Vereinbarungen, auch mit Unterstützung der Geschäftsführungen der Gesellschaften, innerhalb einer weiteren Frist eine Sitzung zur Anhörung an. Die Sitzung zur Anhörung kann die Leitung für einzelne Teilbereiche oder Regionen durchführen. Diese Sitzungen müssen dann nicht zeitgleich erfolgen.[367] Bestimmungen, wer von Seiten der Arbeitnehmer, insbesondere der nicht vertretenen Arbeitnehmer, an den Sitzungen teilnimmt, enthalten die Vereinbarungen durchweg nicht.[368]

Die Vereinbarung, die die Unterrichtung im Rahmen von Betriebsversammlungen und schriftlich vorsieht, eröffnet zusätzlich die Möglichkeit, dass die Arbeitnehmerschaft binnen zwei Wochen nach der Sitzung schriftlich Fragen stellt, Stellung nimmt und Vorschläge unterbreiten kann, auf die die Leitung innerhalb einer Woche schriftlich reagieren muss.[369]

Bei der Vereinbarung, die den Kommunikationsfluss über Beiräte vorsieht, erfolgt die Anhörung innerhalb der beschriebenen Sitzungen. Auch können Beirat oder, wo keine Beiräte errichtet sind, die Abteilungsleiter bereits im Rahmen der erläuterten vorbereitenden Sitzung eine schriftliche Stellungnahme an die Konzernleitung abgeben.[370]

---

363 BV Steico SE, Ziff. 2. b.
364 Bspw. BV Deichmann SE, III. Ziff. 2. (b).
365 Bspw. BV Deichmann SE, III. Ziff. 2. (a) und (b); BV Gebrüder Pfeiffer, III. Ziff. 2. (a) und (b); BV Huber SE, III. Ziff. 2 (c); BV Limbach Labor SE, III. Ziff. 2. (a) und (b).
366 BV Huber SE, III. Ziff. 2. (c).
367 Bspw. BV Deichmann SE, III. Ziff. 2. (b).
368 Bspw. BV Deichmann SE, III. Ziff. 2. (b); BV Gebrüder Pfeiffer, III. Ziff. 2. (b); BV Huber SE, III. Ziff. 2; BV Limbach Labor SE, III. Ziff. 2. (b).
369 BV IMW Immobilien SE, Abschnitt I. § 5.3.
370 BV Steico SE, Ziff. 4.

d. Zeitpunkt

Bei den meisten Vereinbarungen ist auch der Zeitpunkt für die Unterrichtung festgelegt. Mehrheitlich, und zwar bei allen Vereinbarungen mit jährlicher Anhörung, findet sie regelmäßig vier Wochen oder innerhalb von vier Wochen nach der Sitzung des Verwaltungs- oder Aufsichtsrats statt, die über die Feststellung des Jahresabschlusses beschließt.[371] Die Vereinbarung, die zwei Anhörungen im Jahr regelt, legt fest, dass eine davon innerhalb von zwei Wochen nach einer Hauptversammlung stattfindet.[372]

4. *Außerordentliche Unterrichtung und Anhörung*

a. Gegenstände

Überwiegend, nämlich in sieben Vereinbarungen, sind die Gegenstände der außerordentlichen Anhörung inhaltlich die gleichen wie die in § 29 SEBG geregelten.[373] Eine weitere Vereinbarung nennt zusätzlich den Verkauf von Unternehmen, Betrieben oder umfangreichen Betriebsteilen sowie den Rechtsformwechsel bei einem Unternehmen der SE-Gruppe.[374] Eine Vereinbarung bleibt hinter § 29 SEBG zurück, da Entlassungen keine Unterrichtung und Anhörung, auch keine außerordentliche, erforderlich machen[375] und eine Vereinbarung enthält über die Möglichkeit zum Erhalt von Informationen hinaus keinerlei nähere Beschreibung.[376]

Alle Vereinbarungen, nach denen Entlassungen zur Unterrichtung und Anhörung verpflichten, dies sind insgesamt acht, enthalten diesbezüglich eine Definition. Nach sieben Vereinbarungen müssen ausdrücklich mindestens zwei Länder betroffen sein. Alle acht Vereinbarungen enthalten Schwellenwerte und Zeiträume, innerhalb derer die Entlassungen vorgenommen sein müssen. Beispielhaft ist folgende Formulierung:

„Massenentlassungen, d.h. bei einer Anzahl von Entlassungen, die mindestens 25 Prozent der Arbeitnehmer der betroffenen (mindestens zwei) Länder insgesamt und mindestens einhundert der Arbeitnehmer pro jeweils betroffenes Land innerhalb eines Zeitraums von dreißig Tagen entsprechen, soweit der Anwendungsbereich (…) dieser Vereinbarung eröffnet ist."[377]

---

371 Bspw. BV Deichmann SE, III. Ziff. 2. (c); BV Gebrüder Pfeiffer, III. Ziff. 2. (c); BV Huber SE, III. Ziff. 2 (a); BV Limbach Labor SE, III. Ziff. 2. (c).

372 BV IMW Immobilien SE, Abschnitt 2.

373 Siehe § 3 V. 2. b. aa.

374 BV Huber SE, IV. Ziff. 1.

375 BV Steico SE, Ziff. 4 d).

376 BV Pulsion Medical Systems SE, § 2 Abs. 2.

377 BV Deichmann SE, IV. 1. c.

b. Verfahren

aa. Unterrichtung

Hinsichtlich der außergewöhnlichen Umstände erfolgt die Unterrichtung nach den Vereinbarungen, die Angaben dazu enthalten, dies sind insgesamt acht, durchweg vorrangig durch einen schriftlichen Bericht.[378] Dies betrifft insbesondere die Vereinbarungen, bei denen auch die ordentliche Unterrichtung vorrangig durch einen schriftlichen Bericht erfolgt. Aber auch eine Vereinbarung, nach der grundsätzlich die ordentliche Unterrichtung im Rahmen eines Treffens erfolgt, sieht die außerordentliche Unterrichtung durch schriftlich abgefassten Bericht vor. Für Eilfälle beinhaltet die Vereinbarung allerdings die Möglichkeit zur Unterrichtung und Anhörung unmittelbar in einer Sitzung.[379] Bei den übrigen Vereinbarungen fehlen konkrete Angaben.

bb. Anhörung

Überwiegend, nämlich bei sieben Vereinbarungen, läuft die Anhörung hinsichtlich der außerordentlichen Umstände genauso ab wie zu den ordentlichen Gegenständen. Dies bedeutet, dass nach der schriftlichen Unterrichtung ein Zusammentreffen auf Antrag erfolgen kann. Die Möglichkeit zu einem weiteren Treffen, insbesondere wie in § 29 Abs. 4 SEBG, wenn die Leitung den Vorschlägen der Arbeitnehmer nicht folgen will, ist nicht vorgesehen.[380]

Lediglich zwei Vereinbarungen enthalten andere Gestaltungen. Nach einer Vereinbarung findet nach der schriftlichen Unterrichtung immer eine gemeinsame Sitzung, d.h. mit der Leitung und den Beiräten oder Abteilungsleitern, innerhalb einer angemessenen Frist statt.[381] Nach der anderen Vereinbarung haben die Arbeitnehmer zunächst die Möglichkeit, innerhalb von zwei Wochen schriftlich Stellung zu nehmen. Beschließt die Leitung der SE, nicht entsprechend der Stellungnahme der Arbeitnehmer zu handeln, kann die Arbeitnehmerschaft bis zu drei Arbeitnehmer bestimmen, die innerhalb weiterer zwei Wochen mit der Leitung zusammentreffen können.[382]

---

378 Bspw. BV Deichmann SE, IV. Ziff. 2.; BV Gebrüder Pfeiffer, IV. Ziff. 2.; BV Huber SE, IV. Ziff. 2; BV Limbach Labor SE, IV. Ziff. 2.; BV Steico SE, Ziff. 4. d).

379 BV Steico SE, Ziff. 4. d).

380 Bspw. BV Deichmann SE, IV. Ziff. 2.; BV Gebrüder Pfeiffer, IV. Ziff. 2.; BV Huber SE, IV. Ziff. 2; BV Limbach Labor SE, IV. Ziff. 2.

381 BV STEICO SE, 4. d).

382 BV IMW Immobilien SE, Abschnitt 1 § 6.2.

c. Zeitpunkt

Ein fester Zeitpunkt oder eine feste Frist hinsichtlich der Unterrichtung zu außerordentlichen Umständen enthält keine der Vereinbarungen. Vielmehr wird in der Regel wie folgt oder ähnlich formuliert:

„Die Unterrichtung hat so rechtzeitig zu erfolgen, dass eine Stellungnahme der Arbeitnehmervertreter bzw. der Arbeitnehmer in den Ländergesellschaften noch berücksichtigt werden kann.“[383]

Sechs der Vereinbarungen enthalten zusätzlich eine Ausnahmeregelung nach folgendem Muster:

„Ist in Ausnahmefällen eine Gesellschaft der (...)-Gruppe im Rahmen von außergewöhnlichen Umständen aufgrund gesetzlicher oder erheblicher wirtschaftlicher Zwänge zur unverzüglichen Vorabveröffentlichung oder Vornahme einer Maßnahme, Handlung oder Unterlassung gezwungen, so wird eine entsprechende Unterrichtung im Hinblick auf den betreffenden Sachverhalt nach Möglichkeit zeitgleich bzw. unverzüglich erfolgen.“[384]

5. *Beratungsmöglichkeit der Arbeitnehmer*

Eine Beratungsmöglichkeit der Arbeitnehmer ist über die bereits beschriebenen Sitzungen mit der Leitung hinaus ausdrücklich nur in einer Beteiligungsvereinbarung geregelt. Dies betrifft die Vereinbarung, die die Kommunikation über die einzurichtenden Beiräte oder bei deren Fehlen über die Abteilungsleiter vorsieht:

„Dem Beirat bzw. den Abteilungsleitern ist vor der Sitzung mit der Konzernleitung ausreichend Zeit zur internen Beratung zu gewähren. Sie sind zu diesem Zweck auch befugt, sich vorab mit den nationalen Arbeitnehmervertretern bzw. den Arbeitnehmern auszutauschen. Beirat bzw. Abteilungsleiter sind berechtigt, auf einer internen Sitzung eine schriftliche Stellungnahme zu erstellen und diese gegenüber der Konzernleitung abzugeben.“[385]

Die übrigen Vereinbarungen enthalten keine ausdrücklichen Regelungen zu Beratungsmöglichkeiten für die Arbeitnehmer.

6. *Sonstige Rahmenbedingungen*

a. Sprache, Übersetzungen, Dolmetscher

Die Regelungen hinsichtlich der Sprache des Unterrichtungs- und Anhörungsverfahrens sowie der Möglichkeiten für Übersetzungen und Dolmetscher

---

383 BV Huber SE, IV. 2. (c).

384 BV Deichmann SE, IV. 2. (c).

385 BV STEICO SE, 4. b) bb).

fallen bei den dezentralen Vereinbarungen sehr beschränkt aus. Sieben Vereinbarungen beschränken die Unterrichtung und Anhörung auf die deutsche und englische Sprache.[386] Lediglich nach einer Vereinbarung wird in Deutsch beziehungsweise der jeweiligen Landessprache unterrichtet.[387] Zwei der Vereinbarungen treffen keine Festlegung hinsichtlich der Sprache. Ausdrückliche Regelungen zu Übersetzungen und Verdolmetschungen sind nach keiner der Vereinbarungen vorgesehen.

b. Sachverständige, Kosten, Fortbildung

Auch die Befugnisse der Arbeitnehmer zur Heranziehung von Sachverständigen und Regelungen zu Fortbildungen fallen im Vergleich zu den Vereinbarungen, die einen SE-Betriebsrat vorsehen, geringer aus. Während bei acht Vereinbarungen geregelt ist, dass die für die Durchführung der Unterrichtung und Anhörung erforderlichen Kosten durch die SE oder die jeweiligen Gesellschaften getragen werden,[388] enthält nur eine Vereinbarung die ausdrückliche Befugnis der Arbeitnehmer zur Hinzuziehung von Sachverständigen, allerdings nur bei der außerordentlichen Anhörung.[389] Fortbildungen für Arbeitnehmer werden in keiner Vereinbarung geregelt. Dies betrifft auch die Vereinbarung, nach der Beiräte bestimmt werden.

c. Zutritt zu den Betrieben

Ein Zutrittsrecht zu den Betrieben ist nur in einer Vereinbarung eingeräumt. Diese ermöglicht den Beiräten ein unbeschränktes Zutrittsrecht.[390]

d. Freistellung

Regelungen zur Freistellung sind in acht der Vereinbarungen mit dezentraler Unterrichtung und Anhörung enthalten. Die Vereinbarungen, die die Kommunikation über die lokalen Arbeitnehmervertretungen, subsidiär an die Arbeitnehmerschaft direkt, vorsehen, sind nach folgendem Muster formuliert:

„Die Beteiligten Arbeitnehmervertreter sowie gegebenenfalls sonstige beteiligte Arbeitnehmer- oder Interessenvertreter führen ihr Amt unentgeltlich als

---

386 Bspw. BV Deichmann SE, VI. Ziff. 1.; BV Gebrüder Pfeiffer, V. Ziff. 1.; BV Huber SE, V. Ziff. 1; BV Limbach Labor SE, V. Ziff. 1.

387 BV IMW Immobilien SE, Abschnitt II. § 5.1.

388 Bspw. BV Deichmann SE, VI. Ziff. 5.; BV Gebrüder Pfeiffer, V. Ziff. 5.; BV Huber SE, V. Ziff. 4 (a); BV Limbach Labor SE, V. Ziff. 5.; BV Steico SE, Ziff. 2. e).

389 BV IMW Immobilien SE, Abschnitt I § 6.2.

390 BV Steico SE, Ziff. 2 d).

Ehrenamt; sie sind von ihrer beruflichen Tätigkeit ohne Minderung des Arbeitsentgeltes insoweit freigestellt, als dies zur ordnungsgemäßen Durchführung ihrer Aufgaben nach Maßgabe dieser Vereinbarung erforderlich ist. Eine weitergehende Freistellung erfolgt nicht."[391]

Die Vereinbarung, die die Bildung von Beiräten vorsieht, regelt eine bezahlte Freistellung für die Mitglieder der Beiräte für Abwesenheitszeiten infolge der Mitgliedschaft im Beirat vor. Für die subsidiär betrauten Abteilungsleiter ist keine Regelung getroffen worden.[392]

e. Vertraulichkeit

Geheimhaltungspflichten sind bis auf eine in allen Vereinbarungen zum dezentralen Unterrichtungs- und Anhörungsverfahren enthalten. Die Regelungen beziehen sich auch hier nicht nur auf die Arbeitnehmervertreter, sondern auch auf die sonstigen beteiligten Arbeitnehmer- und Interessenvertreter[393] oder sind wie nach folgender Formulierung generell abgefasst:

„Betriebs- oder Geschäftsgeheimnisse und vertragliche Verpflichtungen von Gesellschaften der (...)-Gruppe dürfen durch die Unterrichtung und Anhörung nicht gefährdet werden."[394]

f. Benachteiligungs- und Begünstigungsverbot

Acht der Vereinbarungen enthalten ein ausdrückliches Benachteiligungs- und Vergünstigungsverbot. Die entsprechenden Regelungen beziehen mit einer Ausnahme neben den Arbeitnehmervertretern oder Beiräten auch die sonstigen mit Anhörung und Unterrichtung befassten Arbeitnehmer- und Interessenvertreter ein.[395]

7. Rechtliche Bewertung

Da wie bereits gezeigt kein Gremium zur Unterrichtung und Anhörung der Arbeitnehmer errichtet werden muss, kann auch ein dezentrales Verfahren etabliert werden.[396] Für die Unterrichtung und Anhörung im Rahmen eines solchen dezentralen Verfahrens kann auch wie schon gezeigt auf bereits bestehende

391 BV Deichmann SE, VI. 4.

392 BV STEICO SE, Ziff. 2. f).

393 Bspw. BV Deichmann SE, VI. Ziff. 7.

394 BV Huber SE, V. Ziff. 2.

395 Bspw. BV Deichmann SE VI. Ziff. 6.; BV Gebrüder Pfeiffer SE, V. Ziff. 6.

396 Siehe § 3 B. VII. und C. I. 3.

Arbeitnehmergremien zurückgegriffen werden.[397] Möglich ist dabei auch, dass die zentrale Leitung zunächst die örtlichen Leitungen informiert und jene anschließend die Informationen an die lokalen Arbeitnehmervertretungen weitergeben.[398] Wie schon ausgeführt, ist es auch möglich, das Verfahren je nach Mitgliedsstaat oder Unternehmen unterschiedlich auszugestalten.[399]

Nach § 2 Abs. 10, 11 SEBG müssen die Arbeitnehmervertreter die Informationen, die sie im Zuge der Unterrichtung erhalten, prüfen und eine Stellungnahme abgeben. Deshalb ist in der Beteiligungsvereinbarung sicherzustellen, dass die Arbeitnehmer die Inhalte der Unterrichtung beraten können.[400] Art. 2 lit. i) SE-RL erwähnt dabei sogar ausdrücklich die Möglichkeit der Vorbereitung der Anhörung. Die rechtzeitige Ankündigung gemeinsamer Sitzungen zur Anhörung und Koordinierungsstellen, wie bestehende nationale Arbeitnehmervertretungen oder zu schaffende Beiräte, sind dafür erforderlich. Die Einbindung von Abteilungsleitern als Koordinierungsstellen zur Anhörung wirft im Hinblick auf die Effektivität des Anhörungsverfahrens Bedenken auf, da hinsichtlich ihrer Hinzuziehung von Arbeitnehmerseite Hemmnisse bestehen können und die Gleichwertigkeit zum SE-Betriebsrat nicht gegeben ist.

In der Beteiligungsvereinbarung festzulegen ist schließlich, über welche Angelegenheiten die Arbeitnehmervertreter zu unterrichten sind und zu welchen sie angehört werden.[401]

Hinsichtlich des Schutzes der im Rahmen des Ersatzverfahrens an der Unterrichtung und Anhörung beteiligten Arbeitnehmervertreter beziehen die §§ 42 und 44 SEBG diese insoweit mit ein, als dort Arbeitnehmervertreter, die in sonstiger Weise an einem Verfahren zur Unterrichtung und Anhörung teilnehmen und Arbeitnehmervertreter nach § 21 Abs. 2 SEBG erwähnt sind. Die deutschen Arbeitnehmervertreter, die in sonstiger Weise an einem Verfahren zur Unterrichtung und Anhörung teilnehmen, genießen daher insbesondere

---

397 *Feuerborn*, in: KK-AktG, § 21 SEBG Rn. 40; *Hohenstatt/Müller-Bonanni*, in: Habersack/Drinhausen, § 21 SEBG Rn. 11; *Jacobs*, in: MünchKommAktG, §21 SEBG Rn. 11.

398 *Hennings*, in: Manz/Meyer/Schröder, 1. Auflage 2005, Art. 4 SE-RL Rn. 22; zum EBR unter Bezugnahme auf die dieses Verfahren bereits enthaltende Vredeling-Richtlinie ABlEG Nr. C 217, 12.08.1983 S. 3 ff., RdA 1983, 367 ff.: *Oetker*, GK-BetrVG, vor § 106 Rn. 154.

399 Siehe C. I. 3.

400 *Forst*, Beteiligungsvereinbarung, S. 224; zum dezentralen Verfahren nach § 19 EBRG *Blanke*, EBRG, § 19 Rn. 1 und 4; *Giesen*, in: HWK, EBRG Rn. 87.

401 *Hennings*, in: Manz/Meyer/Schröder, 1. Auflage 2005, Art. 4 Rn. 24.

Sonderkündigungsschutz. Wie die nationalen Betriebsratsmitglieder nehmen sie Unterrichtungs- und Anhörungsrechte wahr.[402] Im Übrigen gelten die Ausführungen unter B. VI. zu den Schutzrechten der SE-Betriebsratsmitglieder entsprechend. Regelungen in der Beteiligungsvereinbarung sind im Hinblick auf die Rechtssicherheit sinnvoll, da die nationalen Schutzregelungen für Arbeitnehmervertreter gem. § 21 Abs. 2 SEBG immer nur entsprechend gelten und das nationale Recht die im Rahmen des Ersatzverfahrens eigens geschaffenen Funktionen natürlich nicht kennt. Die entsprechende Anwendung von Schutzrechten auf Arbeitnehmervertreter mit vergleichsweise institutionalisierter Funktion wie beispielsweise „Beiräte" wird in der Regel gegeben sein, während dies bei Arbeitnehmern, die in einer kaum institutionalisierten Weise und eher passiv am Unterrichtungs- und Anhörungsverfahren teilnehmen, den Schutzrecht gegebenenfalls nicht unterfallen können.

402 *Feuerborn*, in: KK-AktG, § 42 SEBG Rn. 11.

§ 4 Mitbestimmung

In gut 55% der betrachteten Vereinbarungen finden sich Regelungen zur unternehmerischen Mitbestimmung. Nach insgesamt 32, also gut 50% der Vereinbarungen, sind ausdrücklich von Anfang an Arbeitnehmervertreter im mitbestimmten Organ vorgesehen.

A. Umfang der Mitbestimmung und Verfassung der SE

I. Verzicht auf Mitbestimmung

In 43% der untersuchten Vereinbarungen wird auf eine unternehmerische Mitbestimmung ganz verzichtet. Während die meisten Vereinbarungen dann Regelungen zur Mitbestimmung aussparen, ist in einigen Vereinbarungen der Verzicht auf die Mitbestimmung explizit so oder ähnlich festgehalten:[403]

„Zwischen den Parteien besteht Einvernehmen, dass in der (...) SE mit Blick auf die Mitbestimmung durch die Arbeitnehmer auch zukünftig die zum Zeitpunkt des Abschlusses dieser Vereinbarung geltende Rechtslage fortgeschrieben wird. In der (...) SE und den betroffenen Tochtergesellschaften existiert damit auch zukünftig keine Unternehmensmitbestimmung der Arbeitnehmer."[404]

Der Verzicht auf die Mitbestimmung ist wie bereits gezeigt auf Grund von § 21 Abs. 3 SEBG, Art. 4 Abs. 2 lit. g) SE-RL möglich.[405] Eine Regelung über die Mitbestimmung ist danach fakultativ. Der Wortlaut der genannten Regelungen, wie auch die Erwägungsgründe 7 und 8 der SE-RL und die Gesetzesbegründung zum deutschen SEBG[406] machen deutlich, dass es den Parteien freisteht, Festlegungen zur Unternehmensmitbestimmung zu treffen.[407] Zu berücksichtigen ist aber natürlich der Mitbestimmungsschutz bei Gründung der SE durch Umwandlung einer mitbestimmten Gesellschaft gem. § 21

403 Bspw. BV Docter Optics SE, II. § 3; BV Elster Group SE, II. Teil; BV Freudenberg SE, § 16; BV Mayfair SE, Teil II.; BV Ortwin Goldbeck SE, Teil VI.

404 BV Mayfair SE, Teil II.

405 *Feuerborn*, in: KK-AktG, § 21 SEBG Rn. 43; *Freis*, in: Nagel/Freis/Kleinsorge, § 21 SEBG Rn. 20; *Jacobs*, in: MünchKommAktG, § 21 SEBG Rn. 13; *Kienast*, in: Jannott/Frodermann, Kap. 13 Rn. 381; *Oetker*, in: Lutter/Hommelhoff, § 21 SEBG Rn 31; *Schwarz*, SE-VO, Einl. Rn. 286; Herfs-Röttgen, NZA 2002, 358, 363; Grobys, NZA 2005, 84, 88; Thüsing, ZIP 2006, 1469, 1471.

406 BR-Drucks. 438/04, S. 129.

407 *Forst*, Beteiligungsvereinbarung, S. 260.

Abs. 6 SEBG, Art. 4 Abs. 4 SE-RL, der einen Verzicht auf die Mitbestimmung in einer solchen Konstellation ausschließt.

II. Aufsichtsrat oder Verwaltungsrat

Da gem. § 21 Abs. 3 Nr. 1 SEBG die Anzahl der Arbeitnehmervertreter in dem mitbestimmten Organ zu den benannten Regelungsgegenständen gehört, ist den untersuchten Vereinbarungen mit Regelungen zur Mitbestimmung auf Grund ihrer Formulierungen zu entnehmen, ob das monistische System mit Verwaltungsrat oder das dualistische System mit Aufsichtsrat gewählt wurde. Auch den meisten übrigen Vereinbarungen lässt sich die Systemwahl entnehmen, beispielsweise im Zusammenhang mit Formulierungen zum Verzicht auf die Mitbestimmung oder auch bei Vereinbarungen zur Zusammenarbeit zwischen dem SE-Betriebsrat und dem mitbestimmten Organ. Im Hinblick auf die übrigen SEs wurden ergänzend entsprechende Angaben im Handelsregister herangezogen.

Unter Zugrundelegung dieser Auswertung hat die weitüberwiegende Mehrheit, nämlich rund 77%, der untersuchten SEs einen Aufsichtsrat. Lediglich rund 23% der SEs haben einen Verwaltungsrat.

Dabei enthalten 85% der Vereinbarungen, die die Systemwahl zumindest ihrer Formulierung nach erwähnen, diesbezüglich einen Satzungsvorbehalt oder die Formulierung stellt eine bloße Wiedergabe der Satzung oder Feststellung beispielsweise in der Präambel dar.

Inhaltlich unterscheiden sich die getroffenen Regelungen zur Mitbestimmung trotz der unterschiedlichen Struktur der SEs nur partiell, so dass die folgenden Auswertungen der monistischen und der dualistischen SE grundsätzlich gemeinsam dargestellt werden.

Die Entscheidung zwischen einer dualistischen und einer monistischen Struktur mit Verwaltungsrat ist gemäß Art. 38 lit. b. SE-VO dem Satzungsgeber zugewiesen. Deshalb wird in der Literatur eine Systemwahl in der Beteiligungsvereinbarung mehrheitlich abgelehnt.[408] Vereinzelt wird sie allerdings unter Hinweis auf freie Verhandlungen für möglich gehalten.[409] Zudem wird

---

408 *Evers/Hartmann*, in Manz/Mayer/Schröder, § 21 SEBG Rn. 40; *Feuerborn*, in: KK-AktG, § 21 SEBG Rn. 65; *Köklü*, in: Handbuch SE, Kap. 6 Rn. 146; *Hennings*, in: Manz/Meyer/Schröder, 1. Auflage 2005, Art. 4 SE-RL Rn. 8; *Oetker*, in: Lutter/Hommelhoff, § 21 SEBG Rn. 41; *Schwarz*, SE-VO, Einl. Rn. 290; *Forst*, Beteiligungsvereinbarung, S. 285; Hoops, S. 171 f.

409 Kleinsorge/Neye, BArBl. 2001, Heft 4 S. 5, 7.

erwogen, dass die Systemwahl die Mitbestimmungsintensität in der SE berühre.[410] Während der Aufsichtsrat ein reines Überwachungsorgan sei, komme den Arbeitnehmervertretern im Verwaltungsrat eine Teilhabe an der Unternehmensführung zu.[411] Die Mitbestimmung ist bei der Systemwahl aber nur indirekt betroffen.[412] Nach der SE-RL ist Mitbestimmung die Wahrnehmung des Rechts, einen Teil der Mitglieder des Aufsichts- oder Verwaltungsorgans der Gesellschaft zu wählen oder zu bestellen bzw. die Bestellung eines Teils der oder aller Mitglieder des Aufsichts- oder des Verwaltungsorgans der Gesellschaft zu empfehlen und/oder abzulehnen. Demnach wird die Systemwahl als bereits getroffen vorausgesetzt. Verhandlungsautonomie besteht nicht in Bereichen, die vom Gesetzgeber ausdrücklich dem Satzungsgeber zugeordnet sind. In Art. 38 SE-VO ist eine solche ausdrückliche Zuordnung gegeben. Die Systemwahl ist somit nicht Teil des Mitbestimmungsrechts, sondern wird als getroffen vorausgesetzt.[413] Die Entscheidung zwischen dualistischem und monistischem System kann in der Beteiligungsvereinbarung nicht getroffen werden. Formulierungen in Vereinbarungen, die angeben, ob ein Aufsichts- oder Verwaltungsrat besteht, sind allerdings als bloße Feststellung oder Wiedergabe der Satzung zulässig.

III. Größe des mitbestimmten Organs

1. Regelungen zur Gesamtgröße

Eine Vereinbarung über die Mitbestimmung muss gem. § 21 Abs. 3 Nr. 2 SEBG die Anzahl der Arbeitnehmervertreter regeln. Die Größe des mitbestimmten Organs an sich ist danach nicht ausdrücklich Regelungsgegenstand. Viele abgeschlossene Vereinbarungen enthalten allerdings Festlegungen oder Angaben zur Größe des mitbestimmen Organs, gerade auch im Kontext mit Anzahl oder Anteil der Arbeitnehmervertreter.

In knapp drei Viertel der Vereinbarungen mit Regelungen zur Mitbestimmung findet sich eine direkte Nennung der Größe des mitbestimmten Organs. Vereinzelt sind auch Anteil und Anzahl der Arbeitnehmervertreter vereinbart, so dass die Größe indirekt angegeben ist.[414] In nicht ganz 60% dieser

---

410 *Schwarz*, SE-VO, Einl. Rn. 290.

411 *Schmid*, Mitbestimmung, S. 197.

412 Vgl. *Oetker*, in: Lutter/Hommelhoff, § 21 SEBG Rn. 41; *Schmid*, Mitbestimmung, S. 198.

413 *Forst*, Beteiligungsvereinbarung, S. 286.

414 BV Allianz SE, Teil B Ziff. 2; BV Fresenius SE, Teil II Ziff. 2.

Vereinbarungen sind solche Festlegungen, wie in den folgenden Beispielen zu direkter und indirekter Regelung, mit einem Vorbehalt im Hinblick auf die Satzung kombiniert:

„Soweit in der Satzung der (…) SE in ihrer jeweils geltenden Fassung nichts anderes geregelt ist, hat der Aufsichtsrat der (…) SE neun Mitglieder."[415]

„Der Aufsichtsrat der (…) SE ist paritätisch zusammengesetzt, d.h. die Hälfte seiner Mitglieder ist auf Vorschlag der Arbeitnehmer zu bestellen (…). Gemäß der im Zeitpunkt der Unterzeichnung dieser Vereinbarung in der Satzung der (…) SE niedergelegten Regelung gehören dem Aufsichtsrat der (…) SE sechs Arbeitnehmervertreter an."[416]

Gelegentlich finden sich dabei aber Vereinbarungen zur Mindestgröße. Diese Vereinbarungen enthalten zwar grundsätzlich auch einen Vorbehalt hinsichtlich der Satzung, zugleich wurde aber eine Mindestgröße des Aufsichtsrats vereinbart, die losgelöst von der Satzung einzuhalten ist.

„Die Größe des Aufsichtsrats regelt die Satzung der (…) SE, wobei jedoch die in der Satzung vorgesehene Anzahl der Aufsichtsratsmitglieder nicht kleiner als sechs sein darf."[417]

Bei 20% der Vereinbarungen mit Regelungen zur Mitbestimmung ist die Größe des mitbestimmten Organs nicht festgelegt und nur Anzahl oder Anteil der Arbeitnehmervertreter sind vereinbart.

In etwas mehr als 30% der Vereinbarungen findet sich eine vorbehaltslose Festlegung hinsichtlich der Größe, wie beispielsweise nach folgender Fassung:

„Der Aufsichtsrat der (…) SE hat 12 Mitglieder."[418]

2. *Größe und Dreiteilbarkeitsgebot*

Aus den Angaben der betrachteten Beteiligungsvereinbarungen und den ergänzend bei fehlenden Angaben herangezogenen Satzungen[419] ergibt sich der folgende Überblick hinsichtlich der Gesamtgröße des mitbestimmten Organs:

---

415 BV DVB Bank, 2. Abschnitt § 19.2.

416 BV Allianz SE, Teil B. 2.

417 BV Papierfabrik August Koehler SE, Teil III § 15 S. 3.

418 BV Porsche SE, II. § 19.1.

419 Berücksichtigt wurden die Satzungen, die soweit ermittelbar bei Inkrafttreten der jeweiligen Beteiligungsvereinbarungen maßgeblich waren. Siehe aber Fn. 420.

Mitglieder des mitbestimmten Organs	16	12	10[420]	9	6	5[421]	3
Anzahl der entsprechenden SEs	1	9	1	7	14	1	2

Damit ist bei knapp 90% der betrachteten SEs eine durch drei teilbare Zahl hinsichtlich der Größe des mitbestimmten Organs gewählt worden.

3. Rechtliche Bewertung

Insbesondere bei der Festlegung der Größe des mitbestimmten Organs stellt sich die Frage nach dem Verhältnis von Satzung und Beteiligungsvereinbarung. Gemäß Art. 40 Abs. 3, 43 Abs. 2 SE-VO wird die Zahl der Mitglieder durch die Satzung bestimmt. Die §§ 17 Abs. 2, 23 Abs. 2 SEAG sehen allerdings vor, dass die Beteiligung der Arbeitnehmer nach dem SEBG unberührt bleibt. Ob die Größe des mitbestimmen Organs vor diesem Hintergrund in der Beteiligungsvereinbarung verbindlich festgelegt werden kann, ist nach wie vor nicht abschließend geklärt.

Eine starke Gruppe in der Literatur vertritt, dass die Festlegung der Größe des mitbestimmten Organs ausschließlich dem Satzungsgeber vorbehalten ist. Gestützt wird diese Auffassung maßgeblich auf Art. 40 Abs. 3, 43 Abs. 2 SE-VO, die anders als die Art. 40 Abs. 2 S. 3, 43 Abs. 3 S. 3 SE-VO keinerlei Vorbehalt hinsichtlich der Beteiligungsvereinbarung enthielten.[422] Art. 12 Abs. 4 SE-VO, nach dem eine im Widerspruch zur Beteiligungsvereinbarung stehende Satzung an die Beteiligungsvereinbarung anzupassen ist, setze gerade die Einhaltung der Grenzen der Vereinbarungsautonomie voraus.[423] Schließlich fehle im Hinblick auf die Festlegung der Größe des Organs die Mitbestimmungsrelevanz.[424]

---

420 BV GfK SE, § 17 unter Berücksichtigung von LG Nürnberg-Fürth, Beschluss vom 8.2.2010, Az. 1 H KO 8471/09, NZG 2010, 547. Die im Handelsregister abrufbare Satzung vom 25.03.2013 weist ebenfalls zehn Mitglieder des Aufsichtsrats und vier Arbeitnehmervertreter aus.

421 BV IMW Immobilien SE; es handelt sich um eine monistische SE.

422 *Feuerborn*, in: KK-AktG, § 21 SEBG Rn. 52; *Reichert/Brandes*, in: MünchKommAktG, Art. 40 SE-VO Rn. 68; *Habersack*, ZHR 171 (2007), 613, 632; *ders.*, AG 2006, 345, 346 f.; *Forst*, Beteiligungsvereinbarung, 262 ff.; *Hoops*, Mitbestimmungsvereinbarung, S. 134 ff.; S. 140 f.; *Jacobs*, in: FS K. Schmidt, S. 795, 804; *Kiem*, ZHR 171 (2007), 713, 729; *Rieble*, BB 2006, 2018, 2021; *Verse*, in: Habersack/Drinhausen, § 23 SEAG Rn. 10 (für die monistische SE); *Windbichler*, in: FS Canaris II/2, S. 1423, 1429 f.

423 *Reichert/Brandes*, in: MünchKommAktG, Art. 40 SE-VO Rn. 68; *Forst*, Beteiligungsvereinbarung, S. 264.

424 *Feuerborn*, in: KK-AktG, § 21 SEBG Rn. 52; *Jacobs*, in: FS K. Schmidt, S. 795, 799; *Schäfer*, in: Vereinbarte Mitbestimmung in der SE, § 1 Rn. 43.

Demgegenüber wird von einer Reihe von Autoren angenommen, dass die Größe des mitbestimmten Organs in der Beteiligungsvereinbarung geregelt werden kann.[425] Gemäß der Art. 9 Abs. 1, Art. 12 Abs. 4 SE-VO bestehe der Vorrang der Beteiligungsvereinbarung vor der Satzung.[426] Der Vorbehalt in § 17 Abs. 1 S. 4 SEBG, § 23 Abs. 1 S. 4 SEAG lasse die Gestaltung in der Beteiligungsvereinbarung in den Grenzen der Satzungsautonomie zu.[427] Auch wird die freie Gestaltbarkeit hinsichtlich der Mitbestimmung angeführt, die der Gesetzgeber den Parteien der Mitbestimmungsvereinbarung habe einräumen wollen.[428] Die Regelbarkeit der Größe des mitbestimmten Organs nimmt auch das Landgericht Nürnberg-Fürth an. Bei § 95 S. 3 AktG als Parallelvorschrift zu § 17 Abs. 1 SEAG bestehe gem. § 95 S. 5 SEAG ein Vorrang der Mitbestimmungsgesetze, an deren Stelle die Beteiligungsvereinbarung trete.[429] Auch wird auf § 21 Abs. 3 Nr. 1 SEBG hingewiesen, wonach die Zahl der Arbeitnehmervertreter im mitbestimmten Organ geregelt werden könne.[430] Schließlich ist *Oetker* der Auffassung, dass die Parteien zumindest den Anteil und die Anzahl der Arbeitnehmervertreter festlegen und damit indirekt die Größe des mitbestimmten Organs vereinbaren könnten.[431] Mitbestimmungsrelevanz besteht bei der Festlegung der Größe des mitbestimmten Organs schon im Hinblick auf Möglichkeit, weitere Länder, Gewerkschaften und leitende Angestellte zu berücksichtigen.[432] Zwar sind die Art. 40 Abs. 3, 43 Abs. 2 SE-VO vorrangig vor den §§ 17 Abs. 2, 23 Abs. 2 SEAG. Art. 40 Abs. 3 SE-VO ermöglicht es den Mitgliedsstaaten aber, Höchst- und/oder Mindestzahlen festzulegen. Der deutsche Gesetzgeber hat davon Gebrauch gemacht und dabei die erlassene Größenvorgabe seinerseits unter den Vorbehalt gestellt, dass die Beteiligungsvereinbarung keine abweichende

---

425 *Evers/Hartmann*, in Manz/Mayer/Schröder, § 21 SEBG Rn. 40; *Freis*, in: Nagel/Freis/Kleinsorge, § 21 SEBG Rn. 22; *Schwarz*, SE-VO, Einl. Rn. 288; *Seibt*, in: Habersack/Drinhausen, Art. 40 SE-VO Rn. 66; *Kiefner/Friebel*, NZG 2010, S. 537 ff.

426 *Freis*, in: Nagel/Freis/Kleinsorge, § 21 SEBG Rn. 22; *Schwarz*, SE-VO, Einl. Rn. 288, Art. 40 SE-VO Rn. 81; *Seibt*, in: Habersack/Drinhausen, Art. 40 SE-VO Rn. 66.

427 *Schwarz*, SE-VO, Art. 40 Rn. 81 f.

428 *Kienast*, in: Jannott/Frodermann, Kap. 13 Rn. 374, 382.

429 Landgericht Nürnberg-Fürth, Beschluss vom 8.2.2010, Az. 1 H KO 8471/09, NZG 2010, S. 547 f.

430 *Rieble*, in: Vereinbarte Mitbestimmung in der SE, § 3 Rn. 94.

431 *Oetker*, in: Lutter/Hommelhoff, § 21 SEBG Rn. 36; *ders.*, in: FS Konzen 2006, S. 635, 650 f.

432 *Hohenstatt/Müller-Bonanni*, in: Habersack/Drinhausen, § 21 SEBG Rn. 21.

Regelung enthält.[433] Die Größe des mitbestimmten Organs kann daher in der Beteiligungsvereinbarung geregelt werden.

Im Anschluss an die überwiegende Ansicht wird die absolute Sitzzahl bei Gründung der SE auch nicht durch den Bestandsschutz garantiert, denn der Anhang Teil 3 b) SE-RL gilt gem. Anhang Teil 3 lit. a) S. 2 SE-RL entsprechend für die Umwandlung, so dass nur der Anteil gesichert ist.[434]

Im Zusammenhang mit der Regelbarkeit der Größe steht auch die Frage, ob die Anzahl der Mitglieder durch drei teilbar sein muss. Weit überwiegend ist wie gezeigt hinsichtlich der Größe des mitbestimmten Organs eine durch drei teilbare Zahl gewählt worden, vereinzelt gibt es aber auch Abweichungen. Diejenigen, die davon ausgehen, dass die Größe des mitbestimmten Organs nicht in der Beteiligungsvereinbarung geregelt werden könne, vertreten in der Konsequenz, dass das Dreiteilbarkeitsgebot wie auch die zahlenmäßigen Vorgaben der §§ 17 Abs. 1, 23 Abs. 1 SEAG einzuhalten sind.[435] Da auf Grund der §§ 17 Abs. 2, 23 Abs. 2 SEAG die Größe des mitbestimmten Organs in der Beteiligungsvereinbarung geregelt werden kann, besteht bei einer Regelung in der Beteiligungsvereinbarung auch keine Bindung an das Dreiteilbarkeitsgebot oder die gesetzlichen Höchst- und Mindestzahlen.[436]

IV. Innere Ordnung des mitbestimmten Organs

1. Anzahl und Anteil der Arbeitnehmervertreter

Gem. § 21 Abs. 3 Nr. 2 SEBG muss eine Vereinbarung über die Mitbestimmung die Anzahl der Arbeitnehmervertreter enthalten. Lediglich in einem Fünftel der Vereinbarungen ist die Mitbestimmung tatsächlich durch die bloße Festlegung der Anzahl der Arbeitnehmervertreter geregelt. In etwas über 70% der Vereinbarungen ist vielmehr der Anteil der Arbeitnehmervertreter im Verwaltungs- oder Aufsichtsrat vereinbart. Häufig ist dann zusätzlich die aktuelle Anzahl der Arbeitnehmervertreter, wie bereits beschrieben, mit einem Vorbehalt hinsichtlich der Satzung benannt. In den übrigen Vereinbarungen wird auf die gesetzliche

---

433 *Kiefner/Friebel*, NZG 2010, 537, 538.

434 *Forst*, Beteiligungsvereinbarung, S. 203; *Jacobs*, in: FS K. Schmidt, S. 795, 801.

435 *Reichert/Brandes*, in: MünchKommAktG, Art. 40 SE-VO Rn. 70; *Habersack*, ZHR 171 (2007), 613, 633; *Jacobs*, in: FS K. Schmidt, S. 795, 804; *Hennings*, in: Manz/Meyer/Schröder, 1. Auflage 2005, Art. 4 SE-RL Rn. 28.

436 *Schwarz*, SE-VO, Art. 40 Rn. 82; *Austmann*, in: FS Hellwig, 105 ff.; *Kiefner/Friebel*, NZG 2010, 537, 538.

Auffanglösung verwiesen oder im Rahmen von nur künftig geltenden Regelungen zur Mitbestimmung fehlen entsprechende Angaben.

Mit 60% sehen die meisten Vereinbarungen eine Drittelbeteiligung vor. Eine paritätische Mitbestimmung ist in insgesamt 10, d.h. 28% der betrachteten Vereinbarungen geregelt. Zwei der untersuchten Vereinbarungen enthalten eigene Modelle. So stellen nach einer Vereinbarung die Arbeitnehmer einen Vertreter im Verwaltungsrat,[437] der nach der ersten Satzung der SE insgesamt fünfköpfig konzipiert ist. Eine Vereinbarung sieht vier Arbeitnehmervertreter in einem zehnköpfigen Aufsichtsrat vor.[438]

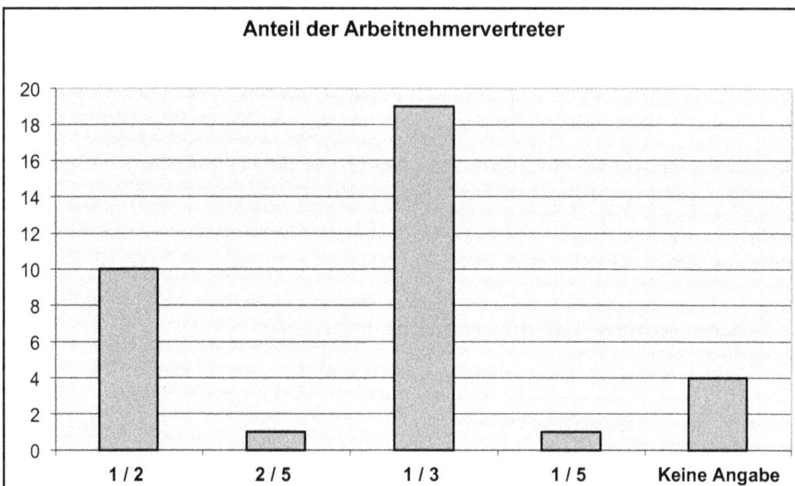

2. *Stellvertretender Vorsitzender*

Ein Viertel der Vereinbarungen sieht einen Arbeitnehmervertreter als stellvertretenden Vorsitzenden oder, falls zwei Stellvertreter vorgesehen sind, als einen der beiden Stellvertreter des mitbestimmten Organs vor.[439] Gelegentlich ist allerdings auch diesbezüglich ein Vorbehalt hinsichtlich des Selbstorganisationsrechts des

437 BV IMW Immobilien SE, Abschnitt III. § 7.1.

438 BV GfK SE, § 17.1 S. 2 und 3 unter Berücksichtigung von LG Nürnberg-Fürth, Beschluss vom 8.2.2010, Az. 1 H KO 8471/09, NZG 2010, 547. Die im Handelsregister abrufbare Satzung vom 25.03.2013 weist ebenfalls zehn Mitglieder des Aufsichtsrats und vier Arbeitnehmervertreter aus.

439 BV BASF SE, II. Ziff. 7; BV Dekra SE, Teil B. § 24; Nolte SE, B. V.; SCA Hygiene Products SE, 2. Abschnitt § 9.2; SGL Carbon SE, Teil I. Ziff. 21.

Aufsichtsrats enthalten[440] oder die Regelungen sind lediglich als Soll-Vorschrift ausgestaltet[441].

Einige Vereinbarungen befassen sich auch mit der Rolle des stellvertretenden Vorsitzenden im Hinblick auf das Recht zum Stichentscheid:

„Der Aufsichtsrat wählt aus seiner Mitte einen Vorsitzenden sowie einen ersten und einen zweiten stellvertretenden Vorsitzenden. Der erste stellvertretende Vorsitzende wird auf Vorschlag der Arbeitnehmervertreter, der zweite auf Vorschlag der Anteilseigner gewählt. Einem stellvertretenden Aufsichtsratsvorsitzenden, der Arbeitnehmervertreter ist, steht ein Recht zum Stimmentscheid nicht zu."[442]

Eine Klarstellung hinsichtlich des fehlenden Stimmentscheides findet sich vereinzelt auch ohne Festlegung auf einen Stellvertreter aus dem Arbeitnehmerlager:

„Ist der stellvertretende Vorsitzende des Aufsichtsrats ein Arbeitnehmervertreter, gibt seine Stimme bei Stimmengleichheit nicht den Ausschlag."[443]

3. *Besetzung von Ausschüssen*

Weniger Vereinbarungen, nämlich 17%, enthalten Regelungen zur Besetzung von Ausschüssen des Aufsichtsrats. Vorgesehen ist eine Besetzung von Ausschüssen mit Arbeitnehmervertretern entsprechend dem Anteil der Arbeitnehmervertreter im Aufsichtsrat. Überwiegend sind diese Regelungen als Soll-Vorschriften ausgestaltet. Zum Teil wird dann darauf verwiesen, dass entsprechende Regelungen in der Geschäftsordnung des Aufsichtsrats geregelt werden sollen:

„Werden vom Aufsichtsrat der (...) SE Ausschüsse gebildet, so sollen diese grundsätzlich paritätisch besetzt werden, sofern nicht aufgrund der den jeweiligen Ausschüssen zugewiesenen Sachthemen eine abweichende Besetzung geboten erscheint. Entsprechende Regelungen sollen vorbehaltlich seines Selbstbestimmungsrechts in der Geschäftsordnung des Aufsichtsrats geregelt werden. Wird ein Aufsichtsrat paritätisch besetzt, gelten Artikel 42 und 50 SE-VO für den Ausschuss entsprechend."[444]

Einige Vereinbarungen sehen aber auch zwingende Regelungen vor:

„Die Arbeitnehmervertreter haben das Recht, zu einem Drittel in den Ausschüssen des Verwaltungsrates (mit Ausnahme des Nominierungsausschusses, dessen Zuständigkeit darin liegt, dem Verwaltungsrat für dessen Wahlvorschläge

---

440 BV Bilfinger Berger SE, Teil C. Ziff. 21.5; BV Fresenius SE, Teil II. Ziff. 6.

441 BV Allianz SE, Teil B. Ziff. 6; BV BP Europa SE, Teil 3 Ziff. 4.3.

442 BV SCA Hygiene Products SE, Zweiter Abschnitt § 9.2.

443 BV Porsche SE, II. § 27.2

444 BV BASF SE, Teil II. Ziff. 9.

an die Hauptversammlung geeignete Anteilseignervertreter als Kandidaten vorzuschlagen) vertreten zu sein."[445]

Wie in diesem Beispiel werden oftmals Ausnahmen beispielsweise im Hinblick auf gesetzliche Regelungen oder das Sachthema des Ausschusses zugelassen.

Schließlich finden sich vereinzelt Regelungen zur Ausschussbesetzung, die für bestimmte Ausschüsse die Besetzung mit einem betriebsinternen Arbeitnehmervertreter vorsehen:

„Das Präsidium und der Prüfungsausschuss sollen paritätisch besetzt werden. Mindestens einer der beiden Arbeitnehmervertreter in Präsidium und Prüfungsausschuss muss ein betriebsinterner Arbeitnehmervertreter sein. Entsprechende Regelungen sollen vorbehaltlich seines Selbstorganisations- rechts in der Geschäftsordnung des Aufsichtsrates aufgenommen werden."[446]

4. *Rechtliche Bewertung*

Die Regelbarkeit der inneren Ordnung des mitbestimmten Organs in der Beteiligungsvereinbarung ist ebenfalls vor dem Hintergrund des Verhältnisses der Satzungsautonomie und ergänzend der Organisationsautonomie des mitbestimmten Organs zur Beteiligungsvereinbarung zu beurteilen.

Hinsichtlich des stellvertretenden Vorsitzenden fehlen Regelungen in der SE-VO. In Art. 42 S. 2 SE-VO ist allerdings festgelegt, dass der Vorsitzende bei paritätischer Besetzung ein Anteilseignervertreter sein muss. Diesem steht gem. Art. 50 Abs. 2 S. 1 und 2 SE-VO dann das ausschlaggebende Stimmrecht zu, wovon auch nicht in der Satzung abgewichen werden kann. Gem. Art. 9 Abs. 1 c) iii) SE-VO, § 107 Abs. 1 AktG für die dualistische SE und Art. 9 Abs. 1 c) ii) SE-VO, § 34 SEAG für die monistische SE ist mindestens ein Stellvertreter zu wählen. Da der Stellvertreter danach im Vertretungsfall alle Rechte des Vorsitzenden einschließlich des Stimmentscheids habe, wird vielfach angenommen, dass der Stellvertreter ein Anteilseignervertreter sein müsse.[447] Insbesondere wird darauf verwiesen, das eine Einschränkung hinsichtlich des Letztentscheidungsrechts wie in § 29 Abs. 2 S. 3 MitbestG nicht besteht.[448] Daneben wird von anderen eine Stellvertreterregelung im Hinblick auf die

445 BV PUMA SE, Teil II. § 21. 8.

446 BV Bilfinger Berger SE, Teil C 1.7.

447 *Reichert/Brandes*, in: MünchKommAktG, Art. 42 SE-VO Rn. 19; *Schwarz*, SE-VO, Art. 42 Rn. 20.

448 *Schwarz*, SE-VO, Art. 42 Rn. 20.

Organisationsautonomie des mitbestimmten Organs für unwirksam gehalten.[449] Die Vereinbarungsautonomie ist aber nicht nur in ihrem Randbereich betroffen. Denn das Recht der Arbeitnehmerbank, einen Stellvertreter des Vorsitzenden zu stellen, kann unmittelbar unter das Mitbestimmungsrecht, wie es in Art. 2 Abs. 4 SE-RL definiert ist, gefasst werden. Zudem sind die Rechte der Arbeitnehmervertreter im mitbestimmten Organ – darunter lässt sich grundsätzlich auch die Möglichkeit der Stellvertreterposition fassen - gem. Art. 4 Abs. 2 lit. g SE-RL, § 21 Abs. 3 SEBG ausdrücklich Vereinbarungsinhalt. Insbesondere stärkt das Recht zur Bestimmung eines Stellvertreters die Position der Arbeitnehmer im mitbestimmten Organ.[450] Eine Stellvertreterregelung ist daher grundsätzlich von der Vereinbarungsautonomie gedeckt. Die SE-VO gibt dann diesbezüglich die Grenze vor. Eine Regelung, die der Anteilseignerseite das ausschlaggebende Stimmrecht entziehen würde, wäre nicht mit Art. 50 Abs. 2 S. 2 SE-VO vereinbar. Im Ergebnis sind daher Regelungen, die der Arbeitnehmerbank einräumen, einen Stellvertreter des Vorsitzenden des mitbestimmten Organs zu stellen, wirksam möglich, wenn zugleich bei paritätischer Besetzung dem Stellvertreter kein ausschlaggebendes Stimmrecht eingeräumt wird.[451] Unwirksam wäre eine Regelung, die einem Stellvertreter der Arbeitgeberseite bei paritätischer Besetzung des Organs ein ausschlaggebendes Stimmrecht einräumen würde.

Umstritten ist auch, ob in der Beteiligungsvereinbarung die Besetzung von Ausschüssen des mitbestimmten Organs geregelt werden kann. Hier sind vor allem die aufgezeigten Regelungen zur Besetzung der Ausschüsse entsprechend dem Verhältnis der Arbeitnehmervertreter im mitbestimmten Organ angesprochen. Zum Teil wird dies abgelehnt, weil insoweit auch keine Satzungsautonomie bestehe.[452] Auch fehle es an der Mitbestimmungsrelevanz.[453] Die Mitbestimmungsrelevanz besteht allerdings durchaus. Die Beteiligungsvereinbarung ist

---

449 *Forst*, Beteiligungsvereinbarung, S. 296, S. 299 f.; *Habersack*, AG 2006, 345, 349, 355; *Hohenstatt/Müller-Bonanni*, in: Habersack/Drinhausen, § 21 SEBG Rn. 27; *Jacobs*, in: FS K. Schmidt, S. 795, 811 f.

450 So auch: *Hohenstatt/Müller-Bonanni*, in: Habersack/Drinhausen, § 21 SEBG Rn. 27.

451 Ähnlich *Windbichler*, in: FS Canaris II/2, S. 1423, 1433, die vorschlägt, die Regelung des § 29 Abs. 2 S. 3 MitbestG in der Beteiligungsvereinbarung abzubilden und zugleich für das dualistische System andeutet, dass § 107 Abs. 1 S. 1 AktG nicht zwingend dazu führen müsse, dass dem Stellvertreter bei Vertretung das letztentscheidende Stimmrecht zukomme. Die Zulässigkeit von Regelungen zum Stellvertreter nimmt auch *Seibt*, AG 2005, 413, 426 an.

452 *Hoops*, Mitbestimmungsvereinbarung, S. 160; *Habersack*, AG 2006, 345, 349.

453 *Jacobs*, in: FS K. Schmidt, S. 795, 812.

im Weiteren nicht auf Inhalte beschränkt, die Gegenstand der Satzung sein können.[454] Schließlich steht auch nicht das Selbstorganisationsrecht des mitbestimmten Organs entgegen, da die Beteiligungsvereinbarung vorrangig ist.

V. „Arbeitsdirektor"

Einen „Arbeitsdirektor", d.h. ein Vorstandsmitglied oder ein geschäftsführender Direktor mit Zuständigkeit für die Bereiche Arbeit und Soziales, sehen 40% der Vereinbarungen vor. Gelegentlich enthalten die Vereinbarungen im Zusammenhang mit dem Arbeitsdirektor zusätzliche Aspekte, beispielsweise dass der Vorstand zweiköpfig sein muss,[455] der im Rahmen einer Soll-Vorschrift vorgesehene Arbeitsdirektor weitere Geschäftsbereiche übernehmen darf[456] oder die Delegation der Aufgaben auf einen gesamtverantwortlichen Mitarbeiter möglich ist.[457] Schließlich findet sich eine Vereinbarung, nach der der Geschäftsführende Direktor mit Zuständigkeit für Arbeit und Soziales, wenn er an einer Sitzung des Verwaltungsrats nicht teilnimmt, unverzüglich schriftlich über die Sitzungsergebnisse mit Bezug zu seinem Ressort zu unterrichten ist.[458]

Bei drei Vereinbarungen unterliegt die Benennung des für Arbeit und Soziales zuständigen Vorstandsmitglieds ausdrücklich der Zustimmung des Aufsichtsrats[459]. Nach einer Vereinbarung soll eine entsprechende Bestimmung, dass ein Vorstandsmitglied zuständig für Arbeit und Soziales ist, in die Geschäftsordnung des Vorstandes aufgenommen werden.[460] Eine Vereinbarung enthält die Regelung, dass im ersten Wahlgang keine Bestellung gegen die Stimmen der Arbeitnehmervertreter erfolgen kann.[461]

Die Zuständigkeit eines Vorstandsmitglieds für die Bereiche Arbeit und Soziales, wie aus § 33 MitbestG und § 13 Montan-MitbestG bekannt, sieht auch die Auffanglösung gem. § 38 Abs. S. 2 SEBG vor, deren vollständige oder teilweise Geltung gem. § 21 Abs. 5 SEBG vereinbart werden kann. Die Vorschrift stößt jedoch im Hinblick auf die Vereinbarkeit mit dem Europarecht auf Bedenken. Vielfach wird der Arbeitsdirektor als mitgliedstaatliche Gepflogenheit angesehen, die nicht der

454 *Forst*, Beteiligungsvereinbarung, S. 298 ff.
455 BV DVB Bank SE, Zweiter Abschnitt § 27.2.
456 BV Germanischer Lloyd SE, Teil II. Ziff. 5.
457 BV Porsche SE, III. § 29 S. 2.
458 BV IMW Immobilien SE, Abschnitt III. § 7.2.
459 BV Allianz SE, Teil B. Ziff. 8; BV BASF SE, Teil II. Ziff. 8; BV Bilfinger Berger SE, Teil C. Ziff. 21.6.
460 BV Fresenius SE, Teil II. Ziff. 7.
461 BV Bilfinger Berger SE, Teil C. Ziff. 21.6.

Umsetzung der SE-RL diene und die Europarechtswidrigkeit folglich mit Blick auf Art. 13 Abs. 2 SE-RL angenommen.[462] Wegen des „Vorher-Nachher-Prinzips“ wird allerdings zum Teil vermittelnd vertreten, dass § 38 Abs. 2 SEBG jedenfalls Anwendung finde, wenn zuvor in einer der an der Gründung beteiligten Gesellschaften ein Arbeitsdirektor bestellt war. Die Zuständigkeit eines Vorstandsmitglieds für Arbeit und Soziales fällt aber nicht unter die Mitbestimmung, wie sie in Art. 2 SE-RL vorgegeben ist.[463] Damit fehlt es an der Mitbestimmungsrelevanz, die die Etablierung eines Arbeitsdirektors ermöglichen könnte.[464] Dies gilt auch für die monistische SE.[465] Festlegungen in der Beteiligungsvereinbarung, die die Zuständigkeit eines Vorstandsmitglieds für Arbeit und Soziales vorschreiben, sind nicht verbindlich. Bloße Feststellungen diesbezüglich begegnen hingegen keinen Bedenken.[466]

VI. Dynamisierung von Mitbestimmung und Verfassung der SE

Mit 28% ein nicht unerheblicher Teil der ausgewerteten Vereinbarungen enthält Regelungen im Zusammenhang mit der künftigen Gestaltung von Mitbestimmung und Verfassung der SE. Diese Regelungen reichen von der bloßen Verhandlungsobliegenheit beim Eintritt bestimmter Umstände bis zur Festlegung des künftigen Mitbestimmungsniveaus und der Vergrößerung oder Verkleinerung des mitbestimmten Organs.

1. Verhandlungsobliegenheit

Drei Vereinbarungen enthalten wie in den folgenden Beispielen eine Bestimmung, dass beim Eintritt bestimmter Umstände über die Mitbestimmung neu zu verhandeln ist:

---

462 *Habersack*, in: Mitbestimmungsrecht, § 38 SEBG Rn. 2; *Henssler*, in: Mitbestimmungsrecht, Einl. SEBG Rn. 200; zur Europarechtswidrigkeit und auch zum Aspekt des Bestandsschutzes ausführlich und m.w.N. *Forst*, Beteiligungsvereinbarung, S. 205 f., 208; *Grobys*, NZA 2004, 779, 780; *Grobys*, NZA 2005, 84, 90. *Feuerborn*, in: KK-AktG, § 38 SEBG Rn. 12 geht ebenfalls von der Europarechtswidrigkeit aus, stützt diese aber nicht auf Art. 13 Abs. 2 SE-RL, sondern das „Vorher-Nachher-Prinzip“ und ist der Ansicht, dass eine richtlinienkonforme Auslegung des § 38 Abs. 2 SEBG am Wortlaut der Norm scheitere.

463 *Feuerborn*, in: KK-AktG, § 21 SEBR Rn. 65; *Jacobs*, in: FS K. Schmidt, S. 795, 813; *Kiem*, in: KK-AktG, Art. 12 SE-VO Rn. 66.

464 *Feuerborn*, in: KK-AktG, § 21 SEBG Rn. 65; *Forst*, Beteiligungsvereinbarung, S. 302; *Jacobs*, in: FS K. Schmidt, S. 795, 813.

465 *Forst*, Beteiligungsvereinbarung, S. 302 f.

466 *Forst*, Beteiligungsvereinbarung, S. 303.

„Wird eine Gesellschaft, die über einen mitbestimmten Aufsichtsrat verfügt, auf die (...) SE verschmolzen, muss über die Mitbestimmung neu verhandelt werden."[467]

„Der Verwaltungsrat der (...) SE ist zu einem Drittel mitbestimmt, d.h. ein Drittel seiner Mitglieder ist auf Vorschlag der Arbeitnehmer zu bestellen (die„Arbeitnehmervertreter"). Soll die Zahl der Verwaltungsratsmitglieder auf drei reduziert werden, sind neue Verhandlungen (...) zu führen."[468]

2. *Festlegung künftiger Mitbestimmung*

Weitere drei Vereinbarungen enthalten Festlegungen hinsichtlich der Mitbestimmung für den Fall des Eintritts eines „mitbestimmungsauslösenden" Ereignisses. Die betreffenden SEs befinden sich ausweislich der Regelungen im Zeitpunkt des Abschlusses der Vereinbarung in Familienbesitz und sind nicht mitbestimmt. Für den Fall, dass die Eigentümerfamilie und nachfolgeberechtigte Personen nicht mehr über einen festgelegten Anteil der Aktien verfügen, besteht ein Anspruch der Arbeitnehmerseite auf Mitbestimmung. Getroffen worden sind die folgenden Regelungen:

„Für den Fall, dass mehr als 75% der Aktien der (...) SE nach Maßgabe (...) der Satzung an nicht nachfolgeberechtigte Personen übertragen sind und die (...) SE nach Maßgabe des § 3 Abs. 1 DrittelBetG mehr als 1000 Mitarbeiter beschäftigt, kann der SE-Betriebsrat verlangen, dass ein Drittel der Sitze des Aufsichtsrats mit Arbeitnehmern der (...) SE zu besetzen sein werden. In diesem Falle würden ergänzend die §§ 36-38 SEBG gelten, sofern der SE-Betriebsrat mit der (...) SE keine andere Regelung trifft."[469]

Eine Variante ist die Kombination von Verhandlungsobliegenheit und Festlegung der künftigen Mitbestimmung:

„24.2 Sobald weniger als 25% des Grundkapitals der (...) SE im Eigentum von Mitgliedern der Familie (...) oder deren Nachfahren oder Erben stehen, wird zwischen der Leitung der (...) SE sowie dem SE-Betriebsrat über eine Beteiligung der Arbeitnehmer im Aufsichtsrat der AVAG SE beraten.

24.3 Sollte zu dem in Nummer 24.2 genannten Zeitpunkt die Zahl der (...) Arbeitnehmer im Sinne von (...) dieser Vereinbarung 6.000 übersteigen, besteht ein Anspruch der Arbeitnehmer auf ein Drittel der Sitze im Aufsichtsrat der (...) SE."[470]

---

467 BV Klöckner & Co. SE, Teil V. Ziff. 20.2.
468 BV Puma SE, Teil II. § 18.2.
469 BV Gütermann SE, B. 2.
470 BV AVAG SE, Teil III. Ziff. 24.2 und 24.3.

Schließlich findet sich unter den untersuchten Vereinbarungen eine Gestaltung, die eine ganze Reihe von „mitbestimmungsauslösenden Ereignissen“ definiert, darunter sogar den Beschluss des SE-Betriebsrats. Zu den „mitbestimmungsauslösenden Ereignissen“ zählen konkret die Zulassung der Aktien der SE zum Handel am regulierten Markt, das Halten der Mehrheit der Aktien der SE von Personen außerhalb der bisherigen Eigentümerfamilie, die Verlegung zum Zeitpunkt des Abschlusses der Beteiligungsvereinbarungen bestehender Produktionsstätten ins Ausland, die Aufgabe festgelegter Geschäftsbereiche und insbesondere der entsprechende Beschluss des SE-Betriebsrats. Dieser hat grundsätzlich einstimmig zu erfolgen.[471] Einstimmigkeit ist beim Vorliegen weiterer vereinbarter Tatbestände allerdings nicht einmal mehr erforderlich. Zunächst ist dies der Fall, wenn mehr als 25% der Aktien der SE im Zeitpunkt der Beschlussfassung nicht mehr von der eigens definierten Eigentümerfamilie gehalten werden. Auch sind verschiedene Tatbestände vereinbart, bei denen es um Beendigung von Arbeitsverhältnissen sowie Outsourcing, Aufspaltung und Verschmelzung von Unternehmen der Gruppe, oder die Übertragung von Aufgaben auf andere Konzernunternehmen geht und jeweils mehr als 10% der Arbeitnehmer betroffen sind. Auch bei der Einstellung des Geschäftsbetriebs in einem Mitgliedstaat entfällt das Erfordernis der Einstimmigkeit.[472]

Im Rahmen dieser sehr ausführlichen Regelung ist auch eine wechselseitige Informationspflicht vereinbart. Die Leitung und der SE-Betriebsrat müssen den jeweils anderen unverzüglich über mitbestimmungsauslösende Ereignisse aus der eigenen Sphäre informieren.[473]

3. *Anpassung der Größe des mitbestimmten Organs*

In vier Vereinbarungen ist die Größe des Aufsichtsrats dynamisch geregelt. Insbesondere sehen diese Vereinbarungen bei einem Anstieg der Arbeitnehmerzahlen, gerade auch außerhalb von Deutschland, eine Vergrößerung des Aufsichtsrats und damit der Sitze für die Arbeitnehmervertreter vor:

„Um eine größtmögliche Repräsentanz der EWR Länder zu gewährleisten, ist der Aufsichtsrat der (…) SE unter Beibehaltung der Drittelbeteiligung auf zwölf Mitglieder zu ergänzen, so dass vier Sitze auf die Arbeitnehmervertreter entfallen, wenn in den Konzerngesellschaften mit Sitz in den Mitgliedsstaaten über mindestens zwölf aufeinanderfolgende Monate hinweg mehr als 4.500

471 BV Nolte SE, B. I. a.

472 BV Nolte SE, B. I.

473 BV Nolte SE, B. I.

Arbeitnehmer und hiervon mindestens 2.250 Arbeitnehmer innerhalb und mindestens 2.000 Arbeitnehmer außerhalb Deutschlands beschäftigt sind. Liegen die Voraussetzungen des Satzes 1 für einen Zeitraum von mindestens zwölf Monaten nicht vor, so ist der Aufsichtsrat unter Wahrung der Drittelbeteiligung wieder auf neun Mitglieder zu reduzieren, so dass drei Sitze auf die Arbeitnehmervertreter entfallen.“[474]

„Werden in der (…)-Gruppe von den insgesamt in *Europa* beschäftigten Mitarbeitern mehr als 15% der *Arbeitnehmer* in *Europa* aber außerhalb Deutschlands dauerhaft beschäftigt oder steigt die Zahl der *Arbeitnehmer* in *Europa* dauerhaft über 4.000 an, wird der Aufsichtsrat der SE um drei weitere Sitze auf insgesamt neun Sitze vergrößert. Der neun-köpfige Aufsichtsrat besteht aus 6 (sechs) Vertretern der Anteilseignerseite und aus 3 (drei) *Arbeitnehmervertretern*. (…)

Der dritte Sitz der *Arbeitnehmervertreter* fällt an den *Arbeitnehmer* mit den meisten Stimmen, der bei einer *Gesellschaft* der (…)-Gruppe in *Europa* außerhalb Deutschlands beschäftigt ist.“[475]

Auch findet sich eine Vereinbarung, nach der die Größe des Aufsichtsrats von der Anzahl der Teilkonzerne abhängt.[476] Nach einer weiteren Vereinbarung wird die Anzahl der Mitglieder des Aufsichtsrats beim Eintritt des mitbestimmungsauslösenden Ereignisses zugleich auf zwölf erhöht.[477]

4. *Rechtliche Bewertung*

Regelungen zur Dynamisierung der Mitbestimmung sind unter Wahrung der Grundsätze zum Bestandsschutz gem. § 21 Abs. 3 SEBG möglich. Wie bereits ausgeführt kann auf die Mitbestimmung auch ganz verzichtet werden. Demnach ist es erst Recht möglich, eine Mitbestimmung nur für den Fall des Eintritts bestimmter Ereignisse zu vereinbaren. Die in der Praxis abgeschlossenen Regelungen zeigen auf, dass die Gesellschaftsform der SE jedenfalls nicht ausschließlich zum Einfrieren der Mitbestimmung genutzt wird.

Eine Dynamisierung der Größe des mitbestimmten Organs führt letztlich zu Festlegungen hinsichtlich der Größe in der Beteiligungsvereinbarung. Daher gelten die bereits unter § 3 A. III. dargestellten Erwägungen. Da die Größe des mitbestimmten Organs festgelegt werden kann, ist auch eine dynamische Regelung möglich.

---

474 BV ARAG SE, Teil C. § 18 Abs. 2.

475 Beteiligungsvereinbarung der Warema Renkhoff SE, Teil III. Ziff. 21.

476 Beteiligungsvereinbarung der Porsche SE, II. § 19.2.

477 Beteiligungsvereinbarung der Nolte SE, II. Ziff. 2.

B. Arbeitnehmervertreter im mitbestimmten Organ

I. Sitzverteilung

1. Allgemeine Regelungen

Eine Reihe von Vereinbarungen sehen losgelöst von reservierten Sitzen für Gewerkschaftsvertreter oder leitenden Angestellten allgemeine Regelungen hinsichtlich der Verteilung der Sitze für die Arbeitnehmervertreter vor. Überwiegend, nämlich nach 60% der Vereinbarungen, ist dann eine Verteilung der Sitze auf die Länder im Geltungsbereich vorgesehen. Dabei erfolgt die Sitzverteilung mehrheitlich, und zwar in 12 Vereinbarungen, nach den Arbeitnehmerzahlen der Länder.[478] Dabei finden sich Festlegungen eines konkreten Stichtags hinsichtlich der Berücksichtigung der Arbeitnehmerzahlen.[479] Weitergehende Präzisierungen verweisen beispielsweise auf § 36 SEBG[480] oder auch ausdrücklich auf das d`Hondtsche Höchstzahlverfahren[481]. Auch finden sich Regelungen, nach denen dem Land des Sitzes der SE ein Sitz zugeteilt wird.[482] Vereinzelt werden die Länder, die einen Sitz bekommen sollen, schlicht namentlich in der Vereinbarung festgelegt.[483] Nach vier der Vereinbarungen bestimmt der SE-Betriebsrat die Verteilung der Sitze auf die Länder.[484] Gelingt dies nicht, kommt zum Teil das d`Hondtsche Höchstzahlverfahren zur Anwendung.[485]

Eine ausdrückliche Aufteilung der Sitze nach anderen Anknüpfungspunkten wie beispielsweise Geschäftsbereichen oder Regionen, enthält keine der untersuchten Vereinbarungen. Die Berücksichtigung von Geschäftsbereichen findet sich allerdings gelegentlich als Soll-Vorschrift.[486]

---

478 Bspw. BV ARAG SE, Teil C. § 19 Abs. 2 Buchst. a); BV BASF SE, II. Ziff. 3.1; BV Dekra SE, Teil B. § 21.3; BV MAN SE, III. § 16.1; Puma SE, Teil II Ziff. 19.1.

479 Bspw. BV Allianz SE, Teil B. Ziff. 3.3; BV ARAG SE, Teil C. §19 Abs. 2 Buchst. a); BV SGL Carbon SE, Teil III. Ziff. 18.1.

480 BV Allianz SE, Teil B. Ziff. 3.3; BV BASF SE, II. Ziff. 3.1; BV SGL Carbon SE, Teil III. Ziff. 18.1.

481 BV ARAG SE, Teil C. § 19 Abs. 2 Buchst. a); BV Bilfinger Berger SE, Teil C. § 19.2; BV Puma SE, Teil II. Ziff. 19.1; BV SCA Hygiene Products SE, Zweiter Abschnitt § 4.

482 BV Germanischer Lloyd SE, Teil II. Ziff. 2.3.1.

483 BV Dekra SE, Teil B. § 21.3; im Ergebnis auch BV Surteco SE, I. § 1.2.

484 BV E.ON Energy Trading SE, C. § 21.2; BV GfK SE, Teil III. § 18.3; BV REpower Systems SE, II. Teil Ziff. 12.

485 BV E.ON Energy Trading SE, C. § 21.2; BV GfK SE, Teil III. § 18.3.

486 BV Fresenius SE, Teil II. Ziff. 3.1; BV Germanischer Lloyd SE, Teil II. Ziff. 2.1.

Bei gut 30% der Vereinbarungen erfolgt neben der Festlegung des Bestimmungsverfahrens hinsichtlich der Personen keine ausdrückliche, spezielle Sitzverteilung.[487]

Einigen der betrachteten Vereinbarungen, insgesamt elf, lässt sich wegen ausdrücklicher Zuteilung von Sitzen an konkrete Länder oder Benennung der ersten Arbeitnehmervertreter nebst Ursprungsland entnehmen, welche Länder tatsächlich im mitbestimmten Organ vertreten sind oder waren. Dabei ließen sich neben Deutschland Frankreich[488], Großbritannien,[489] die Niederlande,[490] Belgien,[491] Polen,[492] Österreich[493] und Italien[494] ausmachen. Soweit sich Angaben fanden, entfielen auf Deutschland regelmäßig mehrere Sitze. Einzig auf Frankreich entfallen nach einer Vereinbarung ebenfalls mehrere Sitze, nämlich zwei.[495]

2. *Reservierte Sitze*

Einige Vereinbarungen sehen neben allgemeinen Regelungen zur Sitzverteilung reservierte Sitze für Gewerkschaftsvertreter und leitende Angestellte vor.

a. Gewerkschaftsvertreter

Reservierte Sitze für Gewerkschaftsvertreter sehen nicht ganz 30% der Vereinbarungen ausdrücklich vor oder ermöglichen Sitze für Gewerkschaftsvertreter unter Verweis auf gesetzliche Vorgaben. Die entsprechenden Regelungen werden so oder ähnlich formuliert:

„Zwei Arbeitnehmervertreter im Aufsichtsrat sind auf Vorschlag der im (...) Konzern vertretenen Gewerkschaften zu wählen (...).“[496]

---

487 Bspw. BV Lenze SE, B. Ziff. 2; BV Nolte SE, B. III.; BV Papierfabrik August Koehler SE, Teil III. §§ 15, 16; BV Wacker Neuson SE, II. Ziff. 14.

488 BV Allianz SE, Teil B. Ziff. 3; BV Dekra SE, Teil B. § 20.

489 BV Allianz SE, Teil B. Ziff. 3, BV SCA Hygiene Products SE, 2. Abschnitt Ziff. 5.1; BV SGL Carbon SE, Teil III. Ziff. 17.

490 BV ARAG SE, C. § 19.1; BV BP Europa SE, Teil III. Ziff. 5; SCA Hygiene Products SE, Teil II. Ziff. 5.

491 BV BASF SE, II. Ziff. 2.

492 BV Bilfinger Berger SE, Anlage 5; BV BP Europa SE, Teil III. Ziff. 5; BV SGL Carbon SE, III. Ziff. 17.1.

493 BV BP Europa SE, Teil III. Ziff. 5; BV Fresenius SE; BV SCA Hygiene Products SE, Teil II. Ziff. 5.

494 BV Fresenius SE, Teil II. Ziff. 3.2.

495 BV Dekra SE, Teil B. Ziff. 3.

496 BV Porsche SE, II. § 21.1.

„Aus dem Kreis der innerhalb der (…) Gruppe in Deutschland vertretenen DGB Gewerkschaften können nach vorheriger Abstimmung dem SE-Betriebsrat Wahlvorschläge für die Besetzung von zwei auf Deutschland entfallende Sitze im Aufsichtsrat der (…) SE unterbreitet werden.“[497]

b. Sonstige reservierte Sitze

Nur sehr selten sind weitere reservierte Sitze vorgesehen. So ist nach einer Vereinbarung für den Fall der Auslösung der Mitbestimmung ein Sitz zwingend mit einem leitenden Angestellten zu besetzen.[498] Nach einer anderen Vereinbarung sind die Aufsichtsratssitze für die Arbeitnehmerseite für die Vorsitzenden oder stellvertretenden Vorsitzenden der Betriebsräte der drei größten deutschen Betriebe des SE-Konzerns reserviert,[499] so dass gleichzeitig eine Beschränkung auf deutsche Vertreter eingezogen ist.

3. Rechtliche Bewertung

Ausdrückliche Regelungen zur Sitzverteilung enthalten weder die SE-RL noch das SEBG. Wie bereits für den SE-Betriebsrat aufgezeigt, sind zunächst grundsätzlich alle Belegschaften bei der Verteilung von Sitzen für Arbeitnehmervertreter zu berücksichtigen.[500] Dabei können es sachliche Gründe aber rechtfertigen, wenn Belegschaften bei der Sitzverteilung nicht unmittelbar berücksichtigt werden.[501] Die Auffanglösung gem. § 36 Abs. 1 S. 2 SEBG, Anhang Teil 3 lit. b) SE-RL sieht grundsätzlich eine proportionale Verteilung auf die betroffenen Länder vor. Wie gezeigt lässt die Auffanglösung zwar Rückschlüsse darauf zu, was der Gesetzgeber für zulässig erachtet, ist aber kein Kontrollmaßstab für die ausgehandelten Vereinbarungen.[502] Nach § 36 Abs. 1 S. 3 SEBG ist es ausdrücklich zulässig, dass nicht alle Mitgliedsstaaten einen Sitz im mitbestimmten Organ erhalten. Nach alledem besteht kein Erfordernis, dass jede Belegschaftsgruppe unmittelbar vertreten sein muss.[503] Insbesondere sind die begrenzte Zahl zur Verfügung stehender Sitze und die Funktionsfähigkeit des mitbestimmten Organs zu

497 BV Bilfinger Berger SE, Teil C. Ziff. 21.2.
498 BV Nolte SE, B. III.
499 BV Surteco SE, I. § 1.2.
500 Siehe § 3 B. I. 5.
501 *Forst*, Beteiligungsvereinbarung, S. 275; *Rieble*, in: Vereinbarte Mitbestimmung in der SE, § 3 Rn. 99.
502 *Rieble*, in: Vereinbarte Mitbestimmung in der SE, § 3 Rn. 96.
503 Vgl. *Forst*, Beteiligungsvereinbarung, S. 275.

berücksichtigen.[504] Im Weiteren ist auch die Verteilung nach Ländern demnach nicht zwingend. Möglich ist es grundsätzlich auch, an andere Belegschaftsgruppen wie Unternehmen, Geschäftsbereiche oder Teilkonzerne anzuknüpfen.[505] Auch ein Sitz für die leitenden Angestellten als eine Belegschaftsgruppe ist im Prinzip möglich.[506] Bei einem kleineren mitbestimmten Organ kann dies aber problematisch sein kann, wenn zugleich andere, wesentlich größere Belegschaften ausgeschlossen würden und so ein erhebliches Missverhältnis entstünde. Sachlich gerechtfertigt und damit zulässig ist auch die Repräsentanz von Gewerkschaftsvertretern, wie sie das deutsche Mitbestimmungsrecht kennt. Umgekehrt müssen in der Beteiligungsvereinbarung allerdings weder für leitende Angestellte noch für Gewerkschaftsvertreter Sitze reserviert sein.[507]

Schließlich ist zu berücksichtigen, dass bei Gründung der SE durch Umwandlung der Bestandsschutz gem. § 21 Abs. 6 SEBG nach richtiger Ansicht nicht die Zusammensetzung der Arbeitnehmerbank garantiert, da nur das Ausmaß der Arbeitnehmerbeteiligung geschützt ist und die Arbeitnehmervertreter durch die Arbeitnehmer legitimiert sein müssen.[508]

II. Persönliche Voraussetzungen

Hinsichtlich der persönlichen Voraussetzungen der Mitglieder im mitbestimmten Organ sind zunächst die Vorgaben des § 27 SEAG für den Verwaltungsrat und § 100 Abs.1 und 2 AktG für den Aufsichtsrat einzuhalten.

Wohl auch deshalb fallen die entsprechenden Vereinbarungen im Vergleich zu den Regelungen betreffend den SE-Betriebsrat weniger umfangreich aus. Nach nahezu allen Vereinbarungen können ausdrücklich nur Arbeitnehmer oder Vertreter einer Gewerkschaft Arbeitnehmervertreter im mitbestimmten Organ sein.

Anders als die Auffanglösung grenzen alle bis auf eine der Vereinbarungen, die Gewerkschaftsvertreter vorsehen, die möglichen Gewerkschaften dergestalt ein,

---

504 Vgl. *Forst*, Beteiligungsvereinbarung, S. 275.

505 *Jacobs*, in: MünchKommAktG, § 21 SEBG Rn. 19a; *Forst*, Beteiligungsvereinbarung, S. 275; *Habersack*, ZHR 171 (2007), 613, 634 f.; *Oetker*, in: FS Konzen 2006, S. 635, 651; *Seibt*, AG 2005, 413, 423.

506 *Jacobs*, in: MünchKommAktG, § 21 SEBG Rn. 19a; *ders.*, in: FS K. Schmidt, S. 795, 805; *Forst*, Beteiligungsvereinbarung, S. 275.

507 *Jacobs*, in: MünchKommAktG, § 21 SEBG Rn. 19a.

508 Ausführlich dazu *Forst*, Beteiligungsvereinbarung, S. 203 f. m.w.N. auch zur Gegenauffassung.

dass es sich um in der Unternehmensgruppe vertretene oder sonst eingegrenzte Gewerkschaften handeln muss. Beispielhaft ist dazu die folgende Formulierung:

„Arbeitnehmervertreter und deren persönliche Ersatzmitglieder im Aufsichtsrat der (...) SE können nur (...) Arbeitnehmer oder Vertreter einer in der (...) Unternehmensgruppe vertretenen Gewerkschaft sein."[509]

Seltener finden sich Festlegungen zu einem Mindestalter oder einer Mindestbeschäftigungszeit. So ist in drei, d.h. 8% ein Mindestalter und in knapp 23% der Vereinbarungen eine Mindestzugehörigkeit zur Unternehmensgruppe festgeschrieben. Gelegentlich wird dabei auf § 7 MitbestG oder § 4 DrittelbetG verwiesen. Insgesamt finden sich Mindestbeschäftigungszeiten von 6 Monaten bis zu 2 Jahren. Nach einer Vereinbarung müssen die Arbeitnehmervertreter unbefristet beschäftigt sein.[510]

In rund einem Viertel der Vereinbarungen findet die Qualifikation der Arbeitnehmervertreter Erwähnung. Dies betrifft insgesamt acht Vereinbarungen. Allerdings sind die entsprechenden Regelungen durchweg sehr allgemein gehalten und teilweise als bloße Soll-Vorschrift ausgestaltet. Nur vereinzelt wird hierzu präzisiert, beispielsweise dahingehend, dass die Fähigkeit zur Analyse betriebswirtschaftlicher Vorgänge und Kennziffern vorausgesetzt wird.[511] Gelegentlich sind auch die Sprachkenntnisse zu berücksichtigen.[512]

Nach einer Vereinbarung schließlich kann nur Arbeitnehmervertreter im mitbestimmten Organ sein, wer Arbeitnehmer einer der deutschen Gesellschaften des SE-Konzerns ist.[513]

In der Beteiligungsvereinbarung können, entsprechend der vorgestellten Auswertungen, über die bereits nach dem Gesetz bestehenden Voraussetzungen hinaus weitere persönliche Anforderungen geregelt werden,[514] wie beispielsweise hinsichtlich des Alters oder der Betriebszugehörigkeit.[515] Für den Verwaltungsrat eröffnet § 27 Abs. 3 SEAG diesen Spielraum ausdrücklich. Für den Aufsichtsrat wurde keine besondere Regelung geschaffen, da gem. Art. 47

---

509 BV Dekra SE, Teil B. § 21 Ziff. 1.

510 BV WAREMA Renkhoff SE, Teil III. Ziff. 20.2 i.V.m. Teil II. Ziff. 4.3.

511 BV WILO SE, Teil III. 27.2.

512 BV SGL Carbon SE, Teil III. 18.5; BV Webasto SE, Teil II. 2.1.

513 BV SURTECO SE, I. 1.3.

514 *Hohenstatt/Müller-Bonanni*, in: Habersack/Drinhausen, § 21 SEBG Rn. 25; *Jacobs*, in: MünchKommAktG, § 21 SEBG Rn. 19a; *Hoops*, Mitbestimmungsvereinbarung, S. 146.

515 *Hohenstatt/Müller-Bonanni*, in: Habersack/Drinhausen, § 21 SEBG Rn. 25; *Jacobs*, in: MünchKommAktG, § 21 SEBG Rn. 19a.

Abs. 2 SE-VO die nationalen Vorschriften gelten und für den Aufsichtsrat mit § 100 AktG solche bereits bestehen. Dies führt zur Anwendbarkeit von § 100 Abs. 1 und 2 AktG, während die in § 100 Abs. 3 AktG genannten Mitbestimmungsgesetze gem. Art. 13 Abs. 2 SE-RL keine Anwendung finden. § 21 Abs. 3 S. 2 Nr. 2 SEBG eröffnet hier hinsichtlich der Wahl der Arbeitnehmervertreter den Regelungsspielraum zugunsten der Beteiligungsvereinbarung. § 100 Abs. 3 AktG ist daher für die SE so zu lesen, dass sich die weiteren persönlichen Voraussetzungen nach dem SEBG und der Beteiligungsvereinbarung richten.[516] Zu berücksichtigen sind bei der Ausgestaltung aber Diskriminierungsverbote.[517] Ein Ausschluss befristet Beschäftigter kann höchstens soweit gerechtfertigt sein gem. § 4 Abs. 2 TzBfG, als die Befristung die Kontinuität des mitbestimmten Organs während seiner Amtszeit betrifft. Das Erfordernis einer Beschäftigung nur in einem bestimmten Mitgliedsstaat mit der Folge des Ausschlusses aller anderen Mitgliedsstaaten lässt sich nicht rechtfertigen.

Schließlich ist es möglich, dass Außenstehende, die nicht in einem Arbeitsverhältnis zur SE oder einer ihrer Tochtergesellschaften stehen, als Arbeitnehmervertreter bestimmt werden.[518] Dies ist zwar nach § 100 Abs. 3 AktG, § 3 Abs. 3 MitbestG oder § 4 Abs. 3 DrittelbG bei einer Aktiengesellschaft nicht möglich. Diese Regelungen finden aber gem. § 47 Abs. 1 Nr. 1 SEBG, Art. 13 Abs. 2 SE-RL auf die SE keine Anwendung. Dem steht auch nicht entgegen, dass gem. Art. 47 Abs. 2 SE-VO Personen, die nach dem Recht des Sitzstaates dem Verwaltungs- oder Aufsichtsorgan einer Aktiengesellschaft nicht angehören dürfen, nicht Mitglied dieser Organe sein dürfen. Art. 13 Abs. 2 SE-RL ist in diesem Verhältnis die speziellere Vorschrift. In Übereinstimmung damit richten sich für die monistische SE die persönlichen Voraussetzungen der Arbeitnehmervertreter auch ausdrücklich nur nach dem SEBG und der SE-RL.[519] Gestützt wird dieses Ergebnis dadurch, dass Art. 3 Abs. 2 lit b) SE-RL ausdrücklich zulässt, dass externe Gewerkschaftsvertreter Mitglied im BVG sein können.[520]

III. Bestimmungsverfahren

Bereits im Rahmen der deutschen Mitbestimmungsgesetze bestehen verschiedene Modelle dazu und die Auffanglösung ergänzt für die inländischen Vertreter

516 *Hoops*, Mitbestimmungsvereinbarung, S. 146 ff.

517 *Hohenstatt/Müller-Bonanni*, in: Habersack/Drinhausen, § 21 SEBG Rn. 25.

518 *Forst*, Beteiligungsvereinbarung, S. 271.

519 Ausführlich *Forst*, Beteiligungsvereinbarung, S. 271.

520 *Forst*, Beteiligungsvereinbarung, S. 272.

ein weiteres Bestimmungsverfahren. Das DrittelbetG, welches vom Umfang der Mitbestimmung der Mehrheit der untersuchten Vereinbarungen entspricht[521], sieht eine Direktwahl durch die Arbeitnehmer vor. Eine Wahl durch eigens zu wählende Delegierte oder eine Direktwahl enthält das MitbestG wie auch das MitbestErgG. Nach dem MontanMitbestG schlagen die Betriebsräte die Arbeitnehmervertreter vor, die dann durch die Hauptversammlung bestellt werden, die an die Wahlvorschläge grundsätzlich gebunden ist. Nach der Auffanglösung schließlich werden die inländischen Arbeitnehmervertreter durch ein Wahlgremium bestimmt, das sich aus Arbeitnehmervertretungen der SE, ihrer Tochtergesellschaften und Betriebe zusammensetzt. Besteht keine inländische Arbeitnehmervertretung, kann es zu einer Urwahl kommen.[522]

Alle der betrachteten Vereinbarungen enthalten nähere Festlegungen zur Bestimmung der Arbeitnehmervertreter im Aufsichtsrat.

1. Urwahl

Eine Urwahl der Arbeitnehmervertreter im mitbestimmten Organ ist selten vereinbart worden und nur in zwei der untersuchten Vereinbarungen vorgesehen.[523] Nach einer dieser Vereinbarungen, die eine monistisch strukturierte SE betrifft, wird der eine Arbeitnehmervertreter, den die Hauptversammlung in den Verwaltungsrat wählen kann, analog § 8 Abs. 7 SEBG von den Arbeitnehmern gewählt.[524]

Lediglich eine SE, die mit einem Drittel Arbeitnehmervertreter im Aufsichtsrat ein herkömmliches Modell abbildet und über einen SE-Betriebsrat verfügt, sieht eigenständige Regelungen für eine Direktwahl vor:

„(3) Der *Europa-Betriebsrat* bildet aus seiner Mitte einen dreiköpfigen Wahlvorstand, der die Wahl der Arbeitnehmervertreter ausführt.

(4) Der Wahlvorstand erstellt für jede Wahl eine Liste mit Wahlberechtigten. Die *Leitung* stellt hierfür die benötigten Informationen zur Verfügung. Spätestens sechs Wochen vor der Wahl erstellt der Wahlvorstand ein Wahlausschreiben, das zusammen mit der Wählerliste in den *Unternehmen* auszuhängen oder auf sonstigem Weg den Arbeitnehmern zugänglich gemacht werden muss (z.B.

---

521 Siehe § 4 A. IV. 1.

522 *Feuerborn*, in: KK-AktG, § 36 SEBG Rn. 12; *Jacobs*, in: MünchKommAktG, § 36 SEBG Rn. 6.

523 BV IMW Immobilien SE, Abschnitt III. § 7.2; BV WAREMA Renkhoff SE, Teil III. Ziff. 20 Abs. 3-5.

524 BV IMW Immobilien SE, Abschnitt III. § 7.2.

Intranet). In dem Wahlausschreiben werden der Wahltag und der Wahlort festgelegt und die *Arbeitnehmer* werden aufgefordert, Wahlvorschläge binnen vier Wochen einzureichen. Ein Wahlvorschlag muss von mindestens 10 Arbeitnehmern und dem vorgeschlagenen Kandidaten selbst unterzeichnet sein. Nach Ablauf der Frist zur Einreichung der Wahlvorschläge beim Wahlvorstand erstellt dieser hieraus eine Vorschlagsliste, die unverzüglich entsprechend Satz 2 den *Arbeitnehmern* zugänglich gemacht werden muss.

(5) Arbeitnehmervertreter werden die beiden Kandidaten, die die meisten Stimmen auf sich vereinigen. (…)“[525]

In einer dritten Vereinbarung ist eine landesweite Direktwahl als subsidiäre Lösung festgelegt, falls in einem Land keine Arbeitnehmervertretung besteht, die anderenfalls zuständig ist.[526]

2. *Delegiertenwahl*

Eine Wahl der Arbeitnehmervertreter durch eigens zu bestimmende Delegierte, wie sie insbesondere das Mitbestimmungsgesetz und das MitbestErgG kennen, ist so als eigenständig geregeltes Modell in keiner der untersuchten Vereinbarungen enthalten.

3. *Entsendung durch vorhandenes Gremium*

Lediglich eine Vereinbarung sieht ausdrücklich die Entsendung von Mitgliedern eines vorhandenen Gremiums im Sinne der Bestimmung der Arbeitnehmervertreter aus den eigenen Reihen in das mitbestimmte Organ vor. Als Arbeitnehmervertreter in den Aufsichtsrat entsendet werden die Vorsitzenden oder stellvertretenden Vorsitzenden der drei arbeitnehmerstärksten Betriebe in Deutschland. Kommt keine Einigung im Hinblick auf die Auswahl zwischen Vorsitzenden und Stellvertreter zu Stande, entscheidet der betreffende Betriebsrat per Beschluss mit einfacher Mehrheit.[527]

4. *Bestimmung durch vorhandenes Gremium*

Mit Abstand am häufigsten vereinbart wurde die Bestimmung der Arbeitnehmervertreter durch ein bereits vorhandenes Gremium. Insgesamt betrifft dies 80% der Vereinbarungen.

---

525 BV WAREMA Renkhoff SE, Teil III. Ziff. 20 Abs. 3-5.

526 BV SCA Hygiene Products SE, Zweiter Abschnitt, § 6.2.

527 BV SURTECO SE, I. § 1.2.

Bis auf eine[528] sehen alle diese Gestaltungen vor, dass der SE-Betriebsrat die Arbeitnehmervertreter bestimmt. Dabei lassen sich die vereinbarten Verfahren insbesondere danach unterscheiden, ob der SE-Betriebsrat die Arbeitnehmervertreter direkt bestimmt, oder ob ein Nominierungsverfahren vorangeht. Letztere Gestaltung wurde in knapp 30% dieser Vereinbarungen gewählt.

Die Kompetenz hinsichtlich der Nominierungen liegt zum Teil bei den Mitgliedern des SE-Betriebsrats des entsprechenden Landes, dessen Sitz besetzt werden soll.[529] Auch die Einrichtung eines Nominierungsausschusses des SE-Betriebsrats findet sich. Hier besteht die Besonderheit, dass der Wahlvorschlag des Nominierungsausschusses nur insgesamt angenommen oder abgelehnt werden kann.[530] Gelegentlich sind hinsichtlich der Nominierung die nationalen Arbeitnehmervertretungen berufen.[531] Zum Teil können die Nominierungen auch aus der Arbeitnehmerschaft direkt stammen, wenn eine festgelegte Zahl von Stützunterschriften erbracht ist.[532] Vereinzelt sind die Nominierungsrechte dabei fakultativ oder der SE-Betriebsrat ist an die Nominierungen nicht gebunden.[533] Nach einer Vereinbarung müssen mindestens doppelt so viele Kandidaten vorgeschlagen werden wie Sitze zu vergeben sind, während zugleich eine Bindung an den Wahlvorschlag besteht.[534] Auch ist festgehalten, dass der SE-Betriebsrat bei ausbleibender Nominierung allein bestimmt.[535]

Knapp 23% der Vereinbarungen verweisen hinsichtlich der Bestimmung der Arbeitnehmervertreter auf die nationalen Regelungen des Landes, dem der betreffende Sitz zugeteilt wurde. Bei dieser Gestaltung ist dann durchgängig auch eine subsidiäre Lösung festgelegt, falls keine nationalen Regelungen bestehen.

5. *Benennung hinsichtlich reservierter Sitze*

a. Benennung von Gewerkschaftsvertretern

Besondere Regelungen zur Bestimmung von Gewerkschaftsvertretern im mitbestimmten Organ, soweit sie überhaupt vorgesehen sind, enthalten die betrachteten Vereinbarungen nur in geringerem Umfang. Über eine bloße Verweisung

528 BV BASF SE, II Ziff. 3.

529 BV DVB Bank SE, Zweiter Abschnitt § 23.2.

530 BV Porsche SE, II. §§ 23, 24.

531 BV BASF SE, II. Ziff. 3.2.; BV Bilfinger Berger SE, Teil C. Ziff. 21.3; BV MAN SE, III. § 16.2 b); BV Renolit SE, III. 3.

532 BV ARAG SE, Teil C. § 19 b); BV Nolte SE, III. Ziff. 3.

533 BV ARAG SE, Teil C. § 19 b); BV Bilfinger Berger SE, Teil C. Ziff. 21.3.

534 BV Bilfinger Berger SE, Teil C. Ziff. 21.4.

535 BV GfK SE, Teil III. § 18.

auf die nationalen Regelungen hinaus ist in einigen Vereinbarungen die erste Zusammensetzung des mitbestimmten Organs einschließlich der Gewerkschaftsvertreter aufgeführt und dabei die betreffende Gewerkschaft namentlich genannt. Dabei findet sich der Zusatz, dass die Arbeitnehmervertreter nach dem Muster der ersten Zusammensetzung zu bestimmen sind.[536]

Nur vereinzelt ist ausdrücklich ein Vorschlagsrecht von Seiten der Gewerkschaften festgehalten. Es handelt sich dabei um Vereinbarungen, die auch im Übrigen ein Nominierungsverfahren vorsehen.[537] Nach diesen Regelungen können entweder alle im SE-Konzern vertretenen Gewerkschaften oder eine bestimmte Gewerkschaft, dann zum Teil in Abstimmung mit den übrigen vertretenen Gewerkschaften, Wahlvorschläge unterbreiten. Ein detaillierter geregeltes Vorschlagsverfahren hinsichtlich der Gewerkschaftsvertreter findet sich nur in einer Vereinbarung. Darin sind konkrete Fristen, eine Vorgabe hinsichtlich der Zahl der Vorschläge und der Fall des Ausbleibens rechtzeitiger Vorschläge hinsichtlich der vorgesehenen zwei Arbeitnehmervertreter wie folgt geregelt:

„21.1 Zwei Arbeitnehmervertreter im Aufsichtsrat sind auf Vorschlag der im (…) Konzern vertretenen Gewerkschaften zu wählen (…).

21.2 Der geschäftsführende Ausschuss fordert die im (…) Konzern vertretenen Gewerkschaften jeweils rechtzeitig, spätestens aber zehn Wochen vor der voraussichtlichen Wahl der Arbeitnehmervertreter im Aufsichtsrat schriftlich zur Abgabe eines Wahlvorschlags auf.

21.3 Jeder Wahlvorschlag muss von mindestens einem Vertreter der Gewerkschaft unterzeichnet sein. Wird nur ein Wahlvorschlag unterbreitet, muss dieser mindestens doppelt so viele Bewerber enthalten wie Gewerkschaftsvertreter zu wählen sind.

21.4 Liegt nicht spätestens sechs Wochen vor der voraussichtlichen Wahl der Arbeitnehmervertreter im Aufsichtsrat mindestens ein wirksamer Wahlvorschlag einer im (…) Konzern vertretenen Gewerkschaft vor, findet § 21.1 keine Anwendung.“[538]

Eine Zuordnung der Gewerkschaftssitze zu bestimmten Ländern oder Teilkonzernen bestimmt die Vereinbarung, wie viele andere Vereinbarungen, nicht. Lediglich vereinzelt hat sich die beauftragte Gewerkschaft bei ihrem Vorschlag an dem Verhältnis der Arbeitnehmerzahlen in den Mitgliedstaaten

536 BV BASF SE, II. Ziff. 3.2; BV BP Europa SE, Teil 3 Ziff. 6.

537 BV MAN SE, III. § 16.3.; BV Nolte SE III. Ziff. 3; BV Porsche SE, II. §21.2-21.4.

538 BV Porsche SE, II. § 21.2-21.4.

bzw. den Teilkonzernen zu der Gesamtarbeitnehmerzahl in der SE Gruppe zu orientieren.[539]

Abschließend findet sich keine Vereinbarung, nach der Gewerkschaftsvertreter ausschließlich durch die Gewerkschaft ohne Legitimation durch die Arbeitnehmerschaft bestimmt werden.

b. Benennung von leitenden Angestellten

Wie gezeigt ist lediglich nach einer Vereinbarung ein reservierter Sitz für einen leitenden Angestellten vorgesehen.[540] Nach dieser Vereinbarung schlägt der deutsche Sprecherausschuss dem SE-Betriebsrat den Vertreter der leitenden Angestellten vor, der an den Vorschlag gebunden ist. Besteht kein Sprecherausschuss, stammen die Vorschläge aus dem Kreis der leitenden Angestellten, wobei der leitende Angestellte zu nominieren ist, der die meisten Wahlvorschläge erhalten hat.[541]

Nach einer weiteren Vereinbarung ist zwar kein Sitz für die leitenden Angestellten reserviert, sie finden aber im Rahmen des für die deutschen Arbeitnehmervertreter festgelegten Wahlverfahrens Berücksichtigung. Der Konzernbetriebsrat bzw. die höchste bestehende deutsche Arbeitnehmervertretung nominiert die deutschen Arbeitnehmervertreter gemeinsam mit dem Vorsitzenden des höchsten deutschen Sprecherausschusses mit einfacher Mehrheit.[542] Wohl vor dem Hintergrund, dass die leitenden Angestellten damit gegen die Stimmen der Mitglieder des Konzernbetriebsrats keinen Arbeitnehmervertreter durchsetzen könnten, ist eine Ergänzung aufgenommen worden. Für den Fall, dass dem Aufsichtsrat keine leitenden Angestellten angehören, soll durch eine gesonderte Vereinbarung sichergestellt werden, dass die leitenden Angestellten betreffende Angelegenheiten mit ihnen auf Gesamtkonzernebene angemessen beraten werden.[543]

c. Regelungen bei Teilkonzernmodellen

Das Bestehen von Teilkonzernen findet im Rahmen des Bestimmungsverfahrens ebenfalls Berücksichtigung. So ist nach einer Vereinbarung bei Hinzutreten eines neuen Teilkonzerns zunächst der SE-Betriebsrat neu zu konstituieren. Bestehen mehr als zwei Teilkonzerne, ist eine besondere Mehrheit festgelegt.

539 BV MAN SE, III. § 16.3.
540 BV Nolte SE, B. III.
541 BV Nolte SE, B. III. Ziff. 3 Abs. 3.
542 BV MAN SE, III. § 16.2 b).
543 BV MAN SE, III. § 16.7.

Dann beschließt der zuständige Nominierungsausschuss mit der Mehrheit der abgegebenen Stimmen, die zugleich die Mehrheit der abgegebenen Stimmen der Ausschussmitglieder jedes Teilkonzerns beinhalten muss.[544]

6. *Benennung in der Beteiligungsvereinbarung*

In rund 28% der Vereinbarungen sind die Arbeitnehmervertreter im ersten Aufsichts- oder Verwaltungsrat benannt.

7. *Rechtliche Bewertung*

Die Entsendung oder Bestimmung durch ein vorhandenes Gremium betrifft die Frage nach der Zulässigkeit der mittelbaren Wahl der Arbeitnehmervertreter. Wie beim SE-Betriebsrat bedarf es der Legitimation der Arbeitnehmervertreter durch die Arbeitnehmer. Ausreichend ist dabei eine mittelbare Wahl.[545] Dies ergibt sich aus Art. 2 lit. k SE-RL, der Mitbestimmung als die Einflussnahme des Organs zur Vertretung der Arbeitnehmer und/oder der Arbeitnehmervertreter auf die Angelegenheiten der Gesellschaft durch die Wahrnehmung des Rechts, einen Teil der Mitglieder des Aufsichts- oder Verwaltungsorgans zu wählen oder zu bestellen beschreibt.[546] Die §§ 2 Abs. 12, 21 Abs. 3 S. 2 Nr. 1 und 2 SEBG, Art. 4 Abs. 2 lit. g) SE-RL, in denen nur mehr die Wahl durch die Arbeitnehmer erwähnt ist,[547] ergeben nichts Gegenteiliges, da sich auch die mittelbare Wahl darunter fassen lässt. Die Auffanglösung selbst sieht gem. § 36 Abs. 2 SEBG die Bestimmung der Arbeitnehmervertreter durch den SE-Betriebsrat vor und auch die Vorgaben der Richtlinie zur Auffanglösung im Anhang Teil 3 lit. b) Abs. 3 der SE-RL sehen die Möglichkeit der Bestimmung der Arbeitnehmervertreter durch das Vertretungsorgan der Arbeitnehmer vor.[548]

Problematisch hingegen sind Entsendungsregelungen, die durch ihre Festlegungen bewirken, dass nur ein Land Arbeitnehmervertreter entsenden kann. Auch wenn keine strikte Repräsentativität erforderlich ist und Ausnahmen aus Sachgründen gerechtfertigt sein können, ist der vollständige Ausschluss aller übrigen Belegschaften nicht gerechtfertigt und unzulässig.

---

544 BV Porsche SE, II § 24.1.2.

545 *Feuerborn*, in: KK-AktG, § 21 SEBG Rn. 56; *Jacobs*, in: FS K. Schmidt, S. 795, 806; *Oetker*, in: Lutter/Hommelhoff, § 21 SEBG Rn. 37; *ders.*, in: FS Konzen 2006, S. 635, 651 f.; *Forst*, Beteiligungsvereinbarung, S. 268 f.

546 *Forst*, Beteiligungsvereinbarung, S. 268.

547 *Forst*, Beteiligungsvereinbarung, S. 268.

548 *Forst*, Beteiligungsvereinbarung, S. 268.

Bei der Benennung von Gewerkschaftsvertretern stellt sich die Frage, inwiefern diese durch externe Dritte, nämlich von Seiten der Gewerkschaften, möglich ist. Dies betrifft insbesondere Entsendungs- und Vorschlagsrechte der Gewerkschaften. Die Arbeitnehmervertreter im mitbestimmten Organ müssen durch die Arbeitnehmer legitimiert sein. Ein einseitiges Entsendungsrecht der Gewerkschaft schließt aber eine Willensbildung der Arbeitnehmer aus und wird deshalb vielfach für unzulässig gehalten.[549] Auch ein Vorschlagsrecht der Gewerkschaft mit Bindungswirkung lässt für eine Willensbildung der Arbeitnehmer keinen Raum. Solche Regelungen sind mit Art. 4 Abs. 2 lit. g SE-RL nicht vereinbar, da danach die Mitglieder des Aufsichts- oder Verwaltungsorgans der SE durch die Arbeitnehmer gewählt werden.[550] Wenn von Seiten der Arbeitnehmerschaft aber das Letztentscheidungsrecht zusteht, eine Auswahlmöglichkeit verbleibt oder die Vorschläge der Gewerkschaft bereits im Vorfeld mit dem SE-Betriebsrat abzustimmen sind, bleibt ein hinreichender Einfluss der Arbeitnehmer erhalten. Dabei ist auch zu berücksichtigen, dass die entsprechende Regelung zur Sitzverteilung mit dem BVG verhandelt wurde und somit eine Legitimation durch die Arbeitnehmer erfahren hat. Lassen Vorschlagsrechte wie beschrieben Raum für eine Willensbildung der Arbeitnehmer, sind sie daher zulässig.[551]

Letztlich ist auch die Bestimmung der ersten Arbeitnehmervertreter in der Beteiligungsvereinbarung möglich, da eine mittelbare Legitimation ausreicht und die Vereinbarung vom BVG ausgehandelt wird.[552]

IV. Bestellung der Arbeitnehmervertreter

Nach § 21 Abs. 3 Nr. 2 SEBG soll die Mitbestimmungsvereinbarung Festlegungen hinsichtlich des Verfahrens, nach dem die Arbeitnehmer die Arbeitnehmervertreter wählen oder bestellen oder deren Bestellung empfehlen oder ablehnen können, enthalten. Nach der gesetzlichen Auffanglösung liegt die Kompetenz zur Bestellung der Arbeitnehmervertreter gem. § 36 Abs. 4 SEBG bei der Hauptversammlung, die an die Vorschläge der Arbeitnehmer gebunden ist. In der Praxis finden sich sowohl Vereinbarungen, bei denen die Kompetenz zur Bestellung

549 *Oetker*, in: Lutter/Hommelhoff, § 21 SEBG Rn. 37; *ders.*, in: FS Konzen 2006, S. 635, *Forst*, Beteiligungsvereinbarung, S. 273; *Scheibe*, Mitbestimmung, S. 128; *Jacobs*, in: FS K. Schmidt, S. 795, 805 f.

550 Thüsing, ZIP 2006, 1469, 1473.

551 Für die Zulässigkeit von Entsendungsrechten insgesamt *Seibt*, AG 2005, 413, 423.

552 Vgl. *Forst*, Beteiligungsvereinbarung, S. 269.

bei der Hauptversammlung liegt, also auch solche, bei denen diese Kompetenz den Arbeitnehmern übertragen wurde.

1. Bestellung durch die Hauptversammlung

In der Mehrzahl der betrachteten Vereinbarungen sind die Parteien bei der Bestellung der Arbeitnehmervertreter durch die Hauptversammlung geblieben. Dies ist bei gut 65% der Vereinbarungen der Fall. Insbesondere gilt dies auch für die Vereinbarungen, die eine unternehmerische Mitbestimmung vorsehen, aber keine Errichtung eines SE-Betriebsrats, weil ein Ersatzverfahren zur Unterrichtung und Anhörung gewählt wurde.

Eine Bindung der Hauptversammlung an die Vorschläge der Arbeitnehmer erwähnen nahezu alle dieser Regelungen. Hinsichtlich des Verfahrens ist in fast der Hälfte der Vereinbarungen, nach denen die Kompetenz zur Bestellung bei der Hauptversammlung liegt, eine Frist von zwei oder drei Monaten angegeben, bis zu der die Vorschläge der Hauptversammlung oder Leitung mitzuteilen sind, um eine ordnungsgemäße Einladung Hauptversammlung zu gewährleisten.

2. Bestellung durch die Arbeitnehmerseite

Für eine Bestellung unmittelbar durch die Arbeitnehmerseite haben sich die Parteien im Rahmen der untersuchten Vereinbarungen ebenso entschieden. Dies betrifft gut 25% der untersuchten Mitbestimmungsvereinbarungen. Dabei lassen sich zwei Ausgestaltungen hinsichtlich der Formulierung der jeweiligen Regelung unterscheiden. Überwiegend ist ausdrücklich die Bestellungskompetenz des SE-Betriebsrats festgelegt, wie beispielsweise bei dieser Fassung:

„Die Arbeitnehmervertreter im Aufsichtsrat der Bilfinger Berger SE und deren persönliche Ersatzmitglieder werden vom SE-Betriebsrat bestellt.“[553]

Seltener ist ein Entsendungsrecht des SE-Betriebsrats vereinbart, wie in folgender Regelung:

„Die in den SE-AR zu entsendenden innerbetrieblichen Vertreter werden nach Maßgabe der nachfolgenden Bestimmungen zur Wahl vorgeschlagen, nominiert und durch geheimen Beschluss des SE-BR in den SE-AR entsandt (...).“[554]

Die übrigen Vereinbarungen enthalten lediglich Regelungen zur künftigen Mitbestimmung und im Rahmen dieser keine Angaben hinsichtlich der Bestellung.

553 BV Bilfinger Berger SE, Teil C. Ziff. 21.1.
554 BV MAN SE, III. § 16.2.

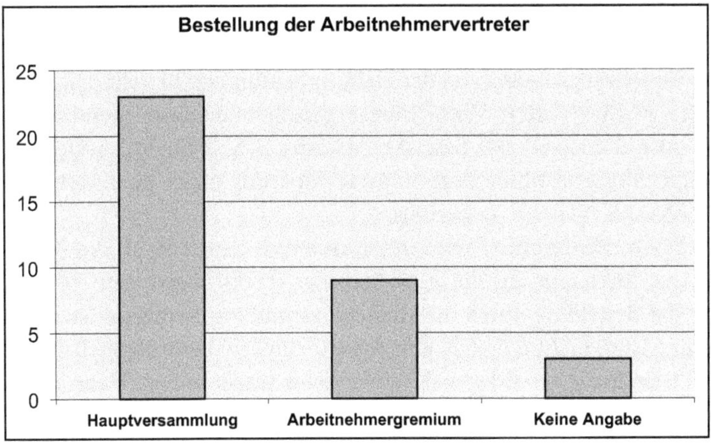

3. Bestellung der ersten Arbeitnehmervertreter

Wie bereits gezeigt sind die Arbeitnehmervertreter des ersten Aufsichts- oder Verwaltungsrats in 28% der betrachteten Vereinbarungen benannt. Die Bestellung soll nach diesen Vereinbarungen insbesondere gerichtlich erfolgen[555], die Benennung in der Vereinbarung stellt sich als bindender Wahlvorschlag des BVG dar und die Bestellung erfolgt durch die Hauptversammlung[556], oder die Arbeitnehmervertreter gelten als mit Inkrafttreten[557] oder Unterzeichnung[558] der Vereinbarung bestellt. Schließlich bestehen auch die Varianten, dass die Arbeitnehmervertreter mit Beschlussfassung der Hauptversammlung über die Umwandlung in eine SE als bestellt gelten[559] oder durch die Hauptversammlung der umzuwandelnden Gesellschaft bestellt werden.[560]

4. Rechtliche Bewertung

Nach § 21 Abs. 3 Nr. 2 SEBG soll die Mitbestimmungsvereinbarung Festlegungen hinsichtlich des Verfahrens, nach dem die Arbeitnehmer die Arbeitnehmervertreter wählen oder bestellen oder deren Bestellung empfehlen oder

555 BV Allianz SE, Teil B. Ziff. 3.2.; BV Fresenius SE, Teil II. Ziff. 3.2.; BV SGL Carbon SE, Ziff. 17.1.

556 BV ARAG SE, Teil C. § 19 Abs. 1.

557 BV BASF SE, II. Ziff. 4.1.; BV BP Europa SE, Teil 1 Ziff. 5, 7.

558 BV Bilfinger Berger SE, Anlage 5.

559 BV DEKRA SE, Teil B. § 21.2.

560 BV Kaeser SE, Teil III. Ziff. 20; BV SCA Hygiene Products SE, Zweiter Abschnitt § 5.2.

ablehnen können, enthalten. Nach Art 40 Abs. 2 S.1 SE-VO werden die Mitglieder des Aufsichtsorgans und nach Art. 43 Abs. 3 S. 1 SE-VO die Mitglieder des Verwaltungsorgans von der Hauptversammlung bestellt. Die Mitglieder des ersten Aufsichts- bzw. Verwaltungsorgans können abweichend davon gem. Art. 40 Abs. 2 S. 2 SE-VO bzw. Art. 43 Abs. 3 S. 2 SE-VO bestellt werden. Eine abgeschlossene Mitbestimmungsvereinbarung bleibt gem. Art. 40 Abs. 2 S. 3, 43 Abs. 3 S. 3 SE-VO unberührt.

Vor diesem Hintergrund wird unterschiedlich beurteilt, ob die Bestellungskompetenz überhaupt auf die Arbeitnehmer direkt übertragen werden kann, oder ob die Bestellung durch die Hauptversammlung zwingend ist. Nach einer Auffassung ist es nicht möglich, den Arbeitnehmern die Kompetenz zur unmittelbaren Bestellung der Arbeitnehmervertreter einzuräumen. Denn nach dieser Auffassung bezieht sich die Öffnung in Art. 40 Abs. 2 S. 3, 43 Abs. 3 S. 3 SE-VO für Vereinbarungen hinsichtlich der Bestellungskompetenz nur auf die Bestellung der Mitglieder des ersten Aufsichtsrats oder Verwaltungsorgans.[561] Dafür spreche die systematische Stellung der Öffnungsklauseln in Art. 40 Abs. 2 S. 3, 43 Abs. 3 S. 3 SE-VO.[562] Denn Art. 47 Abs. 4 SE-VO, der ebenfalls eine Öffnungsklausel enthält, und zwar für einzelstaatliche Vorschriften, die neben der Hauptversammlung auch einer Minderheit von Aktionären oder anderen Personen oder Stellen die Bestellung eines Teils der Organmitglieder erlauben, betreffe sowohl die monistische als auch das dualistische SE.[563] Demnach habe es nur für die Bestellung der Mitglieder des ersten Aufsichts- oder Verwaltungsorgans der Klarstellung bedurft, dass die für diesen Fall eingeräumte Bestellungskompetenz durch die Satzung abweichende einzelstaatliche Bestimmungen nicht ausschließe.[564] Die Art. 42 S. 2, 45 S. 2 SE-VO, in denen ausdrücklich die Bestellung durch die Arbeitnehmer erwähnt ist, sprächen nur das allgemeine Bestimmungsrecht der Arbeitnehmer an.[565] Die Geltung nur hinsichtlich des ersten mitbestimmten Organs entspreche auch dem Zweck der Öffnungsklausel, der Bildung von Aufsichts- oder Verwaltungsorgan ohne Arbeitnehmer zu begegnen.[566] Im Hinblick auf die Rechtsfolgen wird innerhalb dieser Meinungsgruppe vertreten, dass

561 *Jacobs*, in: FS K. Schmidt, S. 795, 807; *Oetker*, in: FS Konzen 2006, S. 635, 652; *Paefgen*, in: KK-AktG, Art. 40 SE-VO Rn. 45.

562 *Jacobs*, in: FS K. Schmidt, S. 795, 807; *Oetker*, in: FS Konzen 2006, S. 635, 652.

563 Hoops S. 148 f.; *Scheibe*, Mitbestimmung, S. 129; *Oetker*, in: FS Konzen 2006, S. 635, 652 f.

564 *Oetker*, in: FS Konzen 2006, S. 635, 653.

565 *Paefgen*, in: KK-AktG, Art. 40 SE-VO Rn. 45.

566 *Jacobs*, in: FS K. Schmidt, S. 795, 807.

in Beteiligungsvereinbarungen festgelegte Bestellungsrechte der Arbeitnehmer analog § 36 Abs. 4 SEBG als die Hauptversammlung bindende Wahlvorschläge auszulegen seien.

Nach anderer Auffassung kann der Arbeitnehmerseite die Bestellungskompetenz übertragen werden, da die Mitbestimmungsvereinbarung vorrangig sei.[567] Zudem wird auf §§ 2 Abs. 12, 21 Abs. 3 Nr. 1 SEBG, Art. 2 lit. k), 4 Abs. 2 lit. g) SE-RL verwiesen.[568] Danach ist Mitbestimmung die Einflussnahme auf die Angelegenheiten der Gesellschaft durch die Wahrnehmung des Rechts, einen Teil der Mitglieder des Aufsichts- oder Verwaltungsorgans zu wählen oder zu bestellen (…). Nach § 21 Abs. 3 SEBG seien die Verhandlungspartner aufgefordert, in der Mitbestimmungsvereinbarung das Verfahren zu regeln, nach dem die Arbeitnehmervertreter gewählt oder bestellt werden.[569]

Zutreffend ist sicher, dass sich Art. 42 S. 2, 45 S. 2 SE-VO nicht auf eine Bestellung im engeren Sinne beziehen, sondern allgemein auf die Bestimmung der Arbeitnehmervertreter.[570] Nicht nachvollziehbar wäre, weshalb der Vorsitzende des mitbestimmten Organs nur dann ein Anteilseignervertreter sein muss, wenn die Bestellungskompetenz hinsichtlich der Arbeitnehmervertreter unmittelbar bei den Arbeitnehmervertretern liegt. Erfasst werden sollen alle Fälle eines paritätisch besetzten mitbestimmten Organs losgelöst von der Bestellungskompetenz, um das Letztentscheidungsrecht der Anteilseigner gem. Art. 50 Abs. 2 SE-VO sicherzustellen.[571] Allerdings ist der Schluss, die Öffnung zugunsten der Mitbestimmungsvereinbarung beziehe sich nur auf die Bestellung des ersten Aufsichts- oder Verwaltungsorgans, nicht zwingend. Denn die Art. 40 Abs. 2 S. 3, 43 Abs. 3 S. 3 SE-VO differenzieren ausdrücklich zwischen durch einzelstaatliche Rechtsvorschriften begründeten und durch Mitbestimmungsvereinbarung vorgesehenen Bestellungskompetenzen. Letztere sind demnach nicht von der Öffnungsklausel in Art. 47 Abs. 7 SE-VO

567 *Drygala*, in: Lutter/Hommelhoff, Art. 40 SE-VO Rn. 7; *Forst*, Beteiligungsvereinbarung, S. 274; *Kiem*, in: KK-AktG, Art. 12 SE-VO Rn. 68; *Manz*, in Manz/Mayer/Schröder, Art. 40 SE-VO Rn. 23; *Reichert/Brandes*, in: MünchKommAktG, Art. 40 SE-VO Rn. 26; *Seibt*, in: Habersack/Drinhausen, Art. 40 SE-VO Rn. 38; *Heinze/Seifert/Teichmann*, BB 2005, 2524, 2526 f.

568 *Forst*, Beteiligungsvereinbarung, S. 274.

569 *Drygala*, in: Lutter/Hommelhoff, Art. 40 SE-VO Rn. 7.

570 So auch: *Paefgen, in: KK-AktG,* Art. 40 SE-VO Rn. 45.

571 So auch *Paefgen*, in: KK-AktG, Art. 42 SE-VO Rn. 3; *Reichert/Brandes*, in: MünchKommAktG, Art. 42 SE-VO Rn. 2; *Schwarz*, SE-VO, Art. 42 Rn. 5 f.

erfasst.[572] Damit lässt sich einwenden, dass es jedenfalls der Öffnung zugunsten der Mitbestimmungsvereinbarung nicht nur für die Bestellung des ersten Organs bedurfte. Die SE-RL und in ihrer Umsetzung das SEBG sehen ausdrücklich sowohl die Wahl als auch die Bestellung der Arbeitnehmervertreter durch die Arbeitnehmer vor.[573] In der Mitbestimmungsvereinbarung kann daher vorgesehen werden, dass die Arbeitnehmervertreter unmittelbar von der Arbeitnehmerseite bestellt werden. Die Auslegung von Vereinbarungen zur direkten Bestellungskompetenz der Arbeitnehmerseite als ein bloßes Wahlvorschlagsrecht mit Bindungswirkung stößt losgelöst davon angesichts einer Vielzahl von Vereinbarungen mit klarer Unterscheidung zwischen Bestimmung der Arbeitnehmervertreter und Bestellung ohnehin an Grenzen, wobei die partielle Geltung der Auffanglösung letztlich zum selben Ergebnis käme. Entsprechend ist auch die Bestellung durch die Beteiligungsvereinbarung oder beispielsweise ihr Inkrafttreten möglich.[574]

V. Amtszeit

1. Dauer der Amtszeit

Vorgaben hinsichtlich der Amtsdauer der Mitglieder des mitbestimmten Organs enthält Art. 46 Abs. 1 SE-VO. Danach werden die Mitglieder der Organe der Gesellschaft für einen in der Satzung festgelegten Zeitraum, der sechs Jahre nicht überschreiten darf, bestellt.

Werden die Arbeitnehmervertreter durch die Hauptversammlung bestellt, hat sich zur weiteren Konkretisierung die Formulierung durchgesetzt, dass die Amtszeit mit der Beendigung der Hauptversammlung beginnt, in der über die Bestellung der Arbeitnehmervertreter beschlossen wird.[575] Alternativ sind keine weiteren Regelungen zum Beginn der Amtszeit getroffen worden.[576] Bei Bestellung durch den SE-Betriebsrat ist der Beginn der Amtszeit ebenfalls häufig nicht gesondert geregelt.[577]

---

572 *Paefgen*, in: KK-AktG, Art. 40 Rn. 46, der allerdings im Ergebnis eine unmittelbare Bestellungskompetenz der Arbeitnehmerseite ablehnt.

573 *Forst*, Beteiligungsvereinbarung, S. 274.

574 Ausführlich *Forst*, Beteiligungsvereinbarung, S. 269.

575 Bspw. BV ARAG SE, Teil C. Ziff. 20; BV DVB SE, 2. Abschnitt § 25.1; BV Porsche SE, II. § 25.2.

576 Bspw. BV Fresenius SE, Teil II. Ziff. 4; BV Germanischer Lloyd SE, Teil II. Ziff. 3; BV SGL Carbon SE, Teil III.

577 Bspw. BV BASF SE, Teil II. Ziff. 6; BV Dekra SE, B. § 22.

In rund 65% der Vereinbarungen wird hinsichtlich der Dauer der Amtszeit auf die Satzung Bezug genommen oder der Gleichlauf mit den Regelungen hinsichtlich der Anteilseigner festgelegt. Vereinzelt ist darüber hinaus ausdrücklich vereinbart, dass die Amtszeit der Arbeitnehmer nicht kürzer sein darf als die der Anteilseigner.[578] Soweit die Dauer der regulären Amtszeit genannt ist, erstreckt sie sich mehrheitlich auf rund vier, nach zwei Vereinbarungen auf rund fünf Jahre bzw. Geschäftsjahre. Durchgesetzt hat sich dabei hinsichtlich der regulären Amtszeit die folgende Formulierung, die mit sprachlichen Varianten am häufigsten zu finden ist:

„Die Bestellung der Aufsichtsratsmitglieder in nachfolgenden Amtsperioden erfolgt für die Zeit bis zur Beendigung der Hauptversammlung, die über die Entlastung für das vierte Geschäftsjahr nach Beginn der Amtszeit beschließt, wobei das Geschäftsjahr, in dem die Amtszeit beginnt, nicht mitgerechnet wird. Dabei endet die Amtszeit in jedem Fall spätestens nach sechs Jahren.“[579]

2. *Wahlanfechtung und Abberufung*

a. Anfechtung

Rund 65% der Vereinbarungen verweisen hinsichtlich der Anfechtung der Wahl der Arbeitnehmervertreter auf § 37 SEBG oder enthalten eine eigene Formulierung, die sich inhaltlich mit § 37 SEBG deckt.

19% der Vereinbarungen verweisen hinsichtlich der Anfechtungsberechtigung auf die nationalen Bestimmungen. Häufig ist dann zusätzlich geregelt, dass der SE-Betriebsrat und die Leitung der SE in jedem Fall anfechtungsberechtigt sind. Nach rund 58% der Vereinbarungen ist ebenfalls der SE-Betriebsrat anfechtungsberechtigt und nach ebenfalls 58% der Vereinbarungen die Unternehmensleitung. Weitere Gestaltungen sehen die Anfechtungsberechtigung von drei Mitgliedern des SE-Betriebsrats[580] oder eines Mitglieds des SE-Betriebsrats[581] vor.

Nach allen Vereinbarungen beträgt die Frist zur Anfechtung der Wahl einen Monat.

In knapp der Hälfte der Vereinbarungen ist schließlich eine Regelung hinsichtlich des speziell für die Anfechtung zuständigen Gerichts getroffen worden. Weit überwiegend nennen die Vereinbarungen ein konkretes Arbeitsgericht, gelegentlich wird aber auch auf das Arbeitsgericht am jeweiligen Sitz der SE bzw.

---

578 Beteiligungsvereinbarung der Webasto SE, Teil II. Ziff. 3.1.

579 Beteiligungsvereinbarung der Bilfinger Berger SE, Ziff. Teil C. 23.2

580 BV E.ON Energy Trading SE, § 22 Abs. 3.

581 BV GfK SE, § 19.1.

das zuständige Arbeitsgericht verwiesen. Eine Vereinbarung verweist auf das zuständige Gericht des Mitgliedstaats, für den der Arbeitnehmer bestellt worden ist.[582]

b. Abberufung

Rund ein Viertel der untersuchten Vereinbarungen verweisen hinsichtlich der Abberufung von Arbeitnehmervertretern ganz oder teilweise auf die nationalen Regelungen. Sieben Vereinbarungen verweisen für den Fall des Fehlens solcher Regelungen auf § 37 SEBG und zwei Vereinbarungen verweisen ausschließlich auf § 37 SEBG. Die Abberufungsberechtigung fällt bei den Vereinbarungen, die dazu eigenständige Regelungen treffen, mit der Zuständigkeit für die Bestimmung der Arbeitnehmervertreter zusammen. Eine gesonderte Antragsberechtigung findet sich aber auch in Vereinbarungen, nach denen die Bestellung durch den SE-Betriebsrat erfolgt, dieser aber an Wahlvorschläge gebunden ist.[583] Nach einer solchen Vereinbarung ist beispielsweise der SE-Betriebsrat selbst antragsberechtigt sowie der Konzernbetriebsrat hinsichtlich der von ihm bindend vorgeschlagenen deutschen Vertreter sowie die Gewerkschaft für die von ihr bindend vorgeschlagenen Vertreter. Vereinzelt findet sich auch die Antragberechtigung nur eines Mitglieds des SE-Betriebsrats, während die Abberufung selbst durch den gesamten SE-Betriebsrat mit der festgelegten Mehrheit erfolgt.[584]

In gut einem Viertel der Vereinbarungen ist hinsichtlich der Abberufung das erforderliche Quorum ausdrücklich vereinbart, beispielsweise die doppelte Mehrheit oder eine Zweidrittelmehrheit. Bei den Vereinbarungen, in denen direkt auf § 37 SEBG verwiesen wird, ergibt sich das Erfordernis einer Dreiviertelmehrheit bereits hieraus. Das Mehrheitserfordernis kann sich darüber hinaus natürlich auch aus dem Verweis auf die nationalen Regelungen ergeben.

3. Rechtliche Bewertung

Die Amtsdauer der Arbeitnehmervertreter kann in der Beteiligungsvereinbarung festgelegt werden. Denn der Regelungsauftrag gem. § 21 Abs. 3 S. 2 Nr. 2 SEBG hinsichtlich des Verfahrens der Wahl der Arbeitnehmervertreter beinhalte auch, in welchem Zeitabstand diese zu wählen seien.[585] Dabei wird mit

---

582 BV PUMA SE, § 19.5.
583 BV Bilfinger Berger SE, Teil C. Ziff. 22.
584 BV Renolit SE, III. Ziff. 8.
585 *Forst*, Beteiligungsvereinbarung, S. 267.

Blick auf die Funktionsfähigkeit der SE ein Gleichlauf mit der Amtszeit der Anteilseignervertreter empfohlen.[586]

Ferner kann in der Beteiligungsvereinbarung die Abberufungsberechtigung dergestalt geregelt werden, dass sie dort liegt, wo die Entscheidung über die Auswahl der Arbeitnehmervertreter getroffen wird.[587] Bestellt der SE-Betriebsrat die Arbeitnehmervertreter direkt, so liegt die Abberufungskompetenz bei ihm. Bestellt die Hauptversammlung die Arbeitnehmervertreter auf bindenden Vorschlag des SE-Betriebsrats oder eines Wahlgremiums, erfolgt die Abberufung durch die Hauptversammlung auf bindenden Vorschlag des SE-Betriebsrats oder des Gremiums. Ein Abberufungsbeschluss der Hauptversammlung ist damit bei Geltung einer Beteiligungsvereinbarung nicht zwingend.[588] Dies folgt bereits daraus, dass auch die Bestellung nicht zwingend durch die Hauptversammlung erfolgen muss.[589] Auch die Regelungskompetenz hinsichtlich der Anfechtung ergibt sich aus der Befugnis gem. § 21 Abs. 3 Nr. 2 SEBG, die Wahl der Arbeitnehmervertreter in der Beteiligungsvereinbarung auszugestalten. Gem. § 2a Abs. 1 Nr. 3d ArbGG sind die Arbeitsgerichte für Streitigkeiten nach dem SEBG und damit für Streitigkeiten aus der Beteiligungsvereinbarung zuständig. Dies umfasst auch Streitigkeiten hinsichtlich der Abberufung von Arbeitnehmervertretern oder der Anfechtung ihrer Wahl auf Grund der Beteiligungsvereinbarung.[590] Hinsichtlich der örtlichen Zuständigkeit gilt § 82 Abs. 3 ArbGG. Vereinbarungen zur örtlichen Zuständigkeit sind damit nicht bindend möglich.

VI. Ersatzmitglieder

Die Option zur Bestellung von Ersatzmitgliedern für die Arbeitnehmervertreter im Aufsichts- oder Verwaltungsorgan besteht auch in der SE. Gemäß der Verweisung in Art. 9 Abs. 1 lit. c. ii. SE-VO hinsichtlich nicht von der SE-VO geregelter Aspekte auf die nationalen Vorschriften zur Aktiengesellschaft gilt

---

586 *Forst*, Beteiligungsvereinbarung, S. 267.

587 *Forst*, Beteiligungsvereinbarung, S. 286.

588 *Drygala*, in: Lutter/Hommelhoff, Art. 40 SE-VO Rn. 11; *Reichert/Brandes*, in: MünchKommAktG, Art. 40 SE-VO Rn. 60; *Seibt*, in: Habersack/Drinhausen, Art. 40 SE-VO Rn. 61; A.A. *Paefgen*, in: KK-AktG, Art. 40 SE-VO Rn. 88, der zugrunde legt, dass auch die Bestellung zwingend durch die Hauptversammlung zu erfolgen hat.

589 Siehe B. IV.

590 *Forst*, Beteiligungsvereinbarung, S. 290.

§ 101 Abs. 3 AktG für die dualistische SE.[591] Für die monistische SE ergibt sich die Möglichkeit zur Bestellung von Ersatzmitgliedern aus § 28 Abs. 3 SEAG, der im Wesentlichen § 101 Abs. 3 AktG entspricht.

Aus den genannten Vorschriften ergeben sich auch die gesetzlichen Anforderungen im Hinblick auf die Ersatzmitglieder. Zunächst tritt das Ersatzmitglied an die Stelle eines dauerhaft ausgeschiedenen Mitglieds. Stellvertreter für eine vorübergehende Vertretung können gem. § 101 Abs. 3 S. 1 AktG, § 28 Abs. 3 S. 1 SEAG nicht bestellt werden. Ein Ersatzmitglied muss gem. § 101 Abs. 3 S. 3 AktG, § 28 Abs. 3 S. 3 SEAG gleichzeitig mit dem regulären Mitglied bestellt werden, das es im Ausscheidensfalle ersetzen soll. Hinsichtlich Bestellung, Nichtigkeit und Anfechtung der Wahl gelten nach § 101 Abs. 3 S. 4 AktG, § 28 Abs. 3 S. 4 SEAG dieselben Vorschriften wie für reguläre Mitglieder.

Vor dem Hintergrund der ohnehin bestehenden gesetzlichen Regelungen fallen die Regelungen in den ausgewerteten Vereinbarungen eher kurz aus. In 83% der Vereinbarungen findet die Möglichkeit der Bestellung von Ersatzmitgliedern ausdrücklich Erwähnung. In allen diesen Vereinbarungen liegt den Regelungen erkennbar zu Grunde, dass die Ersatzmitglieder anders als beim SE-Betriebsrat nicht für eine vorübergehende Vertretung, sondern nur endgültig für den Fall des Ausscheidens des betreffenden Mitglieds eingesetzt werden. Zum Teil ist auch ausdrücklich festgehalten, dass keine vorübergehende Vertretung erfolgt.[592] Nach 86% Vereinbarungen soll ausdrücklich für jeden Arbeitnehmervertreter ein Ersatzmitglied – zum Teil als persönliches Ersatzmitglied bezeichnet - bestimmt werden. Nur vereinzelt soll zunächst nur ein Ersatzmitglied für die „Arbeitnehmerbank“ bestimmt werden oder es werden Ersatzmitglieder bestimmt, die ohne persönliche Festlegung nachrücken und zahlenmäßig unter der Gesamtsitzzahl für die Arbeitnehmervertreter liegen. Nicht vorgesehen ist, dass Ersatzmitglieder bestimmt werden, die sowohl für einen Arbeitnehmervertreter wie für einen Anteilseignervertreter einrücken könnten.

Im Schrifttum wird darauf hingewiesen, dass die Bestellung einer Person als Ersatz für mehrere bestimmte Aufsichtsratsmitglieder möglich sei. Da keine gegenteiligen Vorschriften bestehen, ist dies zutreffend.[593] Im Weiteren wird dann

---

591 *Manz*, in Manz/Mayer/Schröder, Art. 40 SE-VO Rn. 45; *Paefgen*, in: KK-AktG, Art. 40 SE-VO Rn. 62; *Reichert/Brandes*, in: MünchKommAktG, Art. 40 SE-VO Rn. 36; *Schwarz*, SE-VO, Art. 40 Rn. 55; *Seibt*, in: Habersack/Drinhausen, Art. 40 SE-VO Rn. 41.

592 BV Kaeser SE, Teil III. Ziff. 22.4.

593 *Paefgen*, in: KK-AktG, Art. 40 SE-VO Rn. 65; *Reichert/Brandes*, in: MünchKommAktG, Art. 40 SE-VO Rn. 36.

vertreten, dass in Ermangelung einer § 17 MitbestG entsprechenden Vorschrift auch ein Ersatzmitglied gleichzeitig für einen Anteilseignervertreter und einen Arbeitnehmervertreter bestellt werden könne.[594] In der Beteiligungsvereinbarung ist aber jedenfalls auch der Anteil der Arbeitnehmervertreter zu regeln. Damit ist aber eine gleichzeitige Bestellung eines Ersatzmitglieds, welches ja selbst entweder Arbeitnehmer- oder Anteilseignervertreter ist, für einen Anteilseigner und einen Arbeitnehmervertreter, nicht in Einklang zu bringen. Bei einem Nachrücken für die jeweils andere Seite wäre das Verhältnis nicht mehr gewahrt, oder es müsste theoretisch unter Vergrößerung des mitbestimmten Organs ein weiteres Mitglied einrücken. Eine solche Konstellation würde auch mit dem Bestandsschutz bei Umwandlung im Konflikt stehen. Dementsprechend hat dieser Aspekt in den untersuchten Vereinbarungen auch keinen Niederschlag gefunden.

VII. Rechtsstellung der Arbeitnehmervertreter

1. Gleichberechtigung

Im Rahmen der Auffanglösung gilt gem. § 38 SEBG der Grundsatz der Gleichbehandlung, der auch nach dem Mitbestimmungsgesetz gilt. Darüber hinaus enthalten die Rechtsgrundlagen zur SE ausdrücklich keinen Gleichberechtigungsgrundsatz.

Von den 39 Vereinbarungen, die Regelungen zur Mitbestimmung enthalten, ist in 28 Vereinbarungen ausdrücklich oder über einen Verweis auf die Auffanglösung vereinbart, dass die Arbeitnehmervertreter im mitbestimmten Organ die gleichen Rechte und Pflichte wie die Anteilseignervertreter haben.

Unter den untersuchten Vereinbarungen sind zwei betreffend monistische SEs, die mitbestimmt sind. Eine davon enthält ausdrücklich den Grundsatz der Gleichberechtigung. Ergänzend ist dort auch vereinbart, dass jedes einzelne Mitglied des Verwaltungsrats die Einhaltung der Berichtspflichten nach § 90 AktG, dessen Geltung vereinbart ist, verlangen kann.[595] Die andere Vereinbarung sieht vor, dass ein Arbeitnehmervertreter in den insgesamt fünfköpfigen Verwaltungsrat gewählt werden kann.[596] Weitere Ausgestaltungen zur Mitbestimmung enthält die Vereinbarung nicht und damit zugleich auch keine ausdrücklichen Einschränkungen wie beispielsweise eine Stimmrechtsbeschränkung.

594 *Paefgen*, in: KK-AktG, Art. 40 SE-VO Rn. 65; *Reichert/Brandes*, in: MünchKomm-AktG, Art. 40 SE-VO Rn. 36.
595 Beteiligungsvereinbarung der PUMA SE, Teil II § 21.2 und 21.4.
596 Beteiligungsvereinbarung der IMW Immobilien SE, Abschnitt III. § 7.1.

Die in der Literatur unter Hinweis auf die Leitungsverantwortung zum Teil als problematisch angesehene paritätische Mitbestimmung im Verwaltungsrat,[597] die Anlass für den Vorschlag zur Einschränkung der Gleichberechtigung ist[598], wird damit im Rahmen der untersuchten Vereinbarungen schon gar nicht als Mitbestimmungsmodell gewählt.

Die im Zusammenhang mit der Gleichberechtigung diskutierten Stimmrechtsbeschränkungen[599] ließen sich auch sonst in keiner der untersuchten Vereinbarungen ausmachen.

2. *Freistellung*

Die Freistellung der Arbeitnehmervertreter betreffend die Tätigkeit im mitbestimmten Organ, zum Teil auch erstreckt auf Vorbesprechungen und Fortbildungen, findet in 22 Vereinbarungen Erwähnung. Häufig, wenngleich nicht immer, findet Erwähnung, dass die Vergütung während der Freistellung fortgezahlt wird. Nur gelegentlich findet die Vergütung für die Aufsichtsratstätigkeit Erwähnung. Dabei findet sich auch die Regelung, dass die Abführung der Vergütung, wohl im Hinblick auf den Beschluss des DGB-Bundesausschusses vom 19. Oktober 2005, der dem Wortlaut nach nur für die Aktiengesellschaft gilt, als Benachteiligung gem. § 44 Nr. 3 SEBG unbeachtlich ist.[600]

3. *Fortbildung*

Nach der Hälfte der Vereinbarungen haben die Arbeitnehmervertreter ausdrücklich einen Anspruch auf Teilnahme an Schulungs- und Bildungsmaßnahmen. In der Regel besteht der Anspruch im für die Tätigkeit im mitbestimmten Organ erforderlichen Umfang. Zum Teil ist ausdrücklich erwähnt, dass ein Sprachkurs, je nach SE in englischer, zum Teil auch in deutscher oder französischer Sprache, umfasst ist. Vereinzelt ergibt sich der Anspruch auf Übernahme von Fortbildungskosten auch durch einen Verweis auf entsprechende Regelungen in der Vereinbarung zum SE-Betriebsrat.

---

597 *Reichert/Brandes*, in: MünchKommAktG, Art. 50 SE-VO, S. 701 m.w.N.

598 Kallmeyer, ZIP 2003, 1531, 1535.

599 Siehe dazu *Teichmann*, in: Lutter/Hommelhoff, Art. 50 SE-VO Rn. 16; *Forst*, Beteiligungsvereinbarung, S. 276 ff.; *Scheibe*, Mitbestimmung, S. 130 f.; *Oetker*, in: FS Konzen 2006, S. 635, 653 f.; *Jacobs*, in: FS K. Schmidt, S. 795, 808 f.; Kallmeyer, ZIP 2003, 1531, 1535; *Seibt*, AG 2005, 413, 423.

600 BV Kaeser SE, Teil III Ziff. 23.

4. *Verschwiegenheit*

Nach 89% der Vereinbarungen sind die Arbeitnehmervertreter ausdrücklich oder wegen Geltung derselben Pflichten wie für Anteilseignervertreter zur Vertraulichkeit bzw. Verschwiegenheit verpflichtet.

5. *Benachteiligungs- und Vergünstigungsverbot*

Ein Benachteiligungs- und Vergünstigungsverbot ist in 56% der untersuchten Vereinbarungen explizit aufgenommen worden.

6. *Regelungen zum Kündigungsschutz*

Der Kündigungsschutz hat nur in wenigen Vereinbarungen Erwähnung gefunden. Acht Vereinbarungen verweisen auf den jeweils gesetzlich geltenden Kündigungsschutz. In sieben Vereinbarungen sind zusätzliche Regelungen getroffen worden. Zum Inhalt haben diese, dass Kündigungen von Arbeitnehmervertretern zuvor dem SE-Betriebsrat oder dem Geschäftsführenden Ausschuss anzuzeigen sind.

7. *Rechtliche Bewertung*

Hinsichtlich der Rechtsstellung der Arbeitnehmervertreter und der Gestaltungsmöglichkeiten dazu in der Beteiligungsvereinbarung ist insbesondere zu klären, inwieweit der Grundsatz der Gleichberechtigung aller Mitglieder, wie er im deutschen Mitbestimmungsrecht Anwendung findet, zu beachten ist. Der Grundsatz der Gleichberechtigung der Organmitglieder findet bereits gem. Art. 10, 50 SE-VO Anwendung, da über Art. 10 S-VO die deutsche Rechtsprechung zur Gleichberechtigung der Organmitglieder zu berücksichtigen ist.[601] Für die monistische SE wird dies zwar zum Teil anders gesehen.[602] Da die gefundenen Ergebnisse, auch bei der monistischen SE, keine Einschränkungen der Gleichbehandlung widerspiegeln, soll die Frage hier nicht weiter erörtert werden.[603]

---

601 *Forst*, Beteiligungsvereinbarung, S. 276 Fn. 1249, S. 278; im Ergebnis auch *Reichert/Brandes*, in: MünchKommAktG, Art. 50 SE-VO, S. 701; *Teichmann*, in: Lutter/Hommelhoff, Art. 50 SE-VO Rn. 16; *Oetker*, in: FS Konzen 2006, S. 635, 653 f.; *Jacobs*, in: FS K. Schmidt, S. 795, 808 f.; *Seibt*, AG 2005, 413, 423.

602 *Hoops*, Mitbestimmungsvereinbarung, S. 154 ff.; Scheibe S. 131.

603 Ausführlich dazu und mit weiteren Argumenten für die Geltung des Gleichbehandlungsgrundsatzes in der dualistischen und monistischen SE *Forst*, Beteiligungsvereinbarung, S. 276 ff. m.w.N.

Die Freistellung der deutschen Arbeitnehmervertreter für die Sitzungsteilnahme ergibt sich aus § 44 S. 1 Nr. 4, S. 2 Nr. 2 SEBG. Erörtert wird, ob die Freistellung nur im Umfang der Unvereinbarkeit von Arbeitnehmervertretertätigkeit mit der Arbeitnehmertätigkeit zulässig[604] oder auch darüber hinaus vereinbart werden kann.[605] Dies ist auch für das deutsche Recht umstritten und soll deshalb in diesem Rahmen nicht geklärt werden.[606]

Den Arbeitnehmervertretern ist wegen des Gleichbehandlungsgebotes die gleiche Vergütung zu gewähren wie den Anteilseignervertretern.[607] Die Höhe der Vergütung an sich ist jedoch nicht Regelungsgegenstand der Beteiligungsvereinbarung, sondern in der Satzung oder durch Beschluss der Hauptversammlung geregelt.[608] Das aufgezeigte Verbot, die Vergütung für die Tätigkeit im mitbestimmten Organ nicht abzuführen, beinhaltet eine Verpflichtung der Arbeitnehmervertreter. Als Kehrseite der in § 21 Abs. 3 S. 2 Nr. 3 SEBG erwähnten Rechte der Arbeitnehmervertreter ist die Vereinbarung von Pflichten unter Berücksichtigung des Grundsatzes der Gleichbehandlung und des Selbstorganisationsrechts des mitbestimmten Organs zulässig.[609]

Die Verpflichtungen zu Geheimhaltung und Vertraulichkeit gelten, wie für die Mitglieder des SE-Betriebsrats, bereits von Gesetzes wegen.

Bereits gem. § 44 Nr. 3 SEBG, Art. 12 Abs. 2 SE-RL darf niemand einen Arbeitnehmervertreter wegen seiner Tätigkeit benachteiligen oder begünstigen. Die Aufnahme in die Beteiligungsvereinbarung ist daher natürlich zulässig aber rein deklaratorisch.

Das Begünstigungsverbot wirft, wie hinsichtlich der Mitglieder des SE-Betriebsrats bereits angesprochen, Schwierigkeiten im Hinblick auf eine Erweiterung des Kündigungsschutzes in der Beteiligungsvereinbarung auf.[610] Sie wird in der Gesetzesbegründung genannt[611] und vielfach für zulässig gehalten[612]. Soweit eine Begünstigung angenommen wird, ließe sich noch argumentieren, dass

604 *Forst*, Beteiligungsvereinbarung, S. 281.
605 *Hoops*, Mitbestimmungsvereinbarung, S. 153.
606 *Forst*, Beteiligungsvereinbarung, S. 281 m.w.N. zum Streitstand.
607 *Forst*, Beteiligungsvereinbarung, S. 282.
608 *Forst*, Beteiligungsvereinbarung, S. 283.
609 *Oetker*, in: Lutter/Hommelhoff, § 21 SEBG Rn. 40; *Forst*, Beteiligungsvereinbarung, S. 283; *Jacobs*, in: FS K. Schmidt, S. 795, 808 f.
610 *Forst*, Beteiligungsvereinbarung, S. 280.
611 BR-Drucksache 438/04, S. 129.
612 *Oetker*, in: Lutter/Hommelhoff, § 21 SEBG Rn. 38, § 42 SEBG Rn. 8; *Jacobs*, in: FS K. Schmidt, S. 795, 808.

sie gerechtfertigt ist.[613] Eine Regelung zum Kündigungsschutz greift aber in das Arbeitsvertragsstatut ein und kann deshalb nicht Gegenstand der Beteiligungsvereinbarung sein.[614] Die Verweisung auf den jeweils national geltenden Kündigungsschutz ist natürlich möglich. Weitergehend findet sich in den betrachteten Vereinbarungen nur die Verpflichtung zur Anzeige der Kündigung, die kein Wirksamkeitserfordernis darstellt. Da diese letztlich hinsichtlich der Wirksamkeit der Kündigung keine durchgreifende Begünstigung mit sich bringt, ist eine solche Regelung in der Beteiligungsvereinbarung wirksam möglich.[615]

613 Siehe § 3 B. VI. 6.

614 Vgl. *Thüsing*, ZIP 2006, 1469, 1477.

615 So auch *Forst*, Beteiligungsvereinbarung, S. 280, dort auch ausführlicher zur Möglichkeit der Vereinbarung weitergehenden Kündigungsschutzes.

§ 5 Allgemeine Regelungsgegenstände

A. Geltungsbereich

Zu den zwingenden Inhalten der Beteiligungsvereinbarung zählt die Festlegung ihres Geltungsbereiches.[616] Gemäß § 21 Abs. 1 Nr. 1 SEBG besteht die Möglichkeit, den räumlichen Geltungsbereich der Vereinbarung auf Unternehmen und Betriebe außerhalb der Mitgliedstaaten der EU und des Europäischen Wirtschaftsraums auszudehnen.[617] Die Richtlinie selbst sieht diese Option nicht ausdrücklich vor, lässt allerdings genügend Spielraum im Hinblick auf die einzelstaatliche Umsetzung.[618] Ausweislich der Gesetzesbegründung zum SEBG soll auf diese Weise internationalen Konzernsachverhalten Rechnung getragen werden.[619]

Von der Erweiterungsmöglichkeit wurde im Rahmen der untersuchten Vereinbarungen durchaus Gebrauch gemacht. Der räumliche Geltungsbereich ist in etwas mehr als 20% der Vereinbarungen über den EU und EWR-Raum hinaus erweitert. Wenn eine Ausdehnung geregelt wurde, ist durchweg und damit am häufigsten die Schweiz[620] einbezogen. Auch die ausdrückliche Einbeziehung der Türkei findet sich.[621] Sogar für einen „Welt-Betriebsrat“[622] wurden in einer Vereinbarung Regelungen geschaffen,[623] die neben direkten Vertretern bestimmter Länder jeweils einen ständigen Sitz eines Arbeitnehmervertreters aus den USA und aus China sowie Regionsvertreter für „Rest of Europe“ und „Rest of World“ im SE-Betriebsrat vorsehen.

---

616 *Feuerborn*, in: KK-AktG, § 21 SEBG Rn. 22 f.; *Jacobs*, in: MünchKommAktG, § 21 SEBG Rn. 16; *Nagel*, in: Nagel/Freis/Kleinsorge, § 21 SEBG Rn. 10; *Oetker*, in: Lutter/Hommelhoff, § 21 SEBG Rn. 22; *Forst*, Beteiligungsvereinbarung, S. 192 ff.; *Hoops*, Mitbestimmungsvereinbarung, S. 126; *Schmid*, Mitbestimmung, S. 166 f.; *Thüsing*, ZIP 2006, 1469, 1471.

617 *Oetker*, in: Lutter/Hommelhoff, § 21 SEBG Rn. 22; *Schmid*, Mitbestimmung, S. 168.

618 *Feuerborn*, in: KK-AktG, § 21 SEBG Rn. 22.

619 BR-Drucks. 438/04, 28.05.2004, S. 129.

620 Bspw. BV BASF SE, Ziff. 1.2; BV BP Europa SE, Ziff. 1.2; BV ElectronicPartner Handel SE, Ziff. 1; BV Puma SE, § 1.1.

621 BV BP Europa SE, Ziff. 1.2.

622 *Rieble*, in: Vereinbarte Mitbestimmung in der SE, § 3 Rn. 91.

623 BV ADVA Optical Networking SE, Part I. Ziff. 1, Part II. Ziff. 3.2.

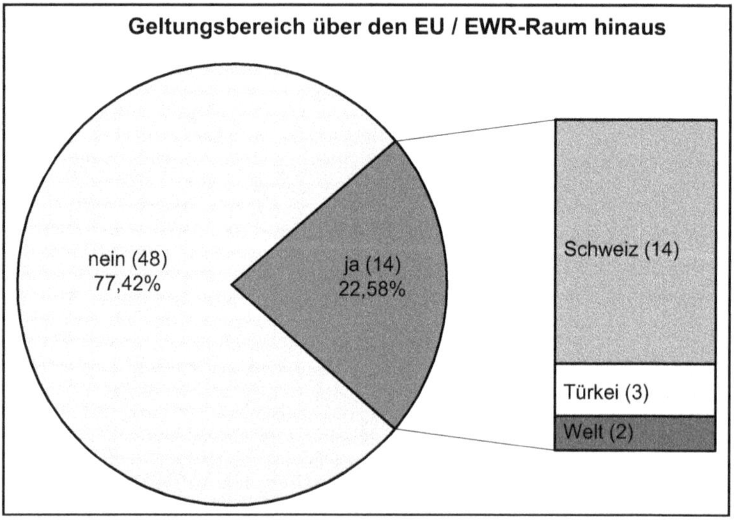

Die Ausdehnung des Geltungsbereichs auf Drittstaaten wirft wegen des Territorialitätsprinzips Schwierigkeiten auf. Das im Drittstaat gelegene Tochterunternehmen ist mangels Geltung der europäischen bzw. nationalen Regelungen zur SE nicht an die Beteiligungsvereinbarung gebunden. Deshalb bedarf es für eine verbindliche Ausdehnung des Geltungsbereichs auf Drittstaaten der Zustimmung der im Drittstaat gelegenen Tochterunternehmen und der Zulässigkeit solcher Vereinbarungen nach dem Recht des betreffenden Landes.[624] Die Einbeziehung der Drittstaaten dürfte im Hinblick auf die begrenzte Zahl der Sitze der Arbeitnehmervertreter im mitbestimmten Organ, die üblicherweise durch die Mitgliedsstaaten besetzt werden, in der Praxis auf der Ebene des SE-Betriebsrats die größere Rolle spielen.

B. Inkrafttreten, Laufzeit und Beendigung

In die Beteiligungsvereinbarung sind nach § 21 Abs. 1 Nr. 6 Hs. 1 SEBG Regelungen zu ihrem Inkrafttreten und zur Laufzeit aufzunehmen. Inhaltlich damit in Zusammenhang stehen Festlegungen zu den Kündigungsmöglichkeiten und zu den Auswirkungen der Beendigung, die im Gesetz keine Erwähnung finden, aber in der Praxis häufig ausgestaltet werden.

---

624 *Forst*, Beteiligungsvereinbarung, S. 192; *Thüsing*, ZIP 2006, 1469, 1473; *Rieble*, in: Vereinbarte Mitbestimmung in der SE, § 3 Rn. 91.

I. Inkrafttreten und Laufzeit

In der Praxis durchgesetzt hat sich, dass die Beteiligungsvereinbarung mit der Eintragung der Gründung der SE in Kraft tritt. Diese Gestaltung findet sich in über 80% der besprochenen Vereinbarungen. Gelegentlich, nämlich in gut 20% der Fälle, ist auch ein Inkrafttreten mit Unterzeichnung vereinbart[625] oder es wurde keine besondere Bestimmung getroffen. Dabei enthalten einige der Vereinbarungen, die mit Unterzeichnung in Kraft treten, den Zusatz, dass Kündigung und Aufhebung der Vereinbarung bis zur Eintragung in das Handelsregister ausgeschlossen sind.[626] In einer Vereinbarungen ist ein festes Datum für das Inkrafttreten genannt.[627] Nach zwei Vereinbarungen hängt das Inkrafttreten schließlich ausdrücklich von der Genehmigung der Hauptversammlung der Gründungsgesellschaft ab.[628]

Der weit überwiegende Teil der Vereinbarungen wurde auf unbestimmte Zeit abgeschlossen. Dabei ist gelegentlich dem Wortlaut nach eine Verlängerung für den Fall des Ausbleibens einer rechtzeitigen Kündigung vorgesehen. Lediglich zwei der Vereinbarungen sehen eine feste Laufzeit vor.[629] Nach einer dieser Vereinbarungen ist dabei die Nachwirkung ausdrücklich ausgeschlossen und zugleich festgehalten, dass eine Arbeitnehmerbeteiligung kraft Gesetzes nicht eintrete. Allerdings wird der Wille bekundet, rechtzeitig vor Auslaufen Verhandlungen über eine neue Beteiligungsvereinbarung aufzunehmen.[630] Nach der anderen Vereinbarung fehlen Regelungen.[631]

II. Beendigungsmöglichkeiten

In der Praxis etabliert hat sich, die ordentliche Kündbarkeit der Beteiligungsvereinbarung, in aller Regel detailliert, zu regeln. Gut 82% der Vereinbarungen sehen ausdrücklich die Möglichkeit einer ordentlichen Kündigung vor. Alle diese

625 Bspw. BV Freudenberg SE, § 13 Abs. 1; BV Knauf Interfer SE, Vierter Teil § 11; BV Porsche SE, III. § 34.1.

626 Bspw. BV Freudenberg SE, § 13 Abs. 2; BV Porsche SE, III. § 34.2.

627 BV DVB Bank SE, Dritter Abschnitt § 30.1.

628 BV Gütermann SE, C. Ziff. 1.3; BV SURTECO SE, § 19.3. Insgesamt war hinsichtlich des Inkrafttretens auch eine mehrfache Berücksichtigung der Kriterien möglich, da dies auch in den Vereinbarungen der Fall war, beispielsweise durch Splittung hinsichtlich des Teils zur Unterrichtung und Anhörung und zur Mitbestimmung.

629 BV PCC SE, § 9; BV Pulsion Medical Systems SE, § 4.

630 BV PCC SE, § 9.

631 BV Pulsion Medial Systems SE, § 4.

Vereinbarungen haben Festlegungen hinsichtlich der Kündigungsfrist getroffen. Mehrheitlich wurde eine Kündigungsfrist von einem Jahr vereinbart, gelegentlich auch von sechs Monaten. In etwa der Hälfte dieser Vereinbarungen wurde zudem ein Kündigungszeitpunkt, überwiegend zum Jahresende, zum Teil auch zum Quartals- oder Monatsende vereinbart. Etabliert hat sich auch die Festlegung einer Mindestlaufzeit, ab der erstmals gekündigt werden kann. Diese liegt bei den berücksichtigten Vereinbarungen zwischen einem Jahr und elf Jahren.

Eine Teilkündbarkeit, wie sie unter anderem in der Literatur empfohlen wird,[632] ist ausdrücklich lediglich in sieben Vereinbarungen vorgesehen und bezieht sich oftmals auf den Teil zu Unterrichtung und Anhörung einerseits und die Mitbestimmung andererseits.

In nur gut 10% der Vereinbarungen ist die ordentliche Kündigung ausdrücklich ausgeschlossen oder die Vereinbarung wurde mit fester Laufzeit und ohne ausdrückliche Zulassung der ordentlichen Kündigung abgeschlossen. Diese Vereinbarungen verweisen aber zum Teil auf die Möglichkeit der einvernehmlichen Änderung oder Neuverhandlung zu einem bestimmten Zeitpunkt und die Möglichkeit der außerordentlichen Kündigung.

Im Hinblick auf die Kündigungsberechtigung betreffend die Arbeitnehmerseite wurden nur in etwas weniger als der Hälfte der Vereinbarungen ausdrücklich besondere Vorgaben eingezogen.

Nach knapp der Hälfte der Vereinbarungen, nach denen ein SE-Betriebsrat besteht, kann der SE-Betriebsrat die Vereinbarung kündigen.[633] Ist der SE-Betriebsrat kündigungsberechtigt, ist in nicht ganz der Hälfte dieser Vereinbarungen ein besonderes Mehrheitserfordernis hinsichtlich des Kündigungsbeschlusses des SE-Betriebsrats vorgesehen;[634] bei einem Teilkonzernmodell muss die qualifizierte Mehrheit bezogen auf die Teilkonzerne und bezogen auf die Gesamtsitze im SE-Betriebsrat gegeben sein.[635] Ergänzend ist zum Teil auch vorgesehen, dass der SE-Betriebsrat den Kündigungsbeschluss mit der Kündigung überreichen muss.[636]

Ist hinsichtlich der Unterrichtung und Anhörung der Arbeitnehmer statt der Errichtung eines SE-Betriebsrats ein Ersatzverfahren vorgesehen, stellt sich erst Recht die Frage nach der Kündigungsberechtigung. Bei den beiden

632 *Forst*, Beteiligungsvereinbarung, S. 210.

633 Bspw. BV ARAG SE, Teil D. § 24 Abs. 1; BV E.ON Energy Trading SE, D. II. § 26 Abs. 1; BV MAN SE, IV. § 21.2; BV REpower Systems SE, III. Ziff. 19.2.

634 Bspw. BV Germanischer Lloyd SE, Teil I. Ziff. 4.3; BV Nordex SE, Ziff. 19.1.

635 BV Porsche SE, III. § 34.2.

636 BV Germanischer Lloyd SE, Teil III. Ziff. 1.2; BV Elster Group SE, III. Ziff. 1.2.

Vereinbarungen, die Unterrichtung und Anhörung durch den Europäischen Betriebsrat vorsehen, ist entsprechend die Kündigungsberechtigung durch die SE Gruppe im Europäischen Betriebsrat, d.h. die Gruppe der Arbeitnehmer im Europäischen Betriebsrat, die in einer Gesellschaft der SE-Unternehmensgruppe beschäftigt sind,[637] festgehalten.[638] Eine Vereinbarung mit dezentralem Unterrichtungs- und Anhörungsverfahren sieht vor, dass eine Kündigung für die Arbeitnehmerseite ausgesprochen werden kann, wenn dies Betriebsrat oder gewählte Arbeitnehmervertreter fordern, die mindestens zwei Gesellschaften und mindestens die Hälfte der Arbeitnehmer im Bereich der SE vertreten.[639]

In den übrigen Vereinbarungen, sowohl zum SE-Betriebsrat als auch zum Ersatzverfahren, fehlen Angaben zur Kündigungsberechtigung oder es ist allgemein formuliert, dass die Parteien die Vereinbarung kündigen können.

In knapp einem Sechstel der Vereinbarungen ist schließlich festgehalten, dass die Beteiligungsvereinbarung mit einem Rechtsformwechsel endet.

III. Auswirkungen der Beendigung

Während vielfach das Führen von Verhandlungen über eine neue Beteiligungsvereinbarung nach einer Kündigung in den Vereinbarungen vorausgesetzt wird, enthalten gut 30% der betrachteten Vereinbarungen ausdrücklich eine Verhandlungsobliegenheit. Lediglich vereinzelt finden sich weitere Vorgaben dazu, insbesondere solche, die auf eine Beschleunigung der Verhandlungen zielen. Vereinzelt enthalten die Vereinbarungen die Verpflichtung der Leitung, nach einer Kündigung zu den Verhandlungen über eine neue Beteiligungsvereinbarung einzuladen.[640] Eine dieser Vereinbarungen sieht zudem eine Frist hinsichtlich der Einladung vor.[641]

Die Wirkungen der Beendigung der Beteiligungsvereinbarung sind gesetzlich ebenfalls nicht geregelt. Die meisten der untersuchten Vereinbarungen, knapp 70%, sehen eine Nachwirkung vor. In etwas weniger als der Hälfte dieser Vereinbarungen ist die Nachwirkung allerdings zeitlich begrenzt, und zwar mehrheitlich auf ein Jahr, zum Teil aber auch auf lediglich sechs Monate oder auch auf

637 Siehe oben § 3 C. I. 1.

638 BV BP Europa SE, Teil 4 Ziff. 12.1; BV SCA Hygiene Products SE, Dritter Abschnitt § 13.3.

639 BV Huber SE, VI. 2. A.

640 BV ADVA Optical Networking SE, Part V. Ziff. 22.4; BV E.ON Energy Trading SE, D. II. § 26 Abs. 3.

641 BV E.ON Energy Trading SE, D. II. § 26 Abs. 3.

zwei Jahre. Im Anschluss gilt dann die gesetzliche Auffanglösung. Nach knapp einem Drittel der Vereinbarungen gilt hingegen ausdrücklich die Auffanglösung unmittelbar ab der Beendigung der Vereinbarung, so dass eine Nachwirkung ausgeschlossen ist.

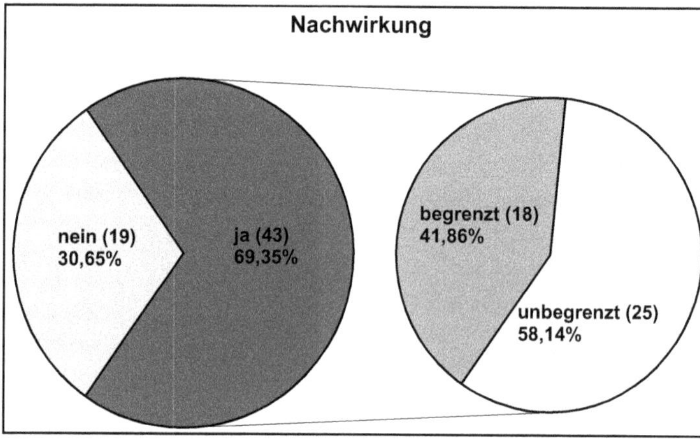

Die Geltung der gesetzlichen Auffanglösung oder auch das Inkrafttreten einer neuen Beteiligungsvereinbarung bringen mit sich, dass insbesondere der SE-Betriebsrat und das mitbestimmte Organ entsprechend der dann anwendbaren Vorgaben neu zusammenzusetzen sein kann. Die betrachteten Vereinbarungen enthalten verschiedene Gestaltungen, die diesem Umstand begegnen.

Zum einen ist gelegentlich geregelt, dass eine neue Beteiligungsvereinbarung oder die gesetzliche Auffanglösung erst mit Ablauf der Amtszeit der Arbeitnehmervertreter im Aufsichtsrat oder der Mitglieder des SE-Betriebsrats wirkt.[642] Häufig sind diese Gestaltungen dabei nur auf das mitbestimmte Organ und den Teil der Vereinbarung, der die unternehmerische Mitbestimmung regelt, bezogen.[643] Auch finden sich Regelungen, nach denen die Zusammensetzung des mitbestimmten Organs durch die Geltung einer neuen Beteiligungsvereinbarung oder der Auffanglösung bis zum Ende der regulären Amtszeit unberührt bleiben.[644]

Bei knapp einem Viertel der Vereinbarungen zum SE-Betriebsrat ist ein Übergangsmandat des SE-Betriebsrats in diesem Zusammenhang vorgesehen.

---

642 Bspw. BV Deutsche Annington Immobilien SE, Teil 4 Ziff. 17.2; BV Fresenius SE, Teil III Ziff. 1.3.

643 Bspw. BV Fresenius SE, Teil III Ziff. 1.3.

644 Bspw. BV BP Europa SE, Teil 4 Ziff. 12.2 und 13.2.

Danach erhält der ursprüngliche SE-Betriebsrat ein Übergangsmandat bis zur Konstituierung des nach der neuen Vereinbarung oder der Auffanglösung zu bildenden SE-Betriebsrats. Auch findet sich ein Übergangsmandat des ursprünglichen SE-Betriebsrats bis zum Ablauf seiner regulären Amtszeit nach der ursprünglichen Vereinbarung.[645]

IV. Rechtliche Bewertung

Regelungen zum Inkrafttreten und zur Laufzeit sind gem. § 21 Abs. 1 Nr. 6 1. Hs. SEBG zwingend zu treffen.

Fehlt eine ausdrückliche Regelung zum Inkrafttreten der Vereinbarung, ist die unterzeichnete Vereinbarung aber datiert, wird sie in aller Regel so auszulegen sein, dass sie ab Unterzeichnung in Kraft tritt.[646] Mit dem Abschluss der Beteiligungsvereinbarung verliert das BVG sein Mandat. Wird der erste SE-Betriebsrat nach der Beteiligungsvereinbarung gewählt, findet die Wahl erst nach der Eintragung statt. Dadurch kann die Beteiligungsvereinbarung nach Unterzeichnung und vor Eintragung nicht geändert oder gekündigt werden.[647] Eine entsprechende Vereinbarung in der Beteiligungsvereinbarung ist demnach letztlich deklaratorisch. Selbst bei Benennung der ersten Mitglieder in der Vereinbarung muss sich der SE-Betriebsrat erst konstituieren. Zudem ist fraglich, ob vor der Eintragung überhaupt ein Mandat des SE-Betriebsrats angenommen werden kann. Dagegen spricht, dass die Beteiligungsvereinbarung zwingend durch das BVG ausgehandelt wird und seine Zusammensetzung unabdingbar vorgegeben ist.[648] Jedenfalls wenn die Beteiligungsvereinbarung im Übrigen nicht eindeutig regelt, dass sich der SE-Betriebsrat erst nach Eintragung konstituiert, ist die Regelung der Unkündbarkeit bis zur Eintragung angesichts der Bedeutung der Beteiligungsvereinbarung für diese gleichwohl im Hinblick auf die Rechtssicherheit empfehlenswert.

Die Eintragung der SE in das Handelsregister kann als Bedingung für das Inkrafttreten der Beteiligungsvereinbarung vereinbart werden.[649] Nach Art. 12 Abs. 2 SE-VO kann die SE erst eingetragen werden, wenn eine Beteiligungsvereinbarung *abgeschlossen* ist. Dies ist auch bei einer wirksam abgeschlossenen

---

645 BV E.ON Energy Trading SE, § 26 Abs. 5.

646 *Forst*, Beteiligungsvereinbarung, S. 196.

647 *Rieble*, in: Vereinbarte Mitbestimmung in der SE, § 3 Rn. 104.

648 Vgl. *Rieble*, in: Vereinbarte Mitbestimmung in der SE, § 3 Rn. 104.

649 *Hohenstatt/Müller-Bonanni*, in: Habersack/Drinhausen, § 21 SEBG Rn. 16; *Oetker*, in: Lutter/Hommelhoff, § 21 SEBG Rn. 24; *Feuerborn*, in: KK-AktG, § 21 SEBG Rn. 35; *Hoops*, Mitbestimmungsvereinbarung, S. 127; im Ergebnis auch *Forst*, Beteiligungsvereinbarung, S. 197.

Beteiligungsvereinbarung der Fall, die erst mit Eintragung der SE in Kraft treten soll.[650] Wie bei einer prozessualen Bedingung ist die Eintragung zudem allein von der Entscheidung des Registergerichts abhängig.[651] Da die Beteiligungsvereinbarung unmittelbar mit Eintragung in Kraft tritt, sind auch die Beteiligungsrechte der Arbeitnehmer und damit der Zweck des Art. 12 Abs. 2 SE-VO gewahrt.

Ein Recht zur ordentlichen Kündigung der Beteiligungsvereinbarung kann vereinbart werden.[652] Die Kündigung oder die Möglichkeit zur Kündigung ist zwar nicht ausdrücklich geregelt. Nach § 21 Abs. 1 Nr. 6 SEBG können allerdings die Fälle, in denen die Vereinbarung neu ausgehandelt werden soll, vereinbart werden. Die ordentliche Kündigung lässt sich letztlich als ein solcher Fall ansehen. Die Möglichkeit zur Teilkündigung kann in Abhängigkeit vom Willen der Verhandlungsparteien empfehlenswert sein und kann erst recht wirksam vereinbart werden, da sowohl eine vollständige als auch eine teilweise Neuverhandlung möglich ist. Der Ausschluss der ordentlichen Kündigung ist entsprechend ebenfalls wirksam möglich.[653] Die Beteiligungsvereinbarung als Kollektivvertrag mit normativer Wirkung ist schließlich wie Dauerschuldverhältnisse insgesamt und insbesondere auch Tarifverträge, Betriebsvereinbarungen und die Beteiligungsvereinbarungen nach dem EBRG außerordentlich kündbar.[654]

Wenig beachtet ist in der Literatur bislang die Frage der Kündigungsberechtigung auf Arbeitnehmerseite. Diese Frage stellt sich insbesondere vor dem Hintergrund, dass die Beteiligungsvereinbarung von Seiten der Arbeitnehmer durch das BVG ausgehandelt wird, dessen Mandat mit Abschluss der Beteiligungsvereinbarung wegen Zweckerreichung endet und das ausweislich § 18 Abs. 1 SEBG bei Neuverhandlungen neu gebildet wird.[655] Erkennt man ein Kündigungsrecht an, kann es aber nicht nur der Arbeitgeberseite zustehen.[656]

---

650 Vgl. *Hohenstatt/Müller-Bonanni*, in: Habersack/Drinhausen, § 21 SEBG Rn. 16.

651 *Forst*, Beteiligungsvereinbarung, S. 197, wonach Art. 12 Abs. 2 SE-VO jedoch das Vorliegen der Beteiligungsvereinbarung erfordere, weshalb das Wirksamwerden der Beteiligungsvereinbarung eigentlich nicht von der Eintragung abhängig gemacht werden könne.

652 *Forst*, Beteiligungsvereinbarung, S. 80, S. 210; *Hoops*, Mitbestimmungsvereinbarung, S. 128.

653 Feuerborn, in: KK-AktG, § 21 SEBG Rn. 36; *Hohenstatt/Müller-Bonanni*, in: Habersack/Drinhausen, § 21 SEBG Rn. 16.

654 Ausführlich dazu *Forst*, Beteiligungsvereinbarung, S. 210 f. m.w.N.

655 *Hohenstatt/Müller-Bonanni*, in: Habersack/Drinhausen, § 4 SEBG Rn. 2; *Jacobs*, in: MünchKommAktG, § 4 SEBG Rn. 2; *Oetker*, in: Lutter/Hommelhoff, § 4 SEBG Rn. 7; *Rieble*, in: Vereinbarte Mitbestimmung in der SE, § 3 Rn. 104.

656 *Hoops*, Mitbestimmungsvereinbarung, S. 130.

Im Rahmen der gesetzlichen Auffanglösung ist der SE-Betriebsrat gem. § 26 Abs. 2 SEBG in Umsetzung des Anhangs Teil 1 lit. g der SE-RL zuständig für Neuverhandlungen. Im Zusammenhang mit strukturellen Veränderungen finden Neuverhandlungen von Seiten der Arbeitnehmer ebenfalls auf Veranlassung des SE-Betriebsrates statt. Schließlich können die Parteien nach § 21 Abs. 1 Nr. 6 SEBG vereinbaren, welches Verfahren bei Neuverhandlungen einzuhalten ist, so dass diesbezüglich einschließlich der Parteien der Verhandlungen die Regelungsbefugnis besteht.[657] Daraus folgt, dass der SE-Betriebsrat für die Arbeitnehmerseite nicht nur die Verhandlungen führen, sondern auch seine Kündigungsberechtigung vereinbart werden kann.[658] Der SE-Betriebsrat ist ferner auch dann ohne ausdrückliche Regelung in der Beteiligungsvereinbarung kündigungsberechtigt, wenn sich der betreffenden Beteiligungsvereinbarung entnehmen lässt, dass Neuverhandlungen durch ihn geführt werden. Hinsichtlich einer Annahme der Kündigungsberechtigung des SE-Betriebsrats ohne einen solchen Anhaltspunkt bestehen trotz der entsprechenden Praktikabilität Bedenken, da auch Neuverhandlungen mit dem Betriebsrat gem. § Abs. 3 SEBG nur einvernehmlich mit der Leitung möglich sind und eine Kündigung einseitig ist. Im Rahmen des Ersatzverfahrens, bei dem eine SE-Gruppe im Europäischen Betriebsrat besteht, tritt diese an die Stelle des SE-Betriebsrats. Ist ihre Repräsentativität gemessen an den Anforderungen an den SE-Betriebsrat sichergestellt, kann ihre Kündigungsberechtigung entsprechend vereinbart werden. Bei einem dezentralen Unterrichtungs- und Anhörungsverfahren ist denkbar, dass die Arbeitnehmerschaft als solche kündigungsberechtigt ist und hinsichtlich der Kündigungsentscheidung eine vereinbarte Mehrheit erreicht werden muss, die im Wege der Abstimmung ermittelt wird. Die Übertragung auf ein anderes Gremium, wie eine nationale Arbeitnehmervertretung, ist mangels Legitimation durch alle Arbeitnehmer nicht möglich.

Die Vereinbarung einer hinreichenden Kündigungsfrist ist empfehlenswert, da sie dazu dient, sicherzustellen, dass die neue Vereinbarung rechtzeitig ausgehandelt werden kann.[659]

Eine Nachwirkung der Beteiligungsvereinbarung ist gesetzlich nicht ausdrücklich vorgesehen. Umstritten ist, ob eine Nachwirkung gleichwohl auch ohne eine Regelung dazu eintritt. Dies wird unter Hinweis auf Art. 12 Abs. 2 SE-VO,

---

657 *Freis*, in: Nagel/Freis/Kleinsorge, § 21 SEBG Rn. 29; *Forst*, Beteiligungsvereinbarung, S. 127; *Oetker*, in: FS Konzen 2006, S. 635, 647; *Seibt*, AG 2005, 413, 427.

658 So auch *Hoops*, Mitbestimmungsvereinbarung, S. 130.

659 *Forst*, Beteiligungsvereinbarung, S. 210.

§ 26 Abs. 2 S. 2 SEBG nur zum Teil angenommen.[660] Nach der Gegenauffassung kommt die gesetzliche Auffanglösung zur Anwendung, wenn die Parteien nichts anderes vereinbart haben.[661] Vermittelnd wird vertreten, dass es je nach dem zu ermittelnden Parteiwillen zu einer Nachwirkung oder zum Eingreifen der Auffanglösung komme.[662] Zutreffend ist sicherlich, dass der Parteiwille soweit wie möglich zu ermitteln ist. Da eine solche Auslegung zwangsläufig Unsicherheiten mit sich bringt und die Rechtslage hinsichtlich der Beendigungswirkungen bei Fehlen von Vereinbarungen dazu nicht geklärt ist, sollte eine ausdrückliche Regelung dazu in die Beteiligungsvereinbarung aufgenommen werden. Wirksam vereinbart werden kann eine Nachwirkung der Beteiligungsvereinbarung,[663] da selbst eine vollständige Neuverhandlung möglich ist. Die Geltung der Auffanglösung nach Beendigung der Beteiligungsvereinbarung kann ebenfalls vereinbart werden, da die Parteien gem. § 21 Abs. 5, § 22 Abs. 1 Nr. 1 SEBG ihre Geltung ohnehin anstelle einer eigenständigen Beteiligungsvereinbarung ganz oder teilweise vereinbaren können.[664] Haben die Parteien allerdings keinerlei Regelung hinsichtlich der Beendigungswirkungen getroffen und ergeben sich keine Anhaltspunkte für einen Ausschluss der Nachwirkung, findet die ursprüngliche Beteiligungsvereinbarung weiter Anwendung, da § 26 Abs. 2 SEBG dies bei ergebnislosen Neuverhandlungen vorsieht.[665] Übergangsmandate oder eine teilweise Fortgeltung der ursprünglichen Vereinbarungen, wie gezeigt beispielsweise hinsichtlich der Zusammensetzung des SE-Betriebsrats oder der Arbeitnehmerbank im mitbestimmten Organ, sind schließlich möglich, da die Parteien die Beteiligungsvereinbarung auch ganz neu verhandeln können und eine solche Gestaltung letztlich nur zu einer übergangsweisen Fortgeltung von Teilen der ursprünglichen Vereinbarung führt. Eine Zusammensetzung des Gremiums, die eventuell vorübergehend nicht mehr den aktuellen Arbeitnehmerzahlen

660 *Oetker*, in: Lutter/Hommelhoff, § 21 SEBG Rn. 26; ders., in: FS Konzen 2006, S. 635, 647; *Hoops*, Mitbestimmungsvereinbarung, S. 132; *Rieble*, in: Vereinbarte Mitbestimmung in der SE, § 3 Rn. 25.

661 *Hennigs*, in: Manz/Meyer/Schröder, 1. Auflage 2005, Art. 4 SE-RL Rn. 31; *Evers/Hartmann*, in Manz/Mayer/Schröder, § 21 SEBG Rn. 17; *Hoops*, Mitbestimmungsvereinbarung, S. 130.

662 *Hohenstatt/Müller-Bonanni*, in: Habersack/Drinhausen, § 21 SEBG Rn. 17; *Forst*, Beteiligungsvereinbarung, S. 212.

663 *Hohenstatt/Müller-Bonanni*, in: Habersack/Drinhausen, § 21 SEBG Rn. 17; *Hoops*, Mitbestimmungsvereinbarung, S. 130; *Oetker*, in: FS Konzen 2006, S. 635, 647.

664 Ebenso *Forst*, Beteiligungsvereinbarung, S. 212.

665 *Rieble*, in: Vereinbarte Mitbestimmung in der SE, § 3 Rn. 25.

entspricht, ist durch das erhebliche Interesse an einer Kontinuität des Gremiums gerechtfertigt.

C. Neuverhandlung

I. Neuverhandlung ohne strukturelle Änderungen

Allgemeine Regelungen zu Neuverhandlungen ohne das Vorliegen struktureller Änderungen enthält rund ein Drittel der betrachteten Vereinbarungen.[666] Dabei findet sich häufig die Gestaltung, dass zu einem bestimmten Zeitpunkt eine Überprüfung der Vereinbarung oder ein Beschluss zu Neuverhandlungen und im Zuge dessen gegebenenfalls eine Anpassung erfolgt. Für das Ausbleiben einer Einigung sind dabei häufig ebenfalls Regelungen wie eine Fortgeltung der ursprünglichen Vereinbarung vorgesehen. Die Überprüfung bzw. ein Beschluss zur Neuverhandlung ist nach den betrachteten Vereinbarungen häufig nach zwei, zum Teil auch nach drei, vier oder fünf Jahren vorgesehen. Vereinzelt wurde die Unwirksamkeit einzelner Klauseln als Fall für Neuverhandlungen festgehalten.[667] In einer anderen Vereinbarung ist der Wegfall der Mehrheitsbeteiligung der namentlich genannten Familie als Grund geregelt.[668]

Darüber hinaus enthält rund ein weiteres Drittel der Vereinbarungen stattdessen jedenfalls eine Regelung, nach der eine Anpassung der Vereinbarung einvernehmlich jederzeit möglich ist. Auch im Rahmen solcher Gestaltungen finden sich weitere Konkretisierungen. Beispielhaft dafür ist das Erfordernis einer qualifizierten Mehrheit für den entsprechenden Beschluss des SE-Betriebsrats. Vereinzelt wurde auch vorgesehen, dass Verhandlungen im Grundsatz einvernehmlich stattfinden können, nach ihrem Abschluss aber erst wieder nach drei Jahren verlangt werden können.[669]

II. Neuverhandlung bei strukturellen Änderungen

In der Beteiligungsvereinbarung soll ferner gem. § 21 Abs. 4 SEBG geregelt werden, dass Verhandlungen über die Mitbestimmung der Arbeitnehmer auch vor strukturellen Änderungen der SE gem. § 18 Abs. 3 SEBG aufgenommen werden. Insbesondere können die Parteien das anzuwendende Verfahren regeln. Gem.

---

666 Die Kündigung und insgesamt die Beendigung der Vereinbarung sind hier nicht eingeschlossen.

667 BV Allgeier SE, Teil V. Ziff. 5; BV E.ON Energy Trading SE, C. § 27 Abs. 1 (a), § 29.

668 BV Hawe Holding SE, § 23 Abs. 1.

669 BV Kaeser SE, Teil IV. 30.2.

§ 18 Abs. 3 S. 2 SEBG können die Neuverhandlungen dabei anstelle mit dem neu zu bildenden BVG mit dem SE-Betriebsrat gemeinsam mit Vertretern der von der geplanten strukturellen Änderung betroffenen Arbeitnehmer, die bisher nicht von dem SE-Betriebsrat vertreten werden, geführt werden. In rund 80% der betrachteten Vereinbarungen mit SE-Betriebsrat wurde dementsprechend vereinbart, dass die Neuverhandlungen bei strukturellen Änderungen durch diesen zu führen sind. In nur etwas über der Hälfte dieser Vereinbarungen wurde dabei auch ausdrücklich die Regelung des § 18 Abs. 3 S. 2 SEBG abgebildet, nach der die Verhandlungen gemeinsam mit Vertretern der von der geplanten strukturellen Änderung betroffenen Arbeitnehmer geführt werden. Sind die Verhandlungen mit einem besonderen BVG zu führen, finden sich hierzu vereinzelt weitere Konkretisierungen. So ist in einem Fall die Größe des Gremiums auf fünf Vertreter begrenzt, die per Urwahl zu bestimmen sind.[670] Auch auf das BVG in seiner ursprünglichen Zusammensetzung wird in einer Vereinbarung verwiesen, dabei sind dann Vertreter der betroffenen Arbeitnehmer, die nicht durch das BVG vertreten werden, einzubinden.[671]

In rund einem Fünftel der Vereinbarungen sind Regelbeispiele oder Definitionen hinsichtlich der strukturellen Änderungen enthalten.

Schließlich finden sich in der Praxis vereinzelt Regelungen, die darauf zielen, nur Teile der Vereinbarung neu zu verhandeln. Eine Gestaltung sieht beispielsweise vor, dass bei strukturellen Änderungen je nach Anlass nur die Bestimmungen neu verhandelt werden, die durch den Anlass betroffen sind.[672]

Auch findet sich vereinzelt folgende Gestaltung zur Kompromissfindung: Kann bis zum Ablauf einer Frist keine Einigung erzielt werden, ist von beiden Seiten schriftlich festzuhalten, hinsichtlich welcher Punkte keine Einigung erzielt werden konnte. Für diese Themen gilt dann bis zum Ablauf der jeweiligen Amtszeiten die alte Vereinbarung und danach die Auffanglösung. Im Übrigen findet die neue Vereinbarung Anwendung.[673]

III. Rechtliche Bewertung

Nach § 21 Abs. 1 Nr. 6 SEBG werden in der Beteiligungsvereinbarung die Fälle festgelegt, in denen die Vereinbarung neu ausgehandelt wird. In der Literatur wird die Frage aufgeworfen, ob Regelungen zu Neuverhandlungen ohne

---

670 BV Ortwin Goldbeck SE, Teil VII. 22.2.

671 BV STEICO SE, Ziff. 9.

672 BV MAN SE, IV. § 20.4.

673 BV MAN SE, IV. § 20.5, BV REpower Systems SE, III. Ziff. 21.

strukturelle Änderungen zwingend in die Beteiligungsvereinbarung aufgenommen werden müssen.[674] Dagegen wird angeführt, dass die Wiederaufnahme von Verhandlungen nach § 18 Abs. 3 SEBG, d.h. bei strukturellen Änderungen, sogar zwingend ist, die Ausgestaltung des Verfahrens dazu jedoch gem. der Soll-Vorschrift des § 21 Abs. 4 SEBG[675] gerade nicht.[676] Richtigerweise umfasst § 21 Abs. 1 Nr. 6 SEBG schon seinem Wortlaut nach allgemein Regelungen zu Neuverhandlungen, und zwar sowohl vor strukturellen Änderungen als auch ohne solche. Strukturelle Änderungen stellen einen Fall für Neuverhandlungen dar.[677] Folglich reicht es aus, wenn in der Beteiligungsvereinbarung Regelungen zu Neuverhandlungen vor strukturellen Änderungen enthalten sind. Möglich ist es aber auch, nur Vereinbarungen zu Verhandlungen ohne strukturelle Änderungen zu treffen. Die Fälle, in denen die Vereinbarung neu ausgehandelt werden soll, können im Weiteren die Kündigung und die Beendigung der Vereinbarung sowie die Möglichkeit, jederzeit einvernehmlich Änderungen zu vereinbaren, umfassen. Denn auch die einvernehmliche Ergänzung setzt jedenfalls ein Mindestmaß an Verhandlungen voraus. So verstanden werden die meisten Beteiligungsvereinbarungen den Anforderungen des § 21 Abs. 1 Nr. 6 SEBG ohnehin gerecht.

Regelungen zu Neuverhandlungen vor strukturellen Änderungen können gem. § 21 Abs. 4 SEBG in die Vereinbarung aufgenommen werden. Diesbezügliche Regelungen sind fakultativ.[678] Die Pflicht gem. § 18 Abs. 3 SEBG zu Neuverhandlungen vor strukturellen Änderungen, die geeignet sind, Beteiligungsrechte der Arbeitnehmer zu mindern, ist zwingend und kann nicht abbedungen werden.[679] Regelungen, die jedoch soweit hinter § 18 Abs. 3 SEBG zurückbleiben, dass dieser unterlaufen würde, können daher von Gesetzes wegen zu führende

674 *Forst*, Beteiligungsvereinbarung, S. 198.

675 *Rieble*, BB 2006, 2018, 2021.

676 *Forst*, Beteiligungsvereinbarung, S. 198 mit weiteren Argumenten dafür, dass Regelungen zu Neuverhandlungen ohne strukturelle Änderungen lediglich fakultativ seien.

677 So auch *Jacobs*, in: MünchKommAktG, § 21 SEBG Rn. 16.

678 *Freis*, in: Nagel/Freis/Kleinsorge, § 21 SEBG Rn. 29; *Jacobs*, in: MünchKommAktG, § 21 SEBG Rn. 25; *Forst*, Beteiligungsvereinbarung, S. 198; *Rieble*, BB 2006, 2018, 2021.

679 BR-Drucks. 438/04 S. 129; *Jacobs*, in: MünchKommAktG, § 18 SEBG Rn. 8, § 21 SEBG Rn. 25; *Seibt*, AG 2005, 413, 427. Zum umstrittenen Begriff der strukturellen Änderungen, der zumindest Vorgänge mit gründungsähnlichem Charakter umfasst, wird verwiesen auf *Jacobs*, in: MünchKommAktG, § 18 SEBG Rn. 12 ff. m.w.N.; *Freis*, in: Nagel/Freis/Kleinsorge, § 18 SEBG Rn. 9 ff.; *Oetker*, in: Lutter/Hommelhoff, § 18 Rn. 16 ff. m.w.N.; *Feldhaus/Vanscheidt*, BB 2008, 2246, 2249;

Neuverhandlungen nicht ausschließen.[680] Vereinbarungen zu Neuverhandlungen, die über den Anwendungsbereich von § 18 Abs. 3 SEBG hinausgehen, können die Parteien treffen. Denn sie können gem. § 21 Abs. 1 Nr. 6 Hs. 2 SEBG auch die Fälle freiwilliger Neuverhandlungen ohne strukturelle Änderungen festlegen.[681]

Geregelt werden kann das Verfahren für die Neuverhandlungen. Gem. § 18 Abs. 3 S. 2 SEBG können die Neuverhandlungen dabei statt mit dem neu zu bildenden BVG mit dem SE-Betriebsrat gemeinsam mit Vertretern der von der geplanten strukturellen Änderung betroffenen Arbeitnehmer, die bisher nicht von dem SE-Betriebsrat vertreten werden, geführt werden. Dazu besteht die Ansicht, dass die Beteiligung der Vertreter der bislang nicht repräsentierten Arbeitnehmer im Rahmen einer Regelung nach § 21 Abs. 4 SEBG nicht erforderlich sei. Dazu wird insbesondere angeführt, dass der SE-Betriebsrat nach Aufnahme der neuen Arbeitnehmer gem. § 21 Abs. 1 Nr. 2 letzter Hs. SEBG repräsentativ zu besetzen sei.[682] Auf diese Weise wird den neu hinzukommenden Arbeitnehmern aber gleichwohl kein Einfluss auf die Inhalte der Beteiligungsvereinbarung eingeräumt. Auch verbleiben für die Regelung des Verhandlungsverfahrens durchaus noch Aspekte wie beispielsweise die Dauer der Verhandlungen, die Folgen des Ausbleibens einer Einigung oder die Reduzierung nur auf Verhandlungen von Teilen der Vereinbarung. Damit ist § 21 Abs. 4 SEBG auch bei Annahme der Unabdingbarkeit der Beteiligung der neuen Arbeitnehmer letztlich nicht funktionslos.[683] Ist § 18 Abs. 3 SEBG nicht abdingbar, kann auf die Beteiligung der Vertreter der neu hinzukommenden Arbeitnehmer bei Neuverhandlungen nicht gänzlich verzichtet werden.

D. Streitigkeiten

I. Sprachfassung

Die Mehrheit der betrachteten Vereinbarungen, knapp drei Viertel, enthalten eine Festlegung, welche Sprachfassung der Beteiligungsvereinbarung im Streitfall verbindlich sein soll.

Grobys, NZA 2005, 84, 91; *Rieble*, BB 2006, 2018, 2022; ders. , in: Vereinbarte Mitbestimmung in der SE, Rn. 45 m.w.N.; *Wollburg/Banerjea*, ZIP 2005, 277, 279.

680 *Forst*, Beteiligungsvereinbarung, S. 200.

681 *Forst*, Beteiligungsvereinbarung, S. 200.

682 *Forst*, Beteiligungsvereinbarung, S. 200.

683 A.A. *Forst*, Beteiligungsvereinbarung, S. 200.

II. Rechtswahl

Hinsichtlich einer Rechtswahl sehen 90% der Vereinbarungen vor, dass deutsches Recht oder - flexibel gehalten - das Recht des Sitzlandes[684] auf die Vereinbarung Anwendung findet. In den übrigen Vereinbarungen ist keine ausdrückliche Rechtswahl getroffen worden.

III. Konfliktlösung

Durchaus etabliert haben sich Regelungen zur außergerichtlichen Konfliktlösung. Von den betrachteten Vereinbarungen enthalten 40% Festlegungen hierzu. Im Rahmen dieser Vereinbarungen lassen sich Schlichtungsstellen und in einer Vereinbarung die Einsetzung einer Einigungsstelle ausmachen. Überwiegend, nämlich in 84% der Vereinbarungen zur Schlichtungsstelle, ist diese neben den Beisitzern beider Seiten mit einem unabhängigen Vorsitzenden besetzt, auf den sich beide Seiten einigen müssen. Bei den übrigen Regelungen ist die Schlichtungsstelle lediglich paritätisch besetzt. In mehr als 70% dieser Vereinbarungen soll das zuständige Arbeitsgericht über die Einsetzung des unabhängigen Vorsitzenden entscheiden, wenn keine einvernehmliche Lösung erzielt werden kann.

Nach einer Vereinbarung ist eine Einigungsstelle entsprechend § 76 BetrVG einzusetzen, wenn bei der Auslegung der Vereinbarung und in der Praxis Meinungsverschiedenheiten zwischen dem Vorstand und dem SEBR, seinem Geschäftsführenden Ausschuss oder einzelnen seiner Mitglieder auftreten.[685]

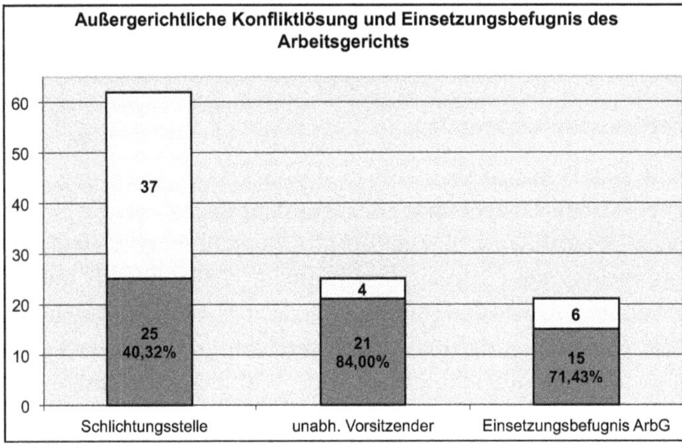

684 BV BP Europa SE, Teil 4 Ziff. 16.

685 BV Freudenberg SE, § 14.

Besteht ein außergerichtlicher Konfliktmechanismus, sind die Anfechtung der Wahl und diese betreffende Streitigkeiten von Arbeitnehmervertretern im SE-Betriebsrat, im alternativ hinsichtlich Unterrichtung und Anhörung geschaffenen Gremium, oder im mitbestimmten Organ von der Zuständigkeit der Schlichtungsstelle in etwas weniger als 40% der betreffenden Vereinbarungen ausdrücklich ausgenommen.

Ist eine außergerichtliche Konfliktlösung vorgesehen, ist der Rechtsweg nach keiner der Vereinbarungen ausdrücklich ausgeschlossen. Häufig ist der Rechtsweg vielmehr ausdrücklich eröffnet. Ist eine Schlichtung vorgesehen, kann das Arbeitsgericht mehrheitlich, nämlich nach 60% der Vereinbarungen, erst nach Beendigung des außergerichtlichen Verfahrens oder Ablauf einer für die Schlichtung vorgesehenen Frist angerufen werden. Nach den übrigen Schlichtungsregelungen kann der Weg zum Arbeitsgericht gleichwohl direkt beschritten werden oder ist diese Möglichkeit jedenfalls nicht eindeutig ausgeschlossen.

IV. Gerichtsstand

Ein Gerichtsstand ist in der Mehrzahl der Vereinbarungen, nämlich in gut 80%, festgelegt worden. Dabei ist überwiegend ein Arbeitsgericht namentlich genannt. Seltener, nach knapp 30% der Gerichtsstandsvereinbarungen, ist der jeweilige Sitz der SE in Bezug genommen.

V. Salvatorische Klausel

Eine salvatorische Klausel enthalten schließlich gut zwei Drittel der betrachteten Vereinbarungen.

VI. Rechtliche Bewertung

Gemäß § 3 SEBG, Art. 6 Abs. 1 SE-RL ist auf die Vereinbarung die Rechtsordnung des Mitgliedsstaats anwendbar, in dem die SE ihren Sitz hat.[686] Unterschiedlich beurteilt wird, ob eine freie Rechtswahl möglich ist. Für die freie Rechtswahl werden die Parteiautonomie und Art. 27 Abs. 1 EGBGB, der auf Schuldverhältnisse Anwendung findet, angeführt.[687] Dieser Auffassung liegt allerdings die Einordnung der Beteiligungsvereinbarung als kollektivrechtlicher Organisationsvertrag mit schuldrechtlicher Wirkung zu Gunsten Dritter zu

686 Siehe § 2 A.

687 *Hoops*, Mitbestimmungsvereinbarung, S. 35.

Grunde.[688] Da die Beteiligungsvereinbarung richtigerweise als kollektivrechtlicher Vertrag mit normativer Wirkung einzuordnen ist, kann auf Art. 27 EGBGB nicht abgestellt werden.[689] Art. 6 Abs. 1 SE-RL stellt sicher, dass die Beteiligungsvereinbarung in den unterschiedlichen Ländern die gleiche Wirkung hat und die Arbeitnehmer gleich behandelt werden.[690] Bei einem Auseinanderfallen der auf die Beteiligungsvereinbarung anwendbaren Rechtsordnung und dem Gesellschaftsstatut könnten sich zudem unterschiedliche Maßstäbe im Hinblick auf die Satzungsautonomie mit kaum lösbaren Folgen ergeben.[691] Eine Rechtswahl ist demnach unzulässig.[692]

Insbesondere im Hinblick auf die vielfach geregelten Mechanismen zur Konfliktlösung und den Gerichtsstand stellt sich die Frage, inwieweit entsprechende Vereinbarungen möglich sind. Gem. § 2a Abs. 1 3d ArbGG sind die Arbeitsgerichte im Beschlussverfahren grundsätzlich zuständig für Angelegenheiten nach dem SEBG. Diese sind weit zu verstehen[693] und umfassen Streitigkeiten über den Inhalt der Beteiligungsvereinbarung.[694] Nach § 4 ArbGG kann in den Fällen des § 2 Abs. 1 und 2 ArbGG, d.h. für das Urteilsverfahren, die Arbeitsgerichtsbarkeit für das in den §§ 101 bis 110 ArbGG geregelte Schiedsverfahren ausgeschlossen werden. Nach überwiegender Auffassung ergibt sich daraus die Unzulässigkeit eines das Verfahren vor dem Arbeitsgericht ausschließenden Schiedsverfahrens im Bereich des Beschlussverfahrens.[695] Das Beschlussverfahren könne wegen des Verweises in § 4 ArbGG gerade nur auf das Urteilsverfahren nicht zugunsten eines abschließenden Schiedsverfahrens ausgeschlossen werden. Der endgültige Ausschluss des Rechtswegs zu den Arbeitsgerichten wäre eine unzulässige Vereinbarung eines Schiedsgerichts.[696] Außergerichtliche Mechanismen zur Konfliktlösung, wie ein Vorverfahren, die den Weg zu den Arbeitsgerichten nicht ausschließen, können

---

688 *Hoops*, Mitbestimmungsvereinbarung, S. 41 ff.

689 *Forst*, Beteiligungsvereinbarung, S. 213.

690 *Hennings*, in: Manz/Meyer/Schröder, 1. Auflage 2005, Art. 6 SE-RL Rn. 1.

691 *Forst*, Beteiligungsvereinbarung, S. 213.

692 *Hohenstatt/Müller-Bonanni*, in: Habersack/Drinhausen, § 3 SEBG Rn. 5; *Forst*, Beteiligungsvereinbarung, S. 213.

693 BT-Drs. 15/3405, S. 59.

694 *Matthes/Schlewing*, in: Germelmann/Matthes/Prütting, ArbGG, § 2a Rn. 79, 56; *Walker*, in: Schwab/Weth, ArbGG, § 2a Rn. 106.

695 BAG, Urteil vom 27.10.1987, Az. 1 AZR 80/86, NZA 1988, 207-208; BAG, Beschluss vom 20.11.1990, Az. 1 ABR 45/89, NZA 1991, 473-477; *Germelmann*, in: Germelmann/Matthes/Prütting, ArbGG, § 4 Rn. 4.

696 Vgl. BAG, Beschluss vom 20.11.1990, Az. 1 ABR 45/89, NZA 1991, 473-477.

die Parteien aber auch für den Bereich des Beschlussverfahrens vereinbaren.[697] Denn solche Vorverfahren entfalten für das Arbeitsgericht keine Bindungswirkung und schließen die Zuständigkeit der Arbeitsgerichte nicht aus.[698] Für Streitigkeiten aus der SE-Beteiligungsvereinbarung ergibt sich dies auch daraus, dass die Parteien gemäß § 21 Abs. 1 Nr. 6 SEBG, Art. 4 Abs. 2 lit. h) SE-RL auch die Fälle festlegen können, in denen die Vereinbarung neu auszuhandeln ist, sowie das entsprechende Verfahren dazu.[699] Streitigkeiten über den bestehenden Inhalt und die Auslegung der Beteiligungsvereinbarung bewegen sich innerhalb des Rahmens der autonom ausgehandelten Vereinbarung.[700] Ein Schlichtungsverfahren muss schließlich in jedem Fall auf diesen Rahmen begrenzt bleiben, da die Beteiligungsvereinbarung nach der gesetzlichen Konzeption von den Parteien nur unter dem Druck der Auffanglösung ausgehandelt wird.[701]

Die Einsetzung einer Einigungsstelle nach § 76 BetrVG ist schließlich nicht möglich. Denn gem. § 2a Abs. 1 Nr. 3d ArbGG sind die Arbeitsgerichte für Streitigkeiten aus dem SEBG zuständig. Dies schließt Streitigkeiten aus der Beteiligungsvereinbarung ein. Losgelöst davon entscheidet die Einigungsstelle über Meinungsverschiedenheiten zwischen Arbeitgeber und Betriebsrat, Gesamtbetriebsrat oder Konzernbetriebsrat, mithin ausschließlich nationale Streitigkeiten.[702] Das BetrVG ist auch nur auf nationale Sachverhalte anwendbar.

Ist in der Beteiligungsvereinbarung ausdrücklich geregelt, dass das Arbeitsgericht erst nach Durchlaufen des Schlichtungsverfahrens oder nach Ablauf einer Frist angerufen werden kann, begründet dies wirksam die Verpflichtung, dieses Vorverfahren auch einzuhalten. Für die Vereinbarung einer freiwilligen Einigungsstelle, die darüber entscheiden soll, welchen Inhalt eine Betriebsvereinbarung hat, ist dies nach der Rechtsprechung des Bundesarbeitsgerichts ebenso der Fall.[703] In beiden Konstellationen sind die Arbeitsgerichte an den Spruch nicht

---

697 *Germelmann*, in: Germelmann/Matthes/Prütting, ArbGG, § 4 Rn. 10; vgl. *Koch*, in: ErfK, § 4 ArbGG Rn. 3.; *Forst*, Beteiligungsvereinbarung, S. 417 f.

698 *Germelmann*, in: Germelmann/Matthes/Prütting, ArbGG, § 4 Rn. 10; *Zimmerling*, in: Schwab/Weth, ArbGG, § 4 Rn. 12.

699 *Forst*, Beteiligungsvereinbarung, S. 214.

700 vgl. für Tarifverträge, *Germelmann*, in: Germelmann/Matthes/Prütting, ArbGG, § 4 Rn. 4.

701 *Rieble*, in: Vereinbarte Mitbestimmung in der SE, § 3 Rn. 73.

702 Forst, Beteiligungsvereinbarung, S. 409.

703 BAG, Beschluss vom 20.11.1990, Az. 1 ABR 45/89 Rn. 62, NZA 1991, 473-477.

gebunden. Der Weg zu den Arbeitsgerichten ist auch nicht ausgeschlossen. Damit steht § 4 ArbGG einer solchen Abrede nicht entgegen.[704]

Die Zulässigkeit eines Vorverfahrens zur Schlichtung zugrunde gelegt, stellt sich im Weiteren die Frage, ob die Bestimmung des Vorsitzenden der Schlichtungsstelle durch das Arbeitsgericht vereinbart werden kann. § 98 ArbGG gilt ausschließlich für die Einsetzung einer Einigungsstelle nach § 76 BetrVG und ist daher unmittelbar nicht anwendbar. Auch das BetrVG kennt eine, wenn auch nur punktuelle, Vereinbarungsbefugnis,[705] nämlich bei der Ersetzung der Einigungsstelle durch eine tarifliche Schlichtungsstelle gem. § 76 Abs. 8 BetrVG. Für diese wird vertreten, dass es den Tarifvertragsparteien, die über die Konfliktbeilegung zu bestimmen haben, freistehe, die Entscheidung über die Person des Vorsitzenden dem Arbeitsgericht zu übertragen. Dann gelte § 98 ArbGG entsprechend.[706] Einwenden ließe sich, dass die Regelungen zur Einigungsstelle im Zusammenhang mit der Beteiligungsvereinbarung gerade keine Anwendung finden und damit, anders als bei der tariflichen Schlichtungsstelle, keine Einigungsstelle ersetzt wird. Heranziehen lässt sich allerdings § 2a Abs. 1 3d ArbGG, wonach das Arbeitsgericht für Angelegenheiten nach dem SEBG zuständig ist. Demnach kann die Zuständigkeit der Arbeitsgerichte zur Einsetzung des Vorsitzenden einer Schlichtungsstelle in der Beteiligungsvereinbarung vereinbart werden. Da die Rechtslage aber ungeklärt ist, könnte in der Praxis auch an eine zusätzliche Auffangregelung in der Beteiligungsvereinbarung zu denken sein.

Vereinbarungen über den Gerichtsstand sind zunächst hinsichtlich der internationalen Zuständigkeit der deutschen Gerichte im Hinblick auf Art. 23 Abs. 1 EuGVO möglich.[707] Darüber hinaus legt § 82 Abs. 3 ArbGG zwingend die Zuständigkeit des Arbeitsgerichts fest, in dessen Bezirk die SE ihren Sitz hat.[708] Der Sitz der SE ist gem. § 46 Abs. 2 ArbGG, § 17 ZPO der satzungsmäßig bestimmte Sitz und nur bei Fehlen einer Bestimmung gem. § 17 S. 2 ZPO der

704 Vgl. BAG, Beschluss vom 20.11.1990, Az. 1 ABR 45/89, NZA 1991, 473-477, für das Einigungsstellenverfahren über Rechtsfragen. Für diesen Bereich stützt das BAG die Verbindlichkeit der vorherigen Anrufung der Einigungsstelle auf § 78 Abs. 6 BetrVG.

705 Vgl *Rieble*, in: Vereinbarte Mitbestimmung in der SE, § 3 Rn. 2.

706 *Koch*, in: ErfK, § 98 ArbGG Rn. 1; *Walker*, in: Schwab/Weth, ArbGG, § 98 Rn. 4; LAG Düsseldorf, Beschluss vom 26.10.1976, Az. 5 TaBV 46/76.

707 *Forst*, Beteiligungsvereinbarung, S. 214.

708 *Matthes/Spinner*, in: Germelmann/Matthes/Prütting, ArbGG, § 82 Rn. 2 und 18; *Weth*, in: Schwab/Weth, ArbGG, § 82 Rn. 12.

Verwaltungssitz.[709] Flexibel gehaltene Klauseln, die auf den Sitz abstellen, oder Klauseln, die das Gericht namentlich benennen, das nach § 82 Abs. 3 ArbGG zuständig ist, sind rein deklaratorisch. Abweichende Vereinbarungen sind nicht wirksam möglich.

Eine salvatorische Klausel können die Parteien vereinbaren, da sie die Unwirksamkeit eines Teils der Vereinbarung gem. § 21 Abs. 1 Nr. 6 SEBG, Art. 4 Abs. 2 lit h) SE-RL auch als Anlass für Neuverhandlungen festlegen können.[710] Im Hinblick auf die in vielfacher Hinsicht auch weiterhin ungeklärte Rechtslage betreffend die Zulässigkeit von Inhalten der Beteiligungsvereinbarung ist die Aufnahme einer salvatorischen Klausel auch empfehlenswert.[711]

---

709 *Matthes/Spinner*, in: Germelmann/Matthes/Prütting, ArbGG, § 82 Rn. 11; *Weth*, in: Schwab/Weth, ArbGG, § 82 Rn. 13 f.

710 *Forst*, Beteiligungsvereinbarung, S. 215.

711 So auch *Forst*, Beteiligungsvereinbarung, S. 215.

§ 6 Abschließende Bewertung

Zum Unterrichtungs- und Anhörungsverfahren lässt sich zunächst feststellen, dass die Mehrheit der Vereinbarungen der Vorstellung des Gesetzgebers folgt und einen SE-Betriebsrat gewählt hat. Interessant ist aber, dass sich die gelegentlich als unpraktisch und wenig effektiv beschriebenen Ersatzverfahren durchaus etabliert haben. Die Verhandlungsparteien nutzen hier erkennbar die Ihnen eingeräumte Verhandlungsfreiheit.

Hinsichtlich der Größe und der Besetzung des SE-Betriebsrats lassen sich mehrere Grundtendenzen erkennen. Zunächst wird eine recht starke Orientierung an der Auffanglösung deutlich. Dies hängt allerdings auch damit zusammen, dass eine gewisse Repräsentativität schlicht erforderlich ist und die Auffanglösung dazu ein bereits entwickeltes Modell bietet. Im Weiteren ist es ein häufiges Regelungsziel, anders als nach der Auffanglösung, die Größe des SE-Betriebsrats zu begrenzen. Bei einigen Vereinbarungen wird schließlich erkennbar, dass versucht wird, den deutschen Arbeitnehmervertretern eine Mehrheit im SE-Betriebsrat zu sichern. Eine Beeinflussung der Sitzverteilung wird auch über Entsendekreise und Teilkonzernmodelle versucht.

Hinsichtlich der Mitglieder des SE-Betriebsrats hat es sich eindeutig durchgesetzt, dass diese Arbeitnehmer sein müssen. Externe Gewerkschaftsvertreter spielen daher unter Zugrundelegung der untersuchten Vereinbarungen in der Praxis nahezu keine Rolle. Auch leitende Angestellte finden kaum Berücksichtigung. Bei der Bestimmung der Mitglieder des SE-Betriebsrats hat sich die im Hinblick auf den Aufwand einfachste Möglichkeit durchgesetzt, die Bestimmung durch bereits vorhandene Gremien. Diese Gestaltung kommt Arbeitgeber und Arbeitnehmervertretern entgegen. Die Durchführung der Wahl ist einfacher und kostengünstiger als eine Urwahl. Zudem können erfahrene Arbeitnehmervertreter die Vertretung in dem länderübergreifenden Gremium übernehmen. Im Weiteren haben sich Regelungen zu Anfechtung und Abberufung sowie Ersatzmitgliedern nach dem Vorbild des BetrVG durchgesetzt, die in der Auffanglösung fehlen. Im Hinblick auf die Häufigkeit der Sitzungen des SE-Betriebsrats und der ordentlichen Unterrichtung und Anhörung ist festzustellen, dass nach nicht wenigen Vereinbarungen nur das Minimum von einer Sitzung und Anhörung im Jahr vorgesehen ist. Insgesamt stellt sich der Eindruck ein, dass versucht wird, Kosten durch aufwendige Präsenzsitzungen mit weiter Anreise zu vermeiden. Oft werden daher Sitzungsorte und Arbeitssprachen festgelegt. Besonders ausgeprägt ist die Orientierung an der Auffanglösung im Bereich der Inhalte des Unterrichtungs- und Anhörungsverfahrens. Diese werden praktisch übernommen. Nur die Übergabe der Tagesordnungen der Leitung findet in der Praxis nachvollziehbar überhaupt keine Akzeptanz. Wenig enthalten die Vereinbarungen dazu, wie die Unterrichtung und Anhörung vom SE-Betriebsrat zu den Mitarbeitern verläuft. Die Ausstattung der Arbeitnehmervertreter mit finanziellen und materiellen Mitteln hingegen ist meist dicht geregelt und sieht immer eine Kostentragung im erforderlichen Rahmen vor. Auch bei Vereinbarung einer Budgetierung sind Anpassungen möglich. Übersetzungen, Verdolmetschungen und Fortbildungen bis hin zu Sprachkursen für die Arbeitnehmervertreter sind sehr häufig eingeräumt, so dass die Mehrheit der Vereinbarungen an dieser Stelle vorteilhaft für die Arbeitnehmerseite ausgestaltet ist.

Für den Bereich der dezentralen Ersatzverfahren ist festzuhalten, dass diese im Hinblick auf die Arbeitnehmerrechte eher schwach ausgeprägt sind. Dies betrifft nicht nur den Umstand, dass kein eigenständiges, verstetigtes Gremium gebildet wird, sondern auch die weniger umfangreich ausgestalteten Inhalte von Unterrichtung und Anhörung sowie die materiellen Mittel. Eine Koordinierungsmöglichkeit der Arbeitnehmer im Hinblick auf die Anhörung ist nicht immer gegeben. Im Rahmen des Ersatzverfahrens stellt sich auch häufiger die Frage, ob die Vereinbarungen noch hinreichend sind, beispielsweise wenn Abteilungsleiter als Anlaufstelle für die Weitergabe von Stellungnahmen der Arbeitnehmer eingesetzt werden. Weiterhin wird am Beispiel der eigenständigen Gestaltungen zum ruhenden Betriebsrat und zur Unterrichtung und Anhörung durch den Europäischen Betriebsrat zugleich deutlich, dass der Gesetzgeber Konzernstrukturen und die SE als Untergesellschaft noch nicht hinreichend berücksichtigt hat.

Hinsichtlich der Mitbestimmungsvereinbarungen ist festzustellen, dass am häufigsten eine Drittelbeteiligung besteht. Damit bestätigt sich einmal mehr, dass die SE zum Einfrieren der Mitbestimmung genutzt wird. Im Weiteren geht auch hier die Mehrzahl der Vereinbarungen den sicheren und aus dem nationalen Recht bekannten Weg und legt die Größe des mitbestimmten Organs nicht vorbehaltlos fest. Auch das Dreiteilbarkeitsgebot ist weitüberwiegend, wenn auch nicht durchgängig, eingehalten. Überraschend ist, dass die SE aber nicht schematisch zum Einfrieren der Mitbestimmung genutzt wird. Es bestehen tatsächlich mehrere Vereinbarungen, gerade auch bei den familiengeführten SEs, bei denen sich die Parteien auf dynamische Regelungen verständigt haben. Gleichwohl sehen diese Vereinbarungen für die Gegenwart gerade keine Mitbestimmung vor.

So vorsichtig man in der Praxis mit der Festlegung der Größe des mitbestimmten Organs ist, auf den aus dem deutschen Recht bekannten Arbeitsdirektor wollten viele Parteien trotz der rechtlichen Bedenken nicht verzichten. Dies hat seinen Grund aber natürlich auch darin, dass ein solches Ressort letztlich ohnehin auch außerhalb der Beteiligungsvereinbarung eingerichtet würde. Hinsichtlich der Auswahl der Arbeitnehmervertreter im mitbestimmten Organ ist klar festzustellen, dass externe Gewerkschaftsvertreter zurückgedrängt werden. Neue Gestaltungsmöglichkeiten wie die Bestellung und Abberufung direkt durch den SE-Betriebsrat werden häufig genutzt. Auch die Arbeitnehmer im mitbestimmten Organ sind im Hinblick auf die Mittelausstattung und Fortbildungen praktisch durchgängig gut gestellt.

Schließlich werden Regelungsspielräume gerade auch hinsichtlich der allgemeinen Regelungen genutzt. Hier ist zunächst die Erweiterung des Geltungsbereiches zu erwähnen. Im Weiteren haben die Parteien gerade im Bereich der allgemeinen Gegenstände scheinbar wie selbstverständlich eigenständige Regelungen getroffen, die das Gesetz selbst nicht vorsieht. Dies betrifft zum einen die Kündigungsmöglichkeit, bei der die Kündigungsberechtigung gelegentlich nicht durchdacht ist. Auch die Nachwirkung ist hier zu nennen. Dabei wurde mit Übergangsmandaten und der partiellen Weitergeltung der alten Vereinbarung dem Spannungsverhältnis zwischen Kontinuität des Gremiums und Kündbarkeit der Beteiligungsvereinbarung Rechnung getragen. Schließlich sind an dieser Stelle auch die Regelungen zur außergerichtlichen Konfliktbeilegung zu erwähnen, die ebenfalls wie gezeigt sehr weit verbreitet sind. Bei allen diesen Aspekten wird die Tendenz erkennbar, die hinsichtlich der übrigen Kollektivverträge geltenden Grundsätze auf die Beteiligungsvereinbarung zu übertragen.

Abschließend lässt sich festhalten, dass die Praxis die durch das Vereinbarungsmodell eingeräumte Regelungsfreiheit durchaus nutzt und dabei eine Vielzahl von eigenständigen Regelungsmodellen entwickelt hat.

Verzeichnis der untersuchten Beteiligungsvereinbarungen

ADVA Optical Networking SE	02.07.2012
AIXTRON SE	15.12.2010
Allgeier SE	29.02.2012
Allianz SE[712]	20.09.2006
ARAG SE	07.10.2011
AVAG Holding SE	30.03.2011
BASF SE	15.11.2007
Bilfinger Berger SE (jetzt Bilfinger SE)	15.07.2010
BP Europa SE	13./14./15./19./23.01./01.02.2010
Cloppenburg Automobil SE	29.10.2009
Curt Richter SE	13.10.2008
Deichmann SE	28.11.2008
DEKRA SE	28.06.2010
Deutsche Annington Immobilien SE	22.02.2012
Docter Optics SE	undatiert
DVB Bank SE	07./19.08.2008
E.ON Energy Trading SE (jetzt E.ON Global Commodities SE)	16.04.2009
ElectronicPartner Handel SE	08.07.2009
Elster Group SE	29.09.2009
Fresenius SE[713] (jetzt Fresenius SE & Co. KGaA)	13.07.2007
Freudenberg SE	12.03.2012
Gebr. Pfeiffer SE	28.01.2011
Germanischer Lloyd SE	13.08.2010
GfK SE	17.12.2008[714]

712 Abrufbar unter: https://www.allianz.com/media/investor_relations/de/transaktionen/allianz_se___beteiligung_arbeitnehmer.pdf?search.query=allianz_se___beteiligung_arbeitnehmer (Stand 15. November 2013).

713 Abrufbar unter: http://www.euro-betriebsrat.de/pdf/fresenius.pdf (Stand 15. November 2013).

714 Unter Berücksichtigung der Anpassung gem. Urteil des LG Nürnberg-Fürth, Beschluss vom 8.2.2010, Az. 1 H KO 8471/09, NZG 2010, 547.

Gütermann SE (jetzt Gütermann Holding SE)	16.05.2008
Hager SE	25.05.2007
HAWE Holding SE (jetzt HAWE Hydraulik SE)	28.07.2008
Huber SE	13.05.2009
IMW Immobilien SE	20.12.2010
Interseroh SE (jetzt ALBA SE)	15.04.2008
Kaeser Kompressoren SE	29.08.2013
Klöckner & Co SE	29.04.2008
KNAUF INTERFER SE	08.04.2008
Lenze SE	31.07.2009
Limbach Beteiligungsverwaltung SE (jetzt Limbach Gruppe SE)	20.10.2009
Limbach Holding Verwaltung SE	20.10.2009
Limbach Labor SE (jetzt Limbach Verwaltungs SE)	20.05.2009
MAN SE	18.02.2009
Mayfair Vermögensverwaltungs SE	28.10.2011
Nolte SE	01.03.2012
Nordex SE	16.11./07.12./09.12.2009
Ortwin Goldbeck Holding SE	08.07.2010
Papierfabrik August Koehler SE	17.07.2012
PCC SE	16.11.2006
Porsche Automobil Holding SE	22.06.2007
Pulsion Medical Systems SE	25.03.2011
PUMA SE	11.07.2011
Q-Cells SE (jetzt Global PVQ SE)	06.05.2008
Renolit SE	22.11.2010
REpower Systems SE	10.05.2011
Roland SE	14.06.2011
SCA Hygiene Products SE	02.06.2009
SGL Carbon SE	08.12.2008
SOLON SE	04./06.11.2008
STEICO SE	29.11./02.12.2011
SURTECO SE	13.02.2007
Wacker Neuson SE	14.01.2009
WAREMA Renkhoff SE	08.06.2009

Webasto Dachsysteme SE (jetzt Webasto Roof & Components SE)	29.03.2012
Webasto SE	29.03.2012
Webasto Thermosysteme SE (jetzt Webasto Thermo & Comfort SE)	29.03.2012
WILO SE	04.06.2008

Abkürzungen

BR-Drucks.	Bundesrats-Drucksache
bspw.	beispielsweise
BV	Beteiligungsvereinbarung
BVG	Besonderes Verhandlungsgremium
bzw.	beziehungsweise
ders.	derselbe
EBRG	Gesetz über Europäische Betriebsräte
Einl.	Einleitung
Porsche SE	Porsche Automobil Holding SE
SE-RL	Richtlinie 2001/86/EG des Rates vom 8. Oktober 2001 zur Ergänzung des Statuts der Europäischen Gesellschaft hinsichtlich der Beteiligung der Arbeitnehmer
SE-VO	Verordnung (EG) Nr. 2157/2001 des Rates vom 8. Oktober 2001 über das Statut der Europäischen Gesellschaft (SE)
SEBG	Gesetz über die Beteiligung der Arbeitnehmer in einer Europäischen Gesellschaft

Hinsichtlich der im Übrigen verwendeten Abkürzungen wird auf *Kirchner/Butz*, Abkürzungsverzeichnis der Rechtssprache, Berlin 7. Auflage 2012, verwiesen.

Literaturverzeichnis

Arbeitskreis Aktien- und Kapitalmarktrecht, Die 8 wichtigsten Änderungsvorschläge zur SE-VO, ZIP 2009, S. 698 f.

Austmann, Andreas, Größe und Zusammensetzung des Aufsichtsrats einer deutschen SE, in: Festschrift für Hans-Jürgen Hellwig, Köln 2010, S. 105 - 116

Blanke, Thomas, Europäische Betriebsräte-Gesetz, 2. Auflage, Baden-Baden 2006

Carley, Mark/Marginson, Paul, Negotiating European Works Councils, A Comparative Study of Article 6 an Article 13 Agreements, Report Prepared for the European Foundation of Improvement of Living and Working Conditions, http://www.eurofound.europa.eu/pubdocs/2000/20/en/1/ef0020en.pdf, Brüssel 2000

Feldhaus, Heiner/Vanscheidt, Carolin, Strukturelle Änderungen der Europäischen Aktiengesellschaft im Lichte von Unternehmenstransaktionen, BB 2008, S. 2246 ff.

Forst, Gerrit, Die Beteiligungsvereinbarung nach § 21 SEBG, Köln 2010

Germelmann, Claas-Hinrich/Matthes, Hans-Christoph/Prütting, Hanns, Arbeitsgerichtsgesetz, 8. Auflage, München 2013.

Goette, Wulf/Habersack, Mathias, Münchener Kommentar zum Aktiengesetz, Band 7 SE-VO, SEBG, Europäische Niederlassungsfreiheit, 3. Auflage, München 2012.

Grobys, Marcel, Das geplante Umsetzungsgesetz zur Beteiligung von Arbeitnehmern in der Europäischen Gesellschaft, NZA 2004, S. 779 ff.

Grobys, Marcel, SE-Betriebsrat und Mitbestimmung in der Europäischen Gesellschaft, NZA 2005, S. 84 ff.

Habersack, Mathias/Drinhausen, Florian, SE-Recht, 1. Auflage, München 2013.

Habersack, Mathias, Schranken der Mitbestimmungsautonomie in der SE, AG 2006, S. 345 ff.

Habersack, Mathias, Grundsatzfragen der Mitbestimmung in SE und SCE sowie bei grenzüberschreitender Verschmelzung, ZHR 171 (2007), S. 613 ff.

Habersack, Mathias/Henssler, Martin/Ulmer, Peter, Mitbestimmungsrecht: Kommentierung des MitbestG, der DrittelbG, des SEBG und des MgVG, 3. Auflage, München 2013.

Heinze, Wolfgang/Seifert, Achim/Teichmann, Christoph, Verhandlungssache: Arbeitnehmerbeteiligung in der SE - Vorschlag für eine Mustervereinbarung zu Unterrichtung, Anhörung und Mitbestimmungin der Europäischen Gesellschaft (SE), BB 2005, S. 2524 ff.

Henssler, Martin/Willemsen, Heinz Josef/Kalb, Heinz-Jürgen, Arbeitsrecht Kommentar, 5. Auflage, Köln 2012

Herfs-Röttgen, Ebba, Probleme der Arbeitnehmerbeteiligung in der Europäischen Aktiengesellschaft, NZA 2002, S. 358 ff.

Hoops, Antje, Die Mitbestimmungsvereinbarung in der Europäischen Aktiengesellschaft (SE), Kenzingen 2009

Hulle, Karel van/Maul, Silja/Drinhausen, Florian, Handbuch zur Europäischen Gesellschaft (SE), München 2007

Jacobs, Matthias, Privatautonome Unternehmensmitbestimmung in der SE, in: Festschrift für Karsten Schmidt, hrsg. von Bitter, Georg/Lutter, Marcus/Priester, Hans-Joachim/Schön, Wolfgang/Ulmer, Peter, Köln 2009, S. 795-815

Jannott, Dirk/Frodermann, Jürgen (Hrsg.), Handbuch der Europäischen Aktiengesellschaft - Societas Europaea, Heidelberg 2005

Keller, Berndt/Werner, Frank, Arbeitnehmerbeteiligung in der Europäischen Aktiengesellschaft (SE) – Empirische Befunde und (un-)erwartete Konsequenzen, WSI-Mitteilungen 8/2009, S. 416 ff.

Kiefner, Alexander/Friebel, Jan, Zulässigkeit eines Aufsichtsrats mit einer nicht durch drei teilbaren Mitgliederzahl bei einer SE mit Sitz in Deutschland, NZG 2010, S. 537 f.

Kiem, Roger, Vereinbarte Mitbestimmung und Verhandlungsmandate der Unternehmensleitung, ZHR 171 (2007), S. 713 ff.

Koch, Malte, Die Beteiligung von Arbeitnehmervertretern an Aufsichtsrats- und Verwaltungsratsausschüssen einer Europäischen Aktiengesellschaft, Frankfurt am Main 2011

Kraushaar, Martin, Europäische Aktiengesellschaft und (SE) und Unternehmensmitbestimmung, BB 2004, S. 1614 ff.

Lutter, Marcus/Hommelhoff, Peter, SE-Kommentar, Köln 2008

Manz, Gerhhard/Mayer, Barbara/Schröder, Albert, Europäische Aktiengesellschaft SE, 2. Auflage, Baden-Baden 2010

Manz, Gerhard/Mayer, Barbara/Schröder, Albert, Europäische Aktiengesellschaft SE, 1. Auflage, Baden-Baden 2005

Marginson, Paul, EWC agreements under review: arrangements in companies based in four countries compared, Transfer 3/99, S. 256-277

Müller-Glöge, Rudi/Preis, Ulrich/Schmidt, Ingrid, Erfurter Kommentar zum Arbeitsrecht, 14. Auflage, München 2014

Nagel, Bernhard/Freis, Gerhild/Kleinsorge, Georg, Beteiligung der Arbeitnehmer im Unternehmen auf der Grundlage des europäischen Rechts, 2. Auflage, Berlin 2009

Oetker, Hartmut, Unternehmerische Mitbestimmung kraft Vereinbarung in der Europäischen Gesellschaft (SE), in: Festschrift für Horst Konzen, Tübingen 2006, S. 635-662

Rieble, Volker/Schäfer, Carsten/Rehberg, Markus/Oberklus, Volkmar, Vereinbarte Mitbestimmung in der SE: 5. ZAAR-Kongress, München 2008

Rieble, Volker, Schutz vor paritätischer Mitbestimmung, BB 2006, S. 2018 ff.

Scheibe, Andrea, Die Mitbestimmung der Arbeitnehmer in der SE unter besonderer Berücksichtigung des monistischen Systems, Frankfurt am Main 2007

Schmid, Erik Benedikt, Mitbestimmung in der Europäischen Aktiengesellschaft (SE), Baden-Baden, 2010

Schwab, Norbert/Weth, Stephan, Arbeitsgerichtsgesetz, 3. Auflage, Köln 2011

Schwarz, Günter Christian, SE-VO - Verordnung (EG) Nr. 2157/2001 des Rates über das Statut der Europäischen Gesellschaft, München 2006

Seibt, Christoph, Privatautonome Mitbestimmungsvereinbarungen: Rechtliche Grundlagen und Praxishinweise, AG 2005, S. 413 ff.

Teichmann, Christoph, Mitbestimmung und grenzüberschreitende Verschmelzung, Der Konzern 2007, S. 89 ff.

Thüsing, Gregor, SE-Betriebsrat kraft Vereinbarung, ZIP 2006, S. 1469 ff.

Thüsing, Gregor, Europäisches Arbeitsrecht, 2. Auflage, München 2001

Thüsing, Gregor/Forst, Gerrit, Kündigung und Kündigungsschutz von Arbeitnehmervertretern in der SE, in: Festschrift für Dieter Reuter, hrsg. von Martinek, Michael/Rawert, Peter/Weitemeyer, Birgit, Berlin/New York 2010, S. 851 ff.

Wiese, Günther/Kreutz, Peter/Oetker, Hartmut/Raab, Thomas/Weber, Christoph/Franzen, Martin, Betriebsverfassungsgesetz Gemeinschaftskommentar Band II: §§ 74-132 mit Wahlordnung, 9. Auflage, Köln 2010

Windbichler, Christine, Methodenfragen in einer gestuften Rechtsordnung - Mitbestimmung und körperliche Organisationsautonomie in der Europäischen

Gesellschaft, in: Heldrich, Andreas; Prölss, Jürgen et al., Festschrift für Claus-Wilhelm Canaris zum 70. Geburtstag, Band 2, München 2007, S. 1423 ff.

Zimmer, Reingard, Kompetenz Europäischer Betriebsräte zum Abschluss europaweiter Kollektivvereinbarungen? EuZA 2013, S. 459 ff.

Zöllner, Wolfgang/Noack, Ulrich, Kölner Kommentar zum Aktiengesetz, Band 8/1, Art. 1-42 SE-VO, 3. Auflage, Köln 2012

Zöllner, Wolfgang/Noack, Ulrich, Kölner Kommentar zum Aktiengesetz, Band 8/2, Art. 43 - 70 SE-VO; §§ 1 - 33 SEBG, 3. Auflage, Köln 2010

Gesetzesänderungen, Rechtsprechung und Literatur wurden berücksichtigt bis zum 12. Januar 2014.

Schriften zum Arbeitsrecht und Wirtschaftsrecht

Herausgegeben von Abbo Junker

Band 1 Christoph-N. Lerche: Der Europäische Betriebsrat und der deutsche Wirtschaftsausschuß. Eine vergleichende Analyse der betrieblichen Mitwirkung der Arbeitnehmer vor dem Hintergrund der Globalisierung der Märkte. 1997.

Band 2 Christian Walter Mecke: Zur rechtlichen Verbindlichkeit kollektiver Vereinbarungen in England. 1997.

Band 3 Katja Francke: Die betriebliche Mitwirkung der Arbeitnehmer in Belgien. Unter Berücksichtigung vergleichender Aspekte zum deutschen Betriebsverfassungsrecht. 1997.

Band 4 Christian Schulze: Die Zulässigkeit einstweiliger Verfügungen gegen Betriebsänderungen. 1998.

Band 5 Stefan Miersch: Die Rechtsfolgen mitbestimmungswidriger Maßnahmen für das Arbeitsverhältnis. Eine zivilrechtsdogmatische Untersuchung. 1998.

Band 6 Heike Wegner: Internationaler Verbraucherschutz beim Abschluß von Timesharingverträgen: § 8 Teilzeitwohnrechtegesetz. 1998.

Band 7 Julia Wichmann: Dienstleistungsfreiheit und grenzüberschreitende Entsendung von Arbeitnehmern. 1998.

Band 8 Johann-Volker Peter: Société par actions simplifiée (S.A.S.). Die Vereinfachte Aktiengesellschaft in Frankreich, eine Rechtsform für die Kooperation von Unternehmen. 1999.

Band 9 Sylvia Schnelle: Der Europäische Betriebsrat in Spanien. Zugleich eine Einführung in das spanische Recht der Arbeitnehmervertretung. 1999.

Band 10 Viktoria Bornhagen: Die Zumutbarkeit als Rechtsgedanke im Arbeitsrecht. 1999.

Band 11 Thorsten Schacht: Der Übereilungsschutz beim arbeitsrechtlichen Aufhebungsvertrag. Arbeitnehmerschutz bereits de lege lata? 2000.

Band 12 Marcus Hellmann: Immobilienkauf nach spanischem Recht. 1999.

Band 13 Nicolaus Johannes Ehinger: Die juristischen Personen des öffentlichen Rechts als herrschende Unternehmen. 2000.

Band 14 Alexander Lentz: Das kollektive Arbeitsrecht der Republik Südafrika. Eine Untersuchung mit Bezügen zum deutschen Recht. 2000.

Band 15 Michaela Brunssen: Der Arbeitgeberverbandswechsel. Tarifrechtliche und arbeitskampfrechtliche Konsequenzen. 2000.

Band 16 Morten Petersenn: Das Recht des Grundstückskaufs in Südafrika. 2000.

Band 17 Stefan Krüger: Die umwandlungsrechtliche Haftungsregelung bei der Betriebsaufspaltung und ihre Analogiefähigkeit. 2001.

Band 18 Jürgen Kitzinger: Der GmbH-Geschäftsführer zwischen Arbeits- und Gesellschaftsrecht. Im Blickpunkt: Zuständigkeit der Arbeitsgerichte. 2001.

Band 19 Anja Ruge: Die Lohnersatzansprüche ehemaliger Zwangsarbeiter gegen deutsche Industrieunternehmen. 2001.

Band 20 Michael Knoll: Die Sozialauswahl im Arbeitsrecht. 2001.

Band 21 Britta Albrecht: Mediation im Arbeitsrecht. Individualarbeitsrecht und Betriebsverfassungsrecht. 2001.

Band 22 Annusch Barten: Das System der Arbeitnehmervertretung in Frankreich. 2001.

Band 23 Diane Westera: Der Wiedereinstellungsanspruch nach wirksamer Kündigung. 2001.

Band 24 Kristin Doerlich: Die Tariffähigkeit der Gewerkschaft. Eine Analyse der Mächtigkeitsrechtsprechung des Bundesarbeitsgerichts im Lichte neuerer Erfahrungen. 2002.

Band 25 Tina Witten: Vertragsgestaltung und Gesetzesbindung im Recht der Zeitarbeit. 2002.

Band 26 Martin Hellfeier: Die Leistungszeit im Arbeitsverhältnis. Eine Untersuchung zum Fixschuldcharakter der Arbeitspflicht und zu den Folgen ihrer Nichterfüllung. 2003.

Band 27 Almut Maulshagen: Betriebliche Arbeitskampfregelungen. 2003.

Band 28 Maren Band: Tarifkonkurrenz, Tarifpluralität und der Grundsatz der Tarifeinheit. 2003.

Band 29 Manuela Schulz: Der Bereitschaftsdienst in öffentlich-rechtlich organisierten Krankenhäusern. Eine rechtliche Bewertung. 2003.

Band 30 Felix Benedikt: Die Kürzung von Tariflöhnen zur Sanierung. Eine verfassungskonforme Auslegung des § 3 III TVG entsprechend § 626 BGB. 2003.

Band 31 Tim Kaden: Individuelle Bündnisse für Arbeit und Günstigkeitsprinzip. 2003.

Band 32 Simone Kreiling: Die Erstreckung betrieblicher und betriebsverfassungsrechtlicher Tarifnormen auf Außenseiter. 2004.

Band 33 Carsten Beck: Betriebliche Mitbestimmung und Kündigungsschutz. Die Funktionen betrieblicher Mitbestimmung im und deren Einfluß auf den Kündigungsschutz nach dem KSchG. 2004.

Band 34 Jost Eder: Die Regelungsabrede als Alternative zur Betriebsvereinbarung bei der Gestaltung materieller Arbeitsbedingungen. 2004.

Band 35 Christian Pfab: Wirkungsweise und Reichweite tarifvertraglicher Öffnungsklauseln. 2004.

Band 36 Julia Amlang: Die unternehmerische Entscheidungsfreiheit bei „betriebsbedingten Kündigungen" im europäischen Rechtsvergleich. Kündigung aus wirtschaftlichen Gründen in Deutschland, Frankreich, Spanien, Großbritannien und Schweden. 2005.

Band 37 Alida Milthaler: Das Fragerecht des Arbeitgebers nach den Vorstrafen des Bewerbers. 2006.

Band 38 Doreen Peter: Nebentätigkeiten von Arbeitnehmern. Interessenkollisionen von Arbeitgebern und Arbeitnehmern. 2006.

Band 39 Julia V. C. Bartlog: Das Verhältnis von Gesetz und Tarifvertrag. 2006.

Band 40 Michael Fuhlrott: Der geschädigte Arbeitnehmer. Zur Verfassungsmäßigkeit des Ausschlusses von Schmerzensgeld in der Unfallversicherung sowie zur Herleitung der Haftung bei Eigenschäden im Hinblick auf das Verschuldensprinzip. 2006.

Band 41 Femke Reinecke: Leistungsbestimmung des Arbeitnehmers. 2006.

Band 42 Maria M. Bausback: Der Bestandsschutz des Arbeitsverhältnisses auf europäischer und internationaler Ebene. Entwicklungen vom Mittelalter bis zur Gegenwart. Teil 1 / Teil 2. 2007.

Band 43 Jens Günther: AGB-Kontrolle von Arbeitsverträgen. Analyse der deutschen Rechtslage nach der Schuldrechtsreform und vergleichende Betrachtung des österreichischen Kontrollsystems. 2007.

Band 44 Claudiana Triskatis: Ethikrichtlinien im Arbeitsrecht. 2008.

Band 45 Annette Bruder: Die Weitergabe von Insiderinformationen durch Arbeitnehmervertreter. 2008.

Band 46 Ute Dietrich: Nichtraucherschutz am Arbeitsplatz. 2008.

Band 47 Markus Ebert: Übertragung und Zuordnung von Versorgungsverpflichtungen gegenüber Arbeitnehmern im Rahmen einer umwandlungsrechtlichen Spaltung. 2008.

Band 48 Susanne Schneider: Broad-based Black Economic Empowerment in der Republik Südafrika. 2008.

Band 49 Mandy Reichel: Die Einbeziehung des Außenseiter-Arbeitgebers in den Verbandsarbeitskampf. 2008.

Band 50 Abbo Junker (Hrsg.): Betriebsübergang in Europa. Symposion aus Anlass des 10-jährigen Bestehens der Schriften zum Arbeitsrecht und Wirtschaftsrecht am 10.10.2008 in München. 2009.

Band 51 Till Bender: Vorschläge zur Neuordnung des Sonderkündigungsschutzes nach MuSchG und SGB IX. 2009.

Band 52 Manuela Rauch: Die geschlechtsbezogene Diskriminierung am Arbeitsplatz nach kalifornischem Recht. 2009.

Band 53 Tina Luise Allenberg: Das französische règlement intérieur d'entreprise. Die Arbeitsordnung im französischen Arbeitsrecht. 2009.

Band 54 Bernd Haas: Anwaltliches Mandatsverhältnis zum Betriebsrat. 2009.

Band 55 Martin Fröhlich: Die erweiterte Weisungsbefugnis des Arbeitgebers im spanischen Recht. 2009.

Band 56 Stefanie Lorenzen: Inhaltskontrolle beim Betriebsübergang. Die Anpassung tariflicher Arbeitnehmerpflichten nach Privatisierungen. 2009.

Band 57 Oliver E. Aldea: Das französische Kündigungsrecht im Spannungsfeld von Abfindungen und Bestandsschutz. 2010.

Band 58 Wolfgang Stock: Die Einsetzung einer Transfergesellschaft. Unter besonderer Berücksichtigung betriebsverfassungs- und arbeitsförderungsrechtlicher Vorgaben. 2010.

Band 59 Claudia Hagedorn: Zulässigkeit und Grenzen von Tarifsozialplänen. 2010.

Band 60 Daniela Quink: Inhaltskontrolle von Freiwilligkeitsvorbehalten in Arbeitsverträgen. 2010.

Band 61 Kathrin Kentner: Arbeitskampfmittel der Arbeitgeber. 2010.

Band 62 Angela Nunes Fernandes Gil Wolf: Arbeitnehmereinsatz im Ausland. Das auf doppelte Arbeitsverhältnisse anwendbare Recht am Beispiel der Vertragsgestaltung eines internationalen Konzerns. 2010.

Band 63 Annemarie Berthold: Whistleblowing in der Rechtsprechung des Bundesarbeitsgerichts. 2010.

Band 64 Malte Koch: Die Beteiligung von Arbeitnehmervertretern an Aufsichtsrats- und Verwaltungsratsausschüssen einer Europäischen Aktiengesellschaft. 2011.

Band 65 Agnes Maria Kollerbaur: Die französische Arbeitsinspektion. Eine Untersuchung unter besonderer Berücksichtigung ihrer Rolle bei Kündigungen. 2011.

Band 66 Marcus Christian Leinenweber: Landesschlichtungsgesetze? 2011.

Band 67 Frederike Cathérine Gärtner: Die gesetzliche Regulierung von Bahnstreiks in Frankreich. Arbeitskampf vs. Kontinuität öffentlicher Dienstleistungen. 2011.

Band 68 Carolin van Straelen: Der Rollenkonflikt des Arbeitnehmervertreters zwischen Betriebsratsmitglied und Gewerkschaftsfunktionär. 2012.

Band 69 Anna Maria Jordan: Entgeltdiskriminierung in Frauenberufen? 2012.

Band 70 Dominic Köstner: Compliance-Richtlinien im Unternehmen. Arbeits- und datenschutzrechtliche Implementierungsaspekte. 2012.

www.peterlang.com

www.ingramcontent.com/pod-product-compliance
Ingram Content Group UK Ltd.
Pitfield, Milton Keynes, MK11 3LW, UK
UKHW021854290926
8980IPUK00005B/836

9 783631 660164